21世纪企业文化丛书
21 Century Corporate Culture Series

企业文化与企业人文指标体系

Qiyewenhua Yu Qiye Renwenzhibiao Tixi

刘光明 夏 梦◎著

经济管理出版社
ECONOMY & MANAGEMENT PUBLISHING HOUSE

图书在版编目（CIP）数据

企业文化与企业人文指标体系/刘光明，夏梦著.
—北京：经济管理出版社，2011.3
ISBN 978-7-5096-1289-7

Ⅰ.①企…　Ⅱ.①刘…　②夏…　Ⅲ.①企业文化—研究　Ⅳ.①F270

中国版本图书馆 CIP 数据核字（2011）第 018122 号

出版发行：经济管理出版社
北京市海淀区北蜂窝 8 号中雅大厦 11 层
电话：(010)51915602　　邮编：100038

印刷：三河市海波印务有限公司　　经销：新华书店

选题策划：勇　生　　责任编辑：勇　生　许　兵
技术编辑：杨国强　　责任校对：超　凡

787mm×1092mm/16　　17.25 印张　　346 千字
2011 年 6 月第 1 版　　2011 年 6 月第 1 次印刷

定价：48.00 元

书号：ISBN　978-7-5096-1289-7

序

在联合国人类发展报告中涉及了很多指标体系，本书设计的企业人文指数量化分析系统里面也有很多指标体系，但是最重要的有以下几项：

第一，经济度。企业里面员工经济收入状况怎么样，经济度当然要考虑到纵向、横向比较，所谓纵向就是去年的经济收入情况怎么样，今年怎么样，明年又会怎么样。横向就是和其他的比较，如 A 企业与 B 企业的比较、C 企业与 D 企业的比较等，还有 A 产业与 B 产业的比较、C 产业与 D 产业的比较等，这就是一个比较系统量化分析的方法。

第二，健康度。因为我们现在所谓的幸福度很重要的一个指标就是人要达到健康，人文指标要量化，要分得比较细，不能笼统地说人文精神，关于幸福度里面首先要考虑健康问题。当今社会身体要好是最根本的因素，身体是幸福、健康的载体。

第三，教育度。教育度是可以量化的，如一个企业里面员工今年能够参加学习培训的时间是多少，参加有学历教育的人是多少，平时短期的培训时间是多少等，做量化分析系统的时候都要进行纵向、横向的比较，这样就可以把人文指标体系逐渐量化，这样才能够有一个比较，才能看出今年比去年好了多少，明年比今年又会好了多少。

本书吸收了世界各国历史文化和人文精神的优秀成果，借鉴了联合国历年《人类发展报告》的思想精髓。中石油孙龙德副总裁、中国社会科学院刘光明研究员在塔里木油田实施的企业文化与企业人文指标体系的课题深入地演绎了“管理以文化为基础”的理念和以人为本的具体路径。金誉（河南）包装有限公司李中灵总经理、江苏省电力公司俞建新书记、青岛港集团公司常德总裁、西子联合控股有限公司王水福董事长等又在各自企业中创造性地实施了企业文化与企业人文指标体系，这些成果各具特色，受到了联合国国际企业社会责任和全球契约委员会的表彰。“全球契约”是在经济全球化的背景下提出的，强调的是企业的社会责任。过去几十年，伴随着高科技的迅速发展，世界经济格局也发生了深刻的变化。全球化的进程，为世界经济的发展带来机遇，也带来了挑战。传统产业结构不断调整，人们的传统观念也发生了深刻的变化，各国的文化在不同程度上受到各种因素的冲击。

李中灵、王水福、孙龙德、俞建新、常德传等企业家呼吁工商界以自主的行为，在日常的企业管理、员工教育、企业培训中，倡导遵守商业道德、尊重人权、劳工标准和环境方面的国际公认的原则，通过负责的富有创造性的企业表率，建立一个推动经济可持续发展和社会效益共同提高的全球机制，从而给世界市场以人道的面貌。

李中灵、王水福、孙龙德、俞建新、常德传等企业家要求企业将自己作为“公司公民”对待，要求企业的每一个员工接受社会伦理、道德、社会观念和哲学的约束，建立全新的企业文化，从而提高企业的社会地位和形象，赢得社会的广泛支持和认同。

2008 年 9 月在纽约召开的由联合国企业社会责任和全球契约委员会发起的国际企业社会责任高峰论坛上，李中灵、王水福、孙龙德、俞建新、常德传等企业家获得的“国际最具诚信精神的企业家”奖正是他们多年来努力倡导企业人文精神、诚信文化的必然回报，他们所创造的各具特色的企业文化将永载史册！

安　南

联合国前秘书长

2011 年 1 月 18 日

目　录

导　言

随着科学技术的迅猛发展，人类社会的经济生活发生了翻天覆地的变化。正是由于社会物质生活环境的改善，引起了社会心理环境的改变，从而使我们的社会正在从“物第一、人第二”的方向转移到“人第一、物第二”的方向上来，提倡“以人为本”已成为当今世界的一种社会时尚。

一、以人为本的企业文化观

企业文化是企业信奉并付诸实践的价值理念，是企业在生产经营中，伴随着自身的经济繁荣而逐步形成和确立并深深植根于企业每一个成员头脑中的独特的精神成果和思想观念。现代企业管理理论认为，“人”是企业管理的核心因素，是管理的根本。而企业文化作为企业的核心价值观对人们的思想、行为具有决定性的影响，进而影响到以人为核心的企业管理活动，对企业管理活动具有巨大的能动作用。企业的核心价值观不但要借鉴传统文化和现代优秀企业文化，使企业文化秉承传统文化的精髓，同时也要融入现代企业管理理念，以增强企业的整体竞争能力。企业采取低碳经济的发展方式体现了人文精神，这是企业以人为本取向的具体体现。

人的全面发展，就是人的社会关系的发展，就是人的社会交往的普遍性和人对社会关系的控制程度的发展。人的全面发展，在人与自然、社会的统一上表现为在社会实践基础上人的自然素质、社会素质和心理素质的发展，也就是在人的各种素质综合作用的基础上人的个性的发展。人的全面发展并不是指单个人的发展，而是指全社会的每一个人的全面发展。人的发展不仅应当是全面的，而且应当是自由的。在整个社会不断发展的基础上，逐渐实现人的全面发展。

二、低碳经济、人文精神与企业文化

（一）低碳经济是以人为本的经济发展方式

国务院总理温家宝在 2009 年 9 月召开了 3 次新兴战略性产业发展座谈会，明确提出新材料、新能源、节能环保、电动汽车、新医药、生物育种和信息产业 7 个我国未来重点发展的战略性行业。由此可见，如何实现节能与环保已成为发展过程中的关键，低碳经济也自然成为发展过程中所关注的重点。

低碳经济是以低能耗、低污染、低排放为基础的经济模式。受资源短缺、气候变暖和金融危机等多重因素的影响，低碳经济成为世界经济可持续发展的必由之路，也是现阶段经济发展的内在要求。从宏观上来看，低碳经济将从两个方面带动实体经济的发展，一是加速太阳能、风能等新能源产业的发展；二是对传统产业的低碳化升级改造。从企业的角度看，低碳经济短期内可能会增加企业成本，但是从长期来看，走低碳道路则利于企业的可持续发展。在传统产业中，企业进行低碳化升级改造也是它主动承担社会责任，为社会可持续发展做出贡献的手段。

对中国来说，低碳经济意义更为重大。第一，应对气候变化。第二，保障国家能源安全。我国对煤炭依赖很重，煤炭是高碳能源，我国 70%的能源依靠煤炭，所以发展低碳经济对我国能源安全是非常重要的。第三，发展低碳经济与解决我国污染问题直接相关。我国很大一部分的二氧化硫、氮氧化物都来自于燃煤，所以，发展低碳经济对控制温室气体，对控制污染物有很重要的意义。我国至今仍然维持着较高的经济增长速度，现在提倡“人的全面发展”，就是指人的社会关系的发展，就是指人的社会交往的普遍性和人对社会关系的控制程度的发展，就是指在人与自然、社会的统一上表现为在社会实践基础上人的自然素质、社会素质和心理素质的发展。低碳经济对社会来讲，是绿色经济，是以人为本的经济发展方式，是促进人的全面发展的具体举措。

（二）我国低碳经济发展现状

企业是经济社会发展的重要推动力，作为工业生产活动的主体，也是发展低碳经济的责任主体。我国要加快发展低碳经济，不仅要加快低碳产品的研发，更为关键的是要调动企业自主创新的积极性，使企业加快转方式、调结构，实现经营理念、管理机制、产业结构等全方位、全过程的低碳发展。

第一，自 2000 年以来，受市场需求拉动，中国高耗能行业增长迅速，主要产品产量年均增长在 10%以上，能源消费量占全社会能耗总量的比重在 55%以上。单位国内生产总值（GDP）能耗成倍高于日本、欧美等发达国家和地区。中国企业的快速发展依赖能源的大量消耗。作为“世界工厂”，中国的企业仍处在全球产业链的低端，具体表现为，偏重于加工制造、劳动密集型、粗放式经营；企业不仅不能获得足够回报，反而资源消耗量大，环境污染严重。

第二，中国的低碳经济发展还处于起步阶段，只有少数企业在积极优化产业结构，走向低碳道路，很多企业依然延续着传统的生产模式。中国的低碳道路的确还有很长的一段路要走，目前的生产技术、能源选择、资源利用率以及传统观念都在阻碍着中国企业进行低碳改革的步伐。同时，中国企业在面对节能减排的问题上也存在着一些老式想法。比如，认为节能减排就是节约成本，节能减排只是一种责任，改造一个低碳项目何时才能收回成本等。这些问题无形中也增加了企业成功转变为低碳企业的风险。再加上目前对低碳改革还没有明确的奖惩政策，这都让许多企业在低碳道路上采取了“停滞不前，静观其变”的态度。

第三，发展低碳经济不能单靠政府扶持。我国作为发展中国家，政府扶持能力在短期内有限，在国家发展和改革委员会公布的数据中，2009 年 4 万亿元投资中只有 2100 万元投向节能减排，约占总数的 5%。而据不完全统计，到目前为止，主要发达国家已经宣布的低碳经济发展计划总规模已超过 5000 亿美元。同时，我国企业由“高碳”向“低碳”转变的最大制约，是整体科技水平落后，技术研发能力有限。尽管《联合国气候变化框架公约》规定，发达国家有义务向发展中国家提供技术转让，但实际情况与之相去甚远。由于整体科技水平不高，技术研发能力有限，我国发展低碳经济需要大量购买美国及其他西方国家的技术设备和产品。中国的低碳普及率与其他发达国家仍然存在巨大差距。

（三）在企业文化建设中体现人文精神

人文精神是一种普遍的人类关怀，表现为对人的尊严、价值、命运的维护、追求和关切，对人类遗留下来的各种精神文化现象的高度珍视，对一种全面发展的理想人格的肯定和塑造。人文思想不仅是精神文明的主要内容，而且影响到物质文明建设。它是构成一个民族、一个地区文化个性的核心内容，是衡量一个民族、一个地区的文明程度的重要尺度。

可见人文精神涵括平等、尊重、理解及包容等理念，体现着统一融洽、互尊互爱等民族传统。以人文精神为载体的社会价值观和企业文化观在深入、渗透和穷尽我们经济生活的同时，还在丰富、发展企业管理思想的宝库，有力地促进企业的发展。现代企业文化与企业管理重视“以人为本”的理念，因此也涉及了人文精神的方方面面。

好的企业文化的构建，必须要有“以人为本”的理念，而人文精神就应该成为企业文化核心理念中不可或缺的部分。企业文化是以企业管理哲学和企业精神为核心，凝聚企业员工归属感、积极性和创造性的人本管理理论，包含并体现着社会文化；同时，它又是受社会文化影响和制约的，以企业规章制度和物质现象为载体的一种经济文化，涵盖了企业精神、企业形象、企业战略、企业信用、企业管理、企业环境、企业品牌、企业素质八个方面。在企业中注重道德教化，培植敬业乐群、合理奉献和人生理想等人文精神，可以使企业文化具有更加深厚的底蕴。

1. 人文精神的培育

企业文化中要体现人文精神，应当着重培育的是：

（1）求善、求美。如果说科学的目的是求真，那么，人文文化实践的目的就是求善、求美。人文也求真，但它不停留在真的境界，它要求的是真善美的统一。

（2）超越性。人文精神本质上是一种超越的精神。它根源于人类对于真善美生活的价值追求，又超越于实用理性和当前功利之上，反映了人类本性中形而上追求的一面。在这个意义上，它又是人的一种自由的本真精神，即超越于各种现实的、外在东西的束缚，构筑人类精神和文化自身的世界。

（3）以人为本。人文实践的尺度既不是外在的客观世界，也不是异化了的神学教条，而是人自身，是人的需要，人的理想。

2. 以人为本是实施企业文化与任务指标体系的本质

企业文化的建立应该体现以下准则，以反映以人为本的思想：

（1）个性化发展准则。个性化发展的准则以组织成员的全面自在的发展为出发点，要求组织在成员的岗位安排、教育培训、工作环境、文化氛围、资源配置过程等诸多方面均从是否有利于当事人这个目标出发，即按他本意，按他特性潜质发挥，以及按他长远的发展来考虑，按其特点、特长进行人力资源的最佳配置，绝不是简单的处置，也不是仅仅从组织功利性目标出发。

（2）引导性管理准则。引导性管理准则要求原来的管理主体要改变其在决策方面的角色，因为在以人为本管理的条件下，决策是组织成员共同的责任而不仅仅是管理主体个人的责任。管理主体不仅仅将管理作用于他人他物，而且更要将管理作用于自己，特别在作用于他人时不是像过去那样命令、指挥，而是建议、引导。引导性管理准则在组织运作中要求组织中的所有成员放弃由岗位带来的特权，平等地友好地互相建议、互相协调，使组织成员凝聚在一起，共同努力完成组织最终的目标，在此过程中谋求各自的个性化发展。事实上，自我管理是个性化发展的一个条件，同时也是一个结果。

（3）环境创设准则。环境创设的准则要求组织努力创设良好的物质环境和文化环境，以利于组织成员的个性化发展和学会自我管理，即创设一个能让人全面发展的场所，间接地引导他们自发地发展自己的潜能。这样的环境对组织内部而言主要有两个方面：一是物质环境，包括工作条件、设施、设备、文化娱乐条件、生活空间安排等；二是文化环境，即组织拥有特别的文化氛围。因此，创设环境的准则就是指，组织要努力创设良好的物质环境和文化环境，以利于组织成员的个性化发展和在各自的岗位上进行自我管理。

（4）人与组织共同成长准则。组织与个人共同成长的准则要求组织的发展不能脱离个人的发展，不能单方面地要求组织成员修正自己的行为模式、价值理念等来适应组织，而是要求组织的发展应该适应成员个性发展而产生的价值理念、行为模式，在权衡全体成员的一致性之后再做发展的考虑。换句话讲，就是组织参与成员的职业生涯规划的指导与管理，将员工的个人发展纳入组织管理的范畴，从而实现组织与个人共同成长。组织与个人共同成长的最终目标，实质上是在个人的个性化全面发展的基础上建立一个真正的以人为本管理的组织。

（四）企业文化建设中人文精神培育的内容

人文精神体现的是事事处处以人为中心的思维方式，表现出对人的生命的珍惜，对人性的善待，对人的价值的尊重。因此，在企业文化建设的实践中，人文精神的培育可以从以下几个方面着手：

1. 建立在人文平台上的企业理念

企业理念是企业文化的核心。企业理念定位准确与否，直接关系到企业文化建设实践的成败。企业理念的立意要高，这个高的基点就是人文精神的平台。摩托罗拉公司把“诚信为本和公正”作为自己的核心理念，要求企业的每个经理人员和员工“保持高尚的操守，对人永远尊重”。福特公司的核心价值观有一项是：让每个人都用得起汽车。以上企业理念的确立，都与金钱无关，而带有浓厚的人文情怀，为这些企业的发展提供了强大的原动力。

2. 充满人性化的产品设计和营销体系

现在人们对商品的购买和服务的认可，不仅注重它们的使用价值，还关心产品内含的人文精神，如“人类观念”、“地球观念”、“生态消费”、“理智消费观”以及“绿色经济”等，还把是否有利于身心健康、人类经济社会的可持续发展、人类意境等人文精神，看成理性消费的取舍标准。从销售方面来看，为顾客提供满意的商品和服务，是企业的目标，也是其生存和发展的关键。企业在推销产品的同时，要向社会传播与产品有关的知识和技能，让公众不仅从直接的购物中获益，还能从企业那里得到文化、知识等的熏陶。

3. 勇于承担社会责任的良好的公众形象

处于复杂社会关系之中的企业，要想提高美誉度、赢得良好的口碑，必须与外界建立起水乳交融的融洽关系，尤其是形形色色的消费者，在某种程度上，消费者的态度决定了企业的兴衰。这虽然是“老生常谈”，但多数企业并没有踏踏实实、兢兢业业地做到这一点。北京的麦当劳食品有限公司推出一项新举措，在所属 57 家麦当劳餐厅内代售公交月票。麦当劳在对北京发售月票网点进行调查后知晓，北京有 600 多万人使用月票乘公交车，而发售月票的网点只有 88 处，乘客深感不便。于是他们便“拾遗补阙”，干起了“代售月票”的营生，为广大乘客创造便利条件。此举一推出就吸引了大批食客络绎而来。

4. 宽松良好的工作氛围

建立在性本善假设基础上的 Y 理论，认为人视工作和休息、娱乐一样自然，如果员工对某项工作做出承诺，那么他们会进行自我检查和控制，以完成任务，每个人不但能够承担责任，而且会主动寻求承担责任，所以，建议让员工参与决策，为员工提供富有挑战性的工作，建立良好的群体关系。在宽松和相互鼓励的氛围中，人们的创造性能够得到最大的开发；相反，在压抑和相互排挤的环境中，人们的创造性思维通道就会阻塞。因此，一个企业在人文精神的培育中，要让以人为本落实到企业的每个角落，在企业内部形成融洽的人际关系和良好的工作氛围，并通过组织设计和管理模式的变革，来使员工最大限度地参与企业决策。

5. 谋求人与事共同发展的人力资源政策

马斯洛的需求层次理论认为，人不仅有生理需要、安全需要和社会需要，还有生存需要和自我实现需要。因此，企业在制定人力资源政策的时候，一定要注重人的自我价值的实现，要设法将个人的理想追求与企业的整体目标统一起来，真正做到“为员工创造发展空间，为企业谋求更大发展”，做到人与事的和谐配置，人与事的共同发展，让员工的才能在工作中得到提高，让员工的自我价值在企业大发展中得到充分实现。要建立一种能尊重人性、积极发挥职工创造性和积极性的体制和制度。

三、人文精神在企业管理中的体现

人文精神对于企业来讲，是体现为企业如何对待其利益相关者，体现在内外两个方面。对外，体现为从以人为本的角度去处理与客户、合作者、上下游供应商、经销商之间的关系；对内，则体现为对员工的关注。

（一）企业与外部的利益相关者

在企业外部的管理中，人文精神体现为对顾客的重视，与合作者之间建立良好的合作伙伴关系，在供应链中扮演好自己的角色，遵守公平竞争的原则，以提供良好的产品和服务为目标，自觉履行社会责任。

1. 重视客户

客户（消费者、读者）最终决定是订购本公司的产品和服务还是订购竞争对手的产品和服务，这取决于客户“掂量”的结果：是谁能给其提供最大的顾客让渡价值。一个公司产生的最终价值是通过顾客愿意为企业的产品和劳务所支付的货币量来计算的。顾客让渡价值就是这个客户认定他准备购买的这个产品或服务值不值得掏钱，值得掏多少钱。“顾客让渡价值=整体顾客价值-整体顾客成本”。整体顾客价值是指顾客从给定产品和服务中所期望得到的所有利益，包括产品价值、服务价值、人员价值和形象价值。整体顾客成本是指获得产品的辛苦和麻烦，包括货币价格、时间成本、体力成本和精神成本。整体顾客价值是企业通过完成一系列作业而创造出来的。企业内外所有创造整体顾客价值的作业流程就是价值链。从企业盈利的角度来讲，客户是企业利益的源泉，是企业赖以生存的资源，因此，以客户为中心，不断满足客户的需求，就是市场上的企业的根本目标之一。

2. 有序合作

良好的合作有以下几个特征：第一，合作者之间有一致的目标。任何合作都要有共同的目标，至少是短期的共同目标。第二，统一的认识和规范。合作者应对共同目标、实现途径和具体步骤等，有基本一致的认识；在联合行动中合作者必须遵守共同认可的社会规范和群体规范。第三，相互信赖的合作气氛。创造相互理解、彼此信赖、互相支持的良好气氛是有效合作的重要条件。第四，具有合作赖以生存和发展的一定物质基础。必要的物质条件（包括设备、通讯和交通器材工具等）是合作能顺利进行的前提，空间上的最佳配合距离，时间上的准时、有序，都是物质条件的组成部分。

因此，企业在树立自身目标时，除了考虑自身的目标，还要顾及利益相关者的愿景和目标，在这些目标中寻求平衡，这样才能保证在行动中也保持一致。另外，企业要保持与利益相关者之间的适度的信息交流，维持相互之间的信任感，这也是客户关系管理及企业之间的竞合战略所必须坚持的原则。这样做的好处在于，可以在物质匮乏时，在利益相关者中间寻求到一些帮助。

3. 公平竞争

公平竞争对市场经济的发展具有重要的作用。它可以调动经营者的积极性，使他们不断完善管理，向市场提供质优价廉的新产品。它可以使社会资源得到合理的配置，并最终为消费者和全社会带来福利。运用公平竞争原理，就是要坚持公平竞争、适度竞争和良性竞争三项原则。第一，公平竞争。公平包括两层意思：公道和善意。公道就是严格按协定、规定办事，一视同仁，不偏不倚。善意就是领导者对所有人都采取与人为善、鼓励和帮助的态度。也就是说，“见人有善，如己有善；见人有过，如己有过”。第二，适度竞争。没有竞争或竞争不足，会死气沉沉，缺乏活力；但过度竞争又会使人际关系紧张，破坏协作，甚至产生内耗，损害组织的凝聚力。第三，良性竞争。竞争必须以组织目标为重，同时使个人目标与组织目标相结合，个人目标包含在组织目标之中。

4. 履行社会责任

企业作为社会中重要的组成部分，作为一个组织，应以一种有利于社会的方式进行经营和管理。社会责任通常是指组织承担的高于组织本身目标的社会义务。如果一个企业不仅承担了法律上和经济上的义务，还承担了“追求对社会有利的长期目标”的义务，我们就说该企业是有社会责任的。

社会责任包括企业环境保护、社会道德以及公共利益等方面，由经济责任、持续发展责任、法律责任和道德责任等构成。

(1) 经济责任。指的是公司生产、盈利、满足消费需求的责任。其核心是公司创造利润、实现价值的能力。公司的经济责任表现可以通过财务、产品服务、治理结构三个方面进行考察。尽管企业经济责任并没有一个单一的定义，但从本质上讲，追求这一方法的公司，需要做三件重要事情：第一，公司认识到，其经营活动对其所处的社会将产生很大影响；而社会发展同样也会影响公司追求企业成功的能力。第二，作为响应，公司积极管理其世界范围内的经营活动对经济、社会、环境等方面的影响，不仅使其为公司的业务运作和企业声誉带来好处，而且还使其造福于企业所在地区的社会团体。第三，公司通过与其他群体和组织、地方团体、社会和政府部门进行密切合作，来实现这些利益。

(2) 持续发展责任。指的是保证企业与社会持续发展的责任。该项责任可以通过环保责任和创新责任两方面进行考察。

(3) 法律责任。指的是公司履行法律法规各项义务的责任。该项责任可以通过税收责任和雇主责任两个方面进行考察。

(4) 道德责任。指的是公司满足社会准则、规范和价值观、回报社会的责任。该项责任可以通过内部道德责任和外部道德责任两个方面考察。

(二) 企业与内部的利益相关者

在企业内部的管理中，人文精神体现为企业如何关注员工素质、员工的个人成长、健康安全及经济状况。

1. 制度的改善

人本管理说到底是对人的管理。基于我国企业的现状，要想实现人本管理，必须首先从“管人”的部门——人力资源管理部门为切入点进行改革，进而实现企业整个组织机构的改革。传统的企业人力资源管理部门只是作为企业的一个业务职能部门，在企业领导者的指挥下办理企业人事、劳动方面的日常行政业务，很少参与企业发展战略和发展目标的制定、实施等活动；它不能系统地、有效地对企业全部人力资源进行规划、管理和开发，而是被动地服从于其他生产经营单位或部门的要求。按照人本管理的思想，人是企业的根本。因此必须提高人力资源管理部门在企业中的地位，扩大和强化人力资源管理部门的职能。提高人力资源管理部门在企业中的地位，就是提高人力资源管理部门在企业管理组织中的层次，它不再是与企业其他管理部门并列的业务工作部门，而是高于其他管理部门的决策部门。从其职能上看，一方面要强化原有的人力资源管理职能，尤其要强化人力资源规划、素质测评、激励、培训等开发性职能；另一方面要扩大人力资源管理部门的职能，即在人力资源管理的基础上扩大到企业管理，要参与企业重大经营活动的决策，要对企业其他部门和单位的活动进行指导和监督，这样，才能保证“以人为中心”。

2. 对员工素质的改善和为员工提供成长机会

企业实现提高员工素质的途径一般是培训和提供海外留学等继续深造的机会。企业为员工提供的培训不仅要着眼于提高员工对岗位的适应性，更要着眼于提高员工对外部环境的适应性和对市场的驾驭能力及竞争能力，即要扩大员工的知识结构，提高员工的整体素质。首先，在确定培训的目的时，特别要注意的是，要充分考虑员工个人的发展规划，并使之与企业发展规划有机结合。其次，在培训内容上，要从企业的实际需要、员工的实际需要和社会的需求出发，既着眼于现在，又着眼于未来。在此原则下设置培训课程时，还要考虑企业文化建设、企业发展方向、员工个人素质、企业现存主要问题等因素。在确定培训内容时，特别要注意的是，不能采用“制度+控制”的模式，而应采用“学习+激励”的模式。所谓“学习+激励”的模式，就是其培训内容并非注重

"告知员工不许干什么"，而是注重"启发员工应该干什么"；并非"强制员工必须干"，而是"激励员工我要干"。最后，在培训方法上，要针对不同的内容采用不同的方法。对于技能性的培训，要采用讲授与实际演练相结合的方法，以增强员工的动手能力；对于理念性的内容，则应主要采用案例或范例分析的方法，引导员工"由表及里、由浅入深、由特殊到一般"地进行分析归纳，以增强员工的思维、判断能力。在选用培训方法时，特别要注意的是，尽可能不用"师傅带徒弟"的传统方法，而是采取"启发式"培训方法，即只给员工摆出问题、点明思路，让员工自己去分析探索，这样更有利于培养员工的创新能力。另外，在坚持以人为本的前提下，企业为员工提供平等、有效的发展机会，也是对员工关注的重要表现。

3. 建立现代企业激励制度

美国哈佛大学教授詹姆斯通过对人的激励问题的专题研究得出结论，如果没有激励，一个人的能力发挥不过20%~30%；如果施之以激励，可发挥到80%~90%。以人为本的目的在于调动人的积极性，发挥人的创造潜能，因而建立科学的激励制度意义重大。首先，要建立企业家激励机制。在现代企业制度下，企业家劳动既是智力劳动又是风险劳动，因而其合法报酬和职位消费权利就比一般员工高得多。对企业家可以实行年薪制或利润分成制，并注重对企业家的精神激励。其次，要建立员工激励机制。建立员工激励机制应以调动全体职工的积极性、主动性和创造性为核心，优秀的企业文化往往能增强企业凝聚力，充分调动员工工作的积极性、创造性，给员工以精神上的激励。最后，要建立现代企业的约束机制。企业内部应充分发挥职代会、工会的民主监督职能；实行公司制改造设立了监事会的企业，应积极发挥监事会对财务、董事经营行为的监管，防止企业经营者滥用职权牟取私利。

4. 关注员工健康

企业对员工健康的关注，也体现着人文精神。企业一直是以盈利为目的而存在的，而维护员工的安全和健康，在以往是被视为成本而存在的。当今社会，员工是被看做人力资本的，是公司的资源，而非被压榨的对象，工作环境将对员工的工作绩效造成直接影响。从生理健康的角度讲，无论是为了关心员工，还是为提升企业业绩，为员工提供良好的工作环境都是必需的。此外，员工的工作环境还包括人际环境是否和谐，彼此之间的竞争和工作上的压力是否会造成过重的心理负担，从而对员工的睡眠乃至身体健康是否造成影响。从心理健康的角度讲，则需要考虑员工对工作是否满意，生活是否幸福，以及员工是否感觉到和谐。员工对工作是否满意往往能反映出企业的基本属性。从整体层面上来看，员工对工作的满意首先反映在员工对企业价值观的认同上，若员工发现自身与企业价值观存在巨大差异，则会产生对企业的排斥以至于产生对工作的排斥。

5. 企业柔性化管理

企业柔性化管理也是人文精神在企业文化观中的渗透。柔性化管理是以个性化的管理理论为基础，以满足员工的生理、安全、社交、尊重、自我实现的五个需要层次为出发点，结合组织的经营机制、当前市场经济条件下的员工价值观念，根据管理各要素，为员工创造物质需求（生理、安全）和精神需求（社交、尊重、自我实现），充分调动员工积极性的管理模式。柔性化管理以严格规范管理为基础，以高素质的员工队伍为条件，突出员工自我管理。通过人性化管理，强化管理者的应变能力，把员工在组织中自我价值的实现与组织发展的目标相融合。柔性化管理的核心是“自我管理”，是员工参与管理的升华，是实现员工自我价值的有效形式，是新形势下组织中员工主体地位的具体体现。柔性化管理贵在“自我改善”。自我改善的前提是员工具备了不安于现状的意识和立足于岗位的改善意识，员工要具备这些意识，组织则要提出自我改善的原则或基本观念，以此作为自我改善的指导思想，积极调动员工的积极性和主动性，使员工成为改善的主体。柔性化管理的精髓是“爱人”。以尊重人的价值，发挥人的才能为基础，通过不断提高员工素质带来产品的高质量、组织的高效益、员工的高收入。管理以人为本，组织以高质量、高效益为主导，员工以高收入为目标，这三者之间应形成良性循环。柔性化管理是相对于刚性管理的一种管理方式，随着社会的发展，员工自我意识的张扬，在这种条件下出现了管理的柔性化。其中柔性化管理包括两个方面：目标管理和提高工作吸引力。

四、案例与启示——青岛港集团

（一）青岛港案例简介

青岛港年耗电达 2 亿多度，耗煤 6610 多吨，耗油 31000 多吨，耗水 230 多万吨，是耗能大户。它在建设资源节约型、环境友好型社会中担负着重要的责任。

多年来，青岛港港口生产快速增长，综合能源单耗逐年下降。“十五”以来，港口年吞吐量增长了近 3 倍，综合能源单耗下降了 29.7%，年均降低 4.1%。特别是面对港口通过能力不足的困难，青岛港通过科技、管理、技改、信息化、大练兵五个方面的创新，用占全国港口 1.8%的码头岸线创造出了 6.9%的吞吐量，用 1 亿吨的能力创造出了 3 亿吨的业绩，用 350 万标准箱的能力创造出了 1000 万标准箱的业绩，最大限度地节约了能源和码头岸线、土地、海洋等资源。青岛港集装箱轮胎吊“油改电”、“学良节油工作法”、门机作业自动计量系统应用被交通运输部评为全国交通行业节能减排示范项目。世界环境中心与中国企业联合会共同授予青岛港“节能环保最佳企业”荣誉称号。

（二）启示

发展低碳经济不能仅靠政府扶持，必须依靠全社会的积极行动与配合。

（1）下大力气普及低碳经济常识。目前，低碳经济对于普通民众只是个新兴名词，对于个别企业，发展低碳经济只是从商业目的出发对新概念进行炒作，这离低碳经济的公益化发展，离企业真正能从低碳经济中谋求战略发展和增强未来生产的竞争力尚有很大差距。

（2）通过行政约束及重奖重罚强化对企业的引导。低碳经济发展中一个重要的特点就是存在着广泛的利益冲突，如果环境利益及其相关的经济利益在保护者、破坏者、受益者和受害者之间不能得到公平分配，导致受益者无偿占有环境利益，保护者得不到应有的经济回报，则低碳经济的发展就会缺乏动力。当前，在法律、规划的执行措施上，虽然也涉及用税收优惠、补贴等奖励手段来激励公众与企业自愿实行有利于低碳经济发展的行为，但是却没有规定细化的奖励手段与程序，导致在现实中发展低碳经济不能产生广泛的影响。因此，我国亟待完善和细化有利于各行各业发展低碳经济的行业标准及约束机制，从而为低碳经济的发展提供制度上的有力保障。

（3）督促企业形成发展低碳经济的长效机制。发展低碳经济，不是一时一事的事情，要时时事事落实。通过青岛港的发展实践，可以看出只有建立完善的机制，推进企业管理由粗放型向精细型转变，由随机节能环保向长效节能环保转变，由自发自动的节能环保向有组织有计划的节能环保转变，发展低碳经济才会在企业发展中收到实效。

（4）发动群众、依靠群众大力开展技术创新。青岛港通过每年在全港开展群众性工属具研发活动，仅“十五”以来就创造工属具革新成果 1600 多项，其中 267 项获得国家专利。这些成果在提高装卸质量和作业效率、降低能源消耗、保障安全生产中取得了显著成效，成为港口又好又快发展的有力“武器”。如青岛港研制的 62 吨矿石抓斗，比原先的抓斗每斗多抓 2 吨，每台卸船机平均每小时多抓矿石 120 吨，年节电 24.5 万度。纸浆、大袋散货是青岛港的传统货种，原来装卸该货种使用的工属具是挂钩，一次只能吊 2 件货。青岛港研发的多用途吊架，一次可吊起 24 件 1 吨纸浆或 20 件 1 吨大袋货，作业效率提高了 3 倍，节电率达 40%以上。通过群众性的技术创新活动，不仅极大调动了工人主体的积极性和创造性，还增强了全港员工参与低碳经济发展的自觉性和主动性。

（5）以技术改造降低低碳经济投入。如青岛港对作业机械实施的“油改电”技术改造。传统的集装箱轮胎吊作业使用燃油作为动力，耗油量大，排放废气多，并且有噪音污染。一台轮胎吊年均耗油约 107700 升，排放 CO_2 废气 280 多吨，作业时噪音高达

94.3 分贝。青岛港通过技术攻关，将燃油动力改造为电力驱动。改造后的轮胎吊单箱能耗下降 40%以上，单箱运行成本节省 70%以上，并基本实现了废气零排放。目前，该技术已在国内外十几个港口的 200 多台轮胎吊得到应用，年节油约 2000 万升，经济效益和社会效益显著。

第一章　以人为中心的管理

第一节　社会发展中对人的关注

一、社会发展与人的发展的关系

在历史发展过程中，人是构成社会的最小单元，那么单个人的发展就构成了社会发展的最小单元，而社会的发展反过来又为个人的发展创造了条件，二者之间互相依存，不可分割。

（一）人与人的活动是社会发展的前提和起点

长期以来，在一些人的思想观念中，唯物史观只是关于生产力与生产关系、经济基础与上层建筑的矛盾，以及由这种矛盾所决定的以阶级斗争为直接动力推动生产方式或社会形态依次更替的学说。这种理解割裂了社会历史发展过程和个体发展过程的联系，把社会历史发展过程单纯理解为“矛盾”、“斗争”过程和“形态”演变过程。这就把马克思主义哲学变成概念的演绎，缺少了作为主体的人，忽略了人的需求、利益这个最根本前提和首要的环节，忽略了人是生产力的第一要素。

需要不能自我满足，它必须通过与自然界进行物质变换才能得到满足。但人的需要是社会性需要，自然界不能向人类提供现成的生活资料，不能自动满足人类的各种需要。人必须适应自然和改造自然，获得满足需要的生活资料。人们通过物质生产活动作用于自然界，改变自然物的性质和状态，从而占有自然以满足自身的内在需要。人们在物质生产过程中付出自己的体力和智力，将自己的本质力量对象化和客体化，使自然人化，不断创造着属人的现实世界；同时，也在物质生产实践中将自然界的物质、能量和信息转化为自身的体力和智力，内化为主体素质，从而改变着自身的自然，不断实现主体的改造。

人在物质生产过程中对属人世界的建构、变革和对自身的改造，表明人类从盲目的自然力量、异己的社会力量的奴役下解放出来而获得自由，这正是社会发展和人类进步的本质表现。

（二）人的发展和社会发展是辩证统一的

人的发展与社会发展是相辅相成、互为条件、互相促进、辩证统一的。江泽民同志在“七一”重要讲话中指出：“推进人的全面发展，同推进经济、文化的发展和改善人民物质文化生活，是互为前提和基础的。人越全面发展，社会的物质文化财富就会创造得越多，人民的生活就越能得到改善，而物质文化条件越充分，又越能推进人的全面发展。社会生产力和经济文化的发展水平是逐步提高、永无止境的历史过程，人的全面发展程度也是逐步提高、永无止境的历史过程。这两个过程应相互结合、相互促进地向前发展。”

一方面，社会发展以人的发展为前提和动力。没有人的素质的提高，没有人的思想观念、思维方式、价值观念等方面的根本改变，就不可能有社会制度的创新以及整个社会形态的质变，人的素质、人格、品质，也是社会制度与体制的改革创新和高效运行的重要保证。人的需要是社会发展最深刻的动力源。

另一方面，人的发展主导着社会发展，推动着社会发展。当代社会发展和人的发展的关系，从某种意义上来说，就是物的现代化与人的现代化的关系。社会的发展关键在于实现人的现代化。著名学者英克尔斯在《人的现代化》一书中指出：如果一个国家的人民缺乏一种能赋予这些制度以真实生命力的广泛的现代心理基础，如果执行和动用这些现代技术的人，自身还没有从心理、思想、态度和行为方式上都经历一个向现代化的转变，失败和畸形发展的悲剧是不可避免的。再完美的现代制度和管理方法，再先进的技术工艺，也会在传统人的手中变成废纸一堆。

二、后工业社会以人为本理念的形成

自从有了人与人之间的社会生活或者说集体生活，就有了管理的实践和经验总结。管理学是关于人类集体化协作行为协调的科学，故其出发点是人自身。从梅奥把人看做是“社会人”，巴纳德把人当做“独立的个体”开始，研究人的需要和行为，尊重人，重视人的发展成为管理研究中的一个主题。“以人为本”的企业文化思想产生在以人为中心的新经济时代。在这之前的管理思想体现了以机器为中心的工业经济的要求。

（一）机械化理念下产生的问题

工业经济是建立在机器大生产和专业分工的基础之上的，企业管理为了适应机器和分工的要求而实现层级制和职能制管理，同时也必须实行标准化、通用化的管理制度，这样的管理制度要求人在制度面前人人平等。由此看出，为适应机器和分工的要求，在企业经营管理中，人受机器和分工的支配，人从事生产和管理的目标要服从机器的目标，而人的专业化目标要服从分工的目标；在如此状况下，人就要变成为一个被动的、简单的、“冷血”的“机械人”，企业也成了专门生产产品的一台大机器；机器和分工创造了一个丰富的物质世界，却导致了精神世界的贫乏。同时，人毕竟是要生存的，人作为“经济人”都以尽可能少的付出获得最大限度的收益，并且为此可以不择手段；随着工业经济分工的不断细化，导致管理单位的膨胀，人的“经济人”特征带入管理单位后导致局部利益最大化倾向，各部门都以自我为中心，使得管理部门之间争权夺利，扯皮推诿，官僚主义滋长，信息沟通不畅，管理成本增加，管理效率下降，从而使管理流入形式化和事务性并走向分裂。

（二）以人为本理念的形成

随着科学技术的巨大进步，社会物质的日益丰富，竞争的日趋激烈，以及卖方市场向买方市场的转化，传统的工业经济时代向新经济时代转变。新经济时代的生产不是以机器和分工为基础，而是以人的知识和能力为基础；不是以占有物质资源为基础，而是以占有人力资源为基础。人不再受制于机器和分工，机器和分工反而受到了人的知识、能力的指挥和支配，人运用自己的知识，运用自己的创造力开发出新产品、新市场、新产业；人运用自己的聪明才智，运用自己的情感，创造出个性化产品、人性化产品、感性化服务。人使大规模、标准化、通用化的生产方式向小批量、个性化、非标准化的生产方式转变，机器和分工的目标服从于人的目标和追求。人不再是“机械人”，也不仅仅是“经济人”，人在更高层次上日趋成为既有知识又有智慧、既有理性又有情感、既有能力又有潜力、既有自己理想的追求又肩负社会责任的“社会人”，人成为企业的主体。“以人为本”的经营管理理念、“以人为本”的企业文化理念从此形成。

三、我国发展过程中对以人为本的理解

虽然中国传统词汇中没有“人本主义”一词，但中国文化是以人本主义为基础的，其侧重点在于现实世界的道德哲学。从周朝的一个具有人格的上帝开始，中国的人本主义走过的道路是漫长的，但却变化不多。从公元前6世纪中国人本主义崛起以来，中国

的人本主义思想基本上以儒、道、佛思想为主，后人的研究很少跳出这三大学派的体系，直到18世纪帝国主义的炮火轰开中国的大门，中国的人本主义思想中才渐渐融入西方的人本思想。因此，本书中所做的比较，选择较为典型的两个阶段，即人本主义崛起发展的春秋时期和清末民初的孙中山人本主义思想。

（一）古代的人本思想

春秋战国时期，经过周朝时期的良好发展，生产力有了提高，人们在生产劳动的实践中，渐渐意识到了人的力量。同时，由于周朝时期人格的上帝，即根据人的道德理性表现或赏或罚，改化了商代祭祀、占卜等做法，因而，天意不再是神秘莫测的而成为可知的，可理解的，并成为人一切理性活动的归依。人们逐渐体会到自己有掌握本身及历史命脉的能力。春秋时期社会环境较为动荡，战乱不断，周朝初期建立起来的“礼乐”制逐渐被人忘却，由此，人们开始思考人在宇宙内的位置，人与人应该怎样相处以及人应该具备怎样的行为才能使社会秩序得以保持。这一时期的人本主义的思想主要为社会秩序的维护而服务，表现在三个层面：个人的思想行为的修炼、人与人之间的关系、统治者与被统治者之间的关系。总体概括有如下特点：

（1）每个人的道德水平的提高靠个人的修炼和教育，但主要看自己修炼得如何，修炼的标准则是“仁、义、礼、智、信”。个人要服从群体，这个群体上至天命天意，下至家庭、朋友等各种社会关系。当个人利益与这些群体发生冲突时，要做出一定的牺牲。

（2）强调每个人在社会中的位置并做出相应的行为，担负相应的责任。在家中小辈服从长辈，而长辈则必须承担起保护小辈、尽量使小辈过上较好的日子的责任。在国家治理中，臣民必须服从君王的领导，而作为一国之君必须在执政中处处为民着想，因为民众是其执政的基础，只要民众利益得到满足发展，民众就会安定，就会拥护君王的政权。所以，春秋时期的人本主义思想主要是道德人本主义。

（二）近代的人本思想

到了近代，受西方哲学思想的影响，资产阶级改良派的思想逐渐起主要影响作用。梁启超、康有为等人反对封建的专制统治，反对封建的礼教制度。资产阶级革命家孙中山将这一思想系统化。孙中山思想主要可概括为两个字——“博爱”。“博爱”一方面继承发扬了中国古代的“仁爱”、“兼爱”思想；另一方面融入了西方“平等”的思想。“博爱”的实质是“互爱”，它实际上是以“平等”为前提的。人与人之间如果不平等，就无从“互爱”；而获取“平等”的手段是革命，因为“平等”不是天赋的，封建君主专政制更加剧了不平等，制造了“人为的不平等”。通过革命，人们能够消灭“人为的不平等”。而天赋的不平等，如能力、智力上的不平等，则不应消灭，因为它可以保持人类进步。

孙中山的“平等”较之西方的“平等”思想又有所不同，他一方面受资产阶级伦理学说影响，主张人人享有“平等”的权利；另一方面又不赞同西方的“天赋平等”观。可以说，孙中山的人本主义思想仅保留了传统人本哲学中的“仁爱”思想，他的思想中更多的是受到了西方哲学、宗教的影响。他的革命思想就是具体表现之一。按照中国传统人本思想，一个人是不应该过多强调个人利益的，更不能越过“君臣父子”的秩序去和别人比较，进而要求平等。而平等思想在西方人本主义中则占主导地位。所以，为了打破封建社会、封建礼教带来的各种不平等，孙中山发动了辛亥革命，欲通过革命，消灭封建的不平等，建立一个类似西方社会的“三民”国家，使中国人享受个人该有的权利；使中国人之间互爱互助，最后达到天下大同。随着东西方文化多年的碰撞融合，今天在中国讲人本主义，更多的是需求的满足和个人发展，缺少的是对责任的承担和积极的良好的工作态度，更确切地说，现代的中国人过多地强调付出与得到的比例。吸取了东西方文化精华的人本管理思想可使人们对自己、对集体和组织、对国家的关系有新的认识。

（三）新中国的人本思想

自新中国成立以来，随着社会的发展和进步，我国三代领导人对以人为本都有着不同角度的理解。

（1）毛泽东同志说：“‘人性论’，有没有人性这种东西？当然有的。但是只有具体的人性，没有抽象的人性。在阶级社会里就是只有带着阶级性的人性，而没有什么超阶级的人性。我们主张无产阶级的人性，人民大众的人性，而地主资产阶级则主张地主资产阶级的人性，不过他们口头上不这样说，却说成为唯一的人性。有些小资产阶级知识分子所鼓吹的人性，也是脱离人民大众或者反对人民大众的，他们的所谓人性实质上不过是资产阶级的个人主义，因此在他们眼中，无产阶级的人性就不合于人性。现在延安有些人所主张的作为所谓文艺理论基础的‘人性论’，就是这样讲，这是完全错误的。”

（2）邓小平同志反复强调：“社会主义阶段的最根本任务就是发展生产力。社会主义的优越性归根到底要体现在它的生产力比资本主义发展得更快一些，更高一些，并且在发展生产力的基础上不断改善人民的物质文化生活。”“坚持社会主义的发展方向就要肯定社会主义的根本任务是发展生产力，逐步摆脱贫穷！”“社会主义的任务很多，但根本一条就是发展生产力，在发展生产力的基础上体现出优于资本主义，为实现共产主义创造物质基础。”

（3）江泽民同志在2001年“七一”重要讲话中说：“推进人的全面发展，同推进经济、文化的发展和改善人民物质文化生活，是互为前提和基础的。……社会生产力和经济文化的发展水平是逐步提高、永无止境的历史过程，人的全面发展程度也是逐步提高、永无止境的历史过程。这两个历史过程应相互结合、相互促进地向前发展。”

（四）新世纪的人本思想

从中国的实际出发，温家宝同志指出，坚持以人为本，这是科学发展观的本质和核心。以人为本，就是要把人民的利益作为一切工作的出发点和落脚点，不断满足人们的多方面需求和促进人的全面发展。具体地说，就是在经济发展的基础上，不断提高人民群众物质文化生活水平和健康水平；就是要尊重和保障人权，包括公民的政治、经济、文化权利；就是要不断提高人们的思想道德素质、科学文化素质和健康素质；就是要创造人们平等发展、充分发挥聪明才智的社会环境。

胡锦涛同志对马克思以人为本思想的现实内涵作了具体的阐述。他说："以人为本，就是要以实现人的发展为目标，从人民群众的根本利益出发谋发展、促发展，不断满足人民群众日益增长的物质文化需要，切实保障人民群众的经济、政治和文化权益，让发展的成果惠及全体人民。"这一精辟论述表明了当代中国共产党人立足现实国情，放眼整个世界，是以对人的关注并以人的发展为目的的。胡锦涛同志在党的十六届三中全会第一次全体会议上提出人类发展指标时指出，要树立全面发展、协调发展、可持续发展的科学发展观，强调在促进发展中，不仅要关注经济指标，而且要关注社会发展指标、人文指标、资源指标和环境指标。

（1）经济指标。经济指标是指反映综合经济状况的数据，包括经济增长、经济总量、人均 GDP、外贸进出口、物价指数、失业率，等等。

（2）社会发展指标和人文指标。广义的社会发展指标是反映和说明社会发展综合状态的社会经济指标。狭义上讲，它主要包括城市化水平、人均寿命、医疗服务水平、受教育程度、科研经费支出、居住率、信息化水平等和人民生活息息相关的一些内容。人文指标的客观定义是：满足人们的基本需求，保障一定的生活质量水平的指标，是指衡量人民生活质量达到的程度。人文指标包括恩格尔系数、住房支出、成人文盲率等。

（3）资源指标。资源指标主要是指包括水、土地、矿产、森林等资源的使用状况，以及对资源的合理开发、减少损耗、积极保护等方面的要求。

（4）环境指标。环境指标是反映生态环境和基础设施综合配套水平（生活环境）的指标。包括水、气候、废物排放、森林草地、生物多样性等。

四、科学发展观中以人为本是对人作为目的的坚持

从上述内容可以看出，我国领导人对国家发展道路的理解虽然有所区别，但是对于"以人文本"的支持却是一脉相承的。而且我国的两会也充分体现了以人为本的精神。在中共中央向全国人大提出的"修宪建议"中，"以人为本"理念得到充分体现，表明

“以人为本”已成为国家的价值观。“以人为本”理念和观念也将体现在《政府工作报告》对当今乃至今后几年经济工作的要求中。

以上这些内容，都反映了我国发展过程中对人的发展的关注，尊重人的主体地位，以人为发展动力，以人的福利增加和价值实现为目标，促进社会和人的全面发展。特别是科学发展观中关于以人为本的论述，体现了社会对人的终极关怀。

（一）发展的真正含义

社会主义认为发展不是单纯的财富积累，不是国内生产总值的增长速度，不是人民生活水平的单纯提高，而是劳动者的全面自由发展。人们对发展赋予了多种含义，对发展内涵认识的变化向我们展示了人类发展观不断明晰和深化的过程。

(1) 将发展理解为进化和进步。这种认识起源于达尔文的生物进化论。达尔文在他对世界产生深远影响的《物种起源》一书中阐述了这样的观点：生物最初是由非生物发展而来的，现存的各种生物，起源于共同的祖先，在自然界漫长的岁月中，其生存环境不断变化，生物通过变异遗传和自然选择，从简单到复杂，种类由少而多，这种生物的演化过程称为进化。在达尔文看来，生物界的进化过程并不包含任何发展的含义，不存在在后的生物优于在前的生物的必然性，因为生物进化依循的是“自然选择，适者生存”的原则，在不同时期、不同环境下生存的生物无所谓低级和高级之分，因为它们是不同生存环境的适应者。斯宾塞用生物进化论来解释人类社会的发展，认为进化中包含了社会生活的进步潜在性实现。朱利安·赫胥黎进一步发展了斯宾塞的观点，他提出，在人类社会的进化中，外部适应的演进来自于进步，即人类在对生活于其中的环境调适过程中的演进，内部适应的演进，来自于有秩序的关系体系化与个人之间的调适。这种观点把作为进化源泉的生物天赋与作为历史中进步源泉的社会获得特性混淆起来，将人类社会的发展等同于生物界的进化，在发展观念中排除了人的因素。

(2) 将发展等同于增长。英国古典经济学家亚当·斯密在《国富论》中，首次将发展等同于国民财富的增长。1951 年，联合国发表《欠发达国家经济发展应采取的措施》的报告，其中的基本观点是，只要取得了投资和资本就能解决发展的主要问题，因为经济增长与按人口平均的资本的增长联系在一起，资本及其积累是“发展”的动力。随后，一大批发展经济学家的著作使经济增长等同于发展的观点普及于世，并对第三世界国家产生了重大影响，西方发达国家的现实似乎就是他们美好的未来，这种想象使他们坚定地走上了积累—增长的道路。将发展等同于增长可以说是资本占有逻辑的演绎，正如沃勒斯坦所言，“获得‘更多’，就是发展，这是普罗米修斯式的神话，是一切欲望的实现，是享乐与权势的结合，也可以说是两者的融合。……‘积累，再积累！’是资本主义的主旨，事实上，在这个资本主义体系中，科学—技术成果创造了人皆可见、因庞大

积累而产生的壮观景象，让世界人口的10%~20%的人享受令人瞠目的消费水平。”但是，事实证明“经济增长优先的模式在经济和社会两方面都是失败的，因为它并未加强第三世界本身的经济结构，倒是做了大量损害农村生产者的物质利益和社会利益的事”。在一些经济增长很快的国家，经济结构没有得到优化，贫富差距急剧扩大，大多数人的生存状况没有好转，呈现出没有发展的增长。在新中国成立后，苏联和我国在对发展的认识上都出现了将发展等同于增长的偏差，与资本主义竞比增长速度，将增长速度超过资本主义国家作为社会主义制度优越性的体现。单纯追求经济增长速度造成了经济结构的畸形，人民生活水平低下，忽视民主法制建设，压抑劳动者的个性自由，导致劳动者的主动性和创造力的下降。同时，支持这种高速增长所需的巨额资金积累要求高度集权的统制体制，而民主监督的乏力导致了一些党政官员的特权和腐败。改革开放后，对发展与增长之间的关系我们依然没有清醒的认识，统制经济体制下“超英赶美”的梦想已经部分实现，GDP（国内生产总值）成为衡量社会发展的主要指标，增长就是硬道理，GDP就是综合国力的象征。不断有研究者计算，按照某个增长速度我们能在若干年内超越美国成为世界第一经济强国，却不考虑主要依靠生产衬衣、玩具、牛仔裤等低附加值的产品，靠出口几亿件衬衫换取国外的一架飞机，靠不断从国外购买核心技术而自身满足于发挥低劳动力成本的优势，我们真的有可能发展起来吗？看看我国的劳动者素质和技能状况吧，靠仅有6.72%受过高等教育的低素质劳动群体是不可能实现持续增长和繁荣富强的。

（3）发展的本质在于劳动者素质、技能的提高和社会地位的提升。人类社会的发展表现为人的发展，但人的发展主要不是体现在身体生物机能的进化上。由于人能通过劳动制造工具改变生存环境，因而并不像动物那样依靠自身机能的进化去适应环境，而是通过劳动改变环境，使环境适于人的生存。对于人类来说，可以保持作为生物体的身体基本稳定，“人类的未来绝不是身体解剖或外部形态的变化，而是其思想、意识形态，技术等等的发展。”人的发展主要表现在“人通过自己创造的文化所建构起来的人之生存方式。因此，就社会发展的三个主要层面而言，精神层面的发展是根本，其目的就在于人之主体性的实现；制度层面和物质层面的发展次之，其主要是促进人自身发展的手段。这三个层面是相互制约的，物质层面和制度层面为精神层面的发展提供前提和基础，而精神层面则引导前两者的发展”。

社会主义是劳动者的人本主义，从劳动者的立场来看，“发展不是自然界的运动，自然界有矛盾、有运动、有变化，但没有发展……发展的主体是人，发展是从属于人的。只有作为主体的人，或者说，作为主体的人存在与意识的统一，才有发展。这就是人本质的发展，是人性的升华……是作为历史主体的劳动者素质技能和社会地位不断提高的过程。”劳动者的素质由身体素质、技能素质和文化精神素质三方面构成，其中身

体素质是基础，包括人的健康状况、寿命、体能等；技能素质是主体，包括人的受教育程度、知识和各方面的技能；文化精神素质是主导，包括价值观、思想、道德、意志、精神状态等。从三方面的内在关系看，身体素质是基础，技能素质是经济活动的主要内容，文化精神素质则起着导引和制约身体素质和技能素质的作用。在经济生活中，起作用的主要是技能素质，国外的一项研究表明，在工业社会，一个最好的、最有效率的工人要比一个一般的工人多生产 20%~30%的产品。劳动者素质、技能还直接影响产品质量、事故发生率、科技成果转化率。劳动者素质技能提高的作用表现在：

1）劳动者记忆能力增强，缩短了学习工艺操作的时间，使由于记忆不佳而产生的失误大大减少。

2）创新能力提高使劳动者能从事发明创造，寻找解决生产经营中难题的新方法，寻找更加节约的生产方法，从而在劳动量投入不变的情况下增加产出量。

3）具有独立工作的能力。

4）学习能力提高，使劳动者能较快地接受新工艺、新方法，将新技术与生产相结合，转化为生产力。

5）动手解决问题的能力提高，及时排除生产中出现的问题，使生产的连续性有保障。劳动者的身体素质是有限的，随着社会的进步，劳动者身体素质在不断增强。技能素质对于个体劳动者来说，在其生命历程中也是有限的，但从劳动者总体来看，却是可以无限发展和提升的。身体素质和技能素质是生产活动的主要因素，文化精神素质则是通过身体素质和技能素质作用于生产活动的，对二者起引导作用。这既体现在个体劳动力层面，更体现在总体的生产力层面。从劳动者个体看，文化精神素质会对其劳动力的发挥起作用，比如，是否以认真负责的态度进行劳动，劳动中的注意力集中程度、个人的精神状态等。价值观、思想对身体素质和技能素质也会产生较大的影响，当从个体的劳动力扩大到总体的生产力时，在协作、交换和生产关系等环节中，文化精神素质的作用更为关键，是生产关系制约生产力的关键。生产力作为劳动者素质技能的综合运用，是通过文化精神素质表现于生产关系的。

劳动者的社会地位表现在劳动者所有权的拥有程度以及相应的民主权。作为人类的总体，只要具备相当的社会条件，即提高劳动者的地位，形成促进其提高和发挥素质技能的社会机制，就可以使个体的人生达到超越其个体生存需要和时限的目的，而这也正是人类总体的生存目的。

（二）科学发展观中以人为本的内涵

科学发展观坚持以人为本，强调一切从人民的利益出发，在经济发展的基础上，不断提高人民群众的物质文化生活和健康水平；强调不仅要满足生存的需要，还要满足安全、享受和发展的需要；不仅要满足物质生活需要，还要满足精神文化需要。要尊重和保障人的尊严，维护人民的政治、经济、文化基本权利，支持人民当家做主，扩大公民有序的政治参与，保障人民在教育、就业、收入、财产和发明创造等方面的合法权益；要尊重劳动、尊重知识、尊重人才、尊重创造，充分发挥人的聪明才智，创造有利于人们平等竞争、全面发展的环境和条件。科学发展观是强调“两个全面发展”的发展观。坚持科学发展观，要在全面推进经济、政治、文化建设，实现经济发展和社会全面进步的同时，以促进人的全面发展为目标，从人民群众的根本利益出发谋发展、促发展，让发展的成果惠及全体人民。要统筹解决发展中凸显出来的社会差别，使社会全面发展和人的全面发展相统一。科学发展观中的以人为本强调了以下几个方面：

（1）以人为本强调对人的尊重和重视，维护人的权利。人的本质就是人的自由，也意味着人本身就是人的独立人格。以人为本就是要把人当做与自己平等的人，既要把自己当做人，也要把他人当做人。人不但有自己的人格，还有自己的个性，也有自己的尊严。人不是机器，不是被奴役、被宰割、被控制的对象或工具，人需要关心、需要爱护、需要理解、需要尊重。对人的尊重具有人性化的特点，人性不是物性，要对人充满着人性的关爱和支持。

（2）以人为本强调在社会历史活动中，人是前提，人是主体，以人为中心，一切为了人，一切依靠人，尊重人的权利、利益和价值。在社会历史发展进程中把人放在本位。这既是对人的生命的尊重，让人的生命价值高于一切，也是对人的利益、权利的尊重，让人行使自己的权利和获取正当利益，始终能保持强烈的自主意识和自主能力，所有这一切都是理解人、尊重人的具体表现；这既是对人的个性的尊重，让人的个性得到健康培养与塑造，也是对人的自由的尊重，对人的尊严的尊重。对人的尊严的尊重应是对人的尊重的首要突出内容。因为人人都是人格的主体，都有人格的尊严。每个人既要尊重自己，也要尊重他人，一个人在尊重自己的人格尊严的时候，还必须尊重他人的人格尊严；一个人如果轻视、蔑视他人人格的尊严，也必然会贬低、损害自我人格的尊严。这是坚持以人为本最基本的要求。

（3）以人为本强调发展人本经济。人是实践的主体，在实践过程中，为了使客体满足自己的物质和精神需要，实现自己的生存和发展，他必然以自己的本性、目的和能力为尺度，去认识、评价和改造一切客体。科学发展观的以人为本，强调发展必须以人为目的，与传统发展观把人仅仅作为经济增长的工具相反，是以满足人的多层次需要和促进人的全面发展为根本出发点。

在科学发展观看来，经济增长只不过是实现人的发展的手段，经济、政治社会的各种制度的演变和改进也是为了给人的发展创造一种更好的环境。而人、人的需要的满足和全面发展才是发展的目的。

这里所说的人的发展，不是指少数人或少数国家中的一部分人的发展，而是指世界各国的人民都应得到公平的发展；人的发展也不应仅仅指当代人的发展，而是指包括后代人的可持续发展；不仅仅是满足人的物质生活需要，还包括满足人的社会生活、精神生活的需要，使人的体力和智力上的各种潜能得到充分体现。法国著名学者弗朗索瓦·佩鲁指出："市场是为人而设的，而不是相反；工业属于世界，而不是世界属于工业；如果资源的分配和劳动的产品要有一个合法的基础的话，即便在经济学方面，它也应该是依据以人为中心的战略。"

发展的核心问题是在人而不在物，发展的最终目的就是使人本身获得全面发展。这一发展要求我们一切活动都要以人为根本目的，一切从人的需要和人的全面发展出发，所有的经济、社会发展及制度安排都要围绕人的发展，围绕人的需要来进行。此外，还要建立以人为本的人本经济。因为，人本经济以满足人的需要和促进人的发展为目的，不仅是要满足人的物质需要和利益，而且要满足人的较高层次的精神需要和人的全面发展的需要。因此，落实以人为本的科学发展观，实现经济发展与社会发展、人的发展的统一，必须摒弃传统的物本经济，大力发展人本经济。就此而言，坚持以人为本，就是要以人为根本目的，要从人的需要出发，去实现人的正当利益，促进人的全面发展。在当前就是要抓紧解决人民群众生活中的突出问题和困难，多做得人心、暖人心、稳人心的好事、实事。想群众所想，急群众所急，满腔热情地为群众服务。

第二节　国外人文研究的最新成果

一、人文发展指数

人文发展指数致力于从指标量化的角度去衡量一个国家、一个社会，或者一个群体的人文发展状况，是为促进"以人为本"的全面推进和人的全面发展树立的可遵循的标杆。

（一）联合国人类发展报告

在新发展观的基础上，联合国开发署制定了一套全面衡量发展水平的指标体系，即人类发展指数（HDI）。人类发展指数包括出生时预期寿命、成人识字率、各级教育毛入学率与人均 GDP 等，目前，人类发展指数已成为较全面地衡量一个国家发展水平的指标。

第一份《人类发展报告》出版于 1990 年，在马布·乌尔·哈克的提议与指导下完成。

该报告分析了过去30年里的人类发展记录，研究了14个国家在促进经济增长和人类发展方面的经验。哈克分析了最近10年有关发展的思想，同时指出，现今这样一种观点已经被世人广泛接受，即发展的真正目的是为了扩大人类在各种领域里的选择权，包括经济、政治和文化领域。人类发展指数，几年来一直在各种各样的批评声中做调整，试图衡量每个国家在增加人的发展上取得的成就，特别是在1991年与1992年的《人类发展报告》中。

1993年的《人类发展报告》将人民的参与权作为它的中心主题，特别强调了三种参与形式，即在人类发展计划中人民的亲和度、竞争性市场、权力的非中心化及社区的组织化。大范围的参与权所带来的变化是深远的，体现在发展的每一个方面——市场需要改革，以使每个人都有机会获利；政府的权力应当分散，以使更多的人能参与到决策中来；社区组织应当发挥更大的影响作用。

1994年的《人类发展报告》进一步扩展了这个概念，主要聚焦在人们的安全及其所有分支上。它涵盖了保证普及基础教育、基本医疗设施、安全饮用水和卫生设施、最低营养标准和自我经营的机会等方面。

1995年的《人类发展报告》将主题定在妇女地位的提高上，并提出了一个全球战略。《人类发展报告》认为，历史将用一个主要的标准来评判下一个千年取得的成就，比如，是不是有一个不断增加的人与国家之间的机会的平等。强调为了防止人类发展中的危险，必须减少性别之间的不平等。《人类发展报告》的中心信息十分清楚，即人类的发展必须要性别平等。《人类发展报告》还应用了一套性别相关指数GDI来测量人的基本能力的差异。

1996年的《人类发展报告》揭示了增长与人类发展之间的复杂关系，并试图在经济增长与人类发展之间建立长期的联系。它强调人类发展应当被认作是终极目标，增长只是手段而已。有三个参数被提了出来，即机会的平等性、机会的可持续性以及人民权利的增强。这三者被认为是任何层面上的发展都必不可少的。

1997年的《人类发展报告》将注意力放在贫困问题上，贫困不仅指低收入，也指医疗与教育的缺乏、知识权与通讯权的被剥夺、不能履行人权和政治权利、缺乏尊严、缺乏自信和自尊。《人类发展报告》引入了人类贫困指数HPI-1，它认为人类的贫困远不止收入低下，还包括没有机会来选择过一种能够忍受的生活，没有人权。虽然在数据及概念上存在缺陷，但是人类贫困指数对测量贫困来说是一种有益的补充。

1998年的《人类发展报告》从人类发展的视角考察了消费问题。在1997年HPI-1的基础上，1998年的《人类发展报告》还使用了HPI-2，以反映消费问题上的不平等，并建议设立一个行动日程表，把保证所有公民的最低消费需求作为所有国家的一个明确政策目标。基础教育、医疗保健、住房及就业，对于人的自由来说，和政治权利及人权

一样至关重要。制定出一份能反映人类发展和人权之间复杂关系的研究报告已经被提上了议事日程。

2000 年的《人类发展报告》把我们的注意力引向了这种关系。在克莱门·万·德·桑德（Klemens Van De Sand）的研究著作中也提到了类似关系，它把人权作为发展的前提条件。人权与人类发展存在一些共同的理念和目标，如保卫所有人的自由、福利和自尊。人类的发展对于实现人权极为重要，同样，人权对于人类的全面发展也至关重要。

2001 年《人类发展报告》主要关注新技术对人类发展的影响。《人类发展报告》认为新技术对于减少世界范围的贫困、对增加医药、农业、信息和通信及能源方面的公共研究资金极为重要。《人类发展报告》引入了技术成就指数 TAI 并指出，该指数将用于评估技术的创造及扩散，而非用来测量在全球技术发展中某个国家所取得的成就。《人类发展报告》分析了世界范围的技术不均衡扩散对人类发展的负面影响。

2003 年，联合国发展报告的主题是“千年发展目标：消除人类贫困的全球公约”。“千年发展目标”的八项目标由 18 个量化指标组成，这些指标包括消除贫困、饥饿、疾病、文盲、环境退化、妇女歧视等方面。沙因和阿玛蒂亚森设计的联合国人类发展指数是：健康度、期望寿命、教育度、人均收入、民主度。

2004 年 7 月 15 日联合国开发计划署发表了《人类发展报告》，《人类发展报告》的主题是“多样化世界里的文化自由”。“人类的发展不仅需要健康，教育，体面的生活水平甚至政治自由，人类的发展还需要国家对文化的认同和推崇，人类必须有在不受歧视的情况下发表文化认同的自由。文化自由是一种人权，也是人类发展的一个重要方面。”《人类发展报告》还认为，新一轮移民潮需要多边文化主义的支持。同时，除非文化自由得到尊敬和保护，否则，经济全球化是不可能成功的。《人类发展报告》还论述了宗教自由与公共政策、多元文化、语言政策等问题。

2005 年 9 月 7 日发表的《人类发展报告》证明了穷国中暴力冲突造成的可怕的人类代价，以及贫穷以何种方式为未来的暴力冲突提供滋生地。著者们一致认可了，在秘书长的报告《大自由》中提出的关于建立由联合国主办及赞助的一个新的经费充足的维和委员会的提议。“不存在防止和解决暴力冲突的路线图”，著者们承认。“然而，没有更有效并且愈来愈有效地应对暴力冲突所带来的威胁的合作，国际社会将无法寄希望于保护基本人权、推进集体安全和完成千年发展目标。”

（二）人类发展报告中人类发展的衡量指标

美国哥伦比亚大学教授、诺贝尔经济学奖获得者约瑟夫·斯蒂格利茨在中国发展高层论坛 2010 年会上表示，应注重生活质量而不是 GDP（国内生产总值），人类发展指数是比 GDP 更好的衡量标准。人类发展指数（Human Development Index，HDI），是由联合国开发计划署在《1990年人文发展报告》中提出的。人类发展指数与物质生活质量指数、社会进步指数等综合指标一样，是对传统的GNP指标挑战的结果。

人类发展指数的设立原则是：能测量人类发展的基本内涵；只包括有限的变量以便于计算并易于管理；是一个综合指数而不是过多的独立指标；既包括经济又包括社会选择；保持指数范围和理论的灵活性；有充分可信的数据来源保证。

联合国《人类发展报告》中体现人类发展的指数（HDI），主要从三个维度衡量。

（1）健康（long and healthy life）——出生时的期望寿命（life expectancy at birth）。

（2）教育（knowledge）——成人识字率（the adult literacy rate）、小学、中学、高等学校入学率（the combined gross enrolment ratio for primary，secondary and tertiary schools）。

（3）经济（decent standard of living）——人均国内生产总值（购买力平价法）（GDP per capita in purchasing power parity（PPP）US dollars）。

人类发展指数是对人类发展成就的总体衡量尺度。它测量一个国家在人类发展的三个基本方面的平均成就：

（1）健康长寿的生活，用出生时预期寿命表示。

（2）知识，用成人识字率以及小学、中学和大学综合毛入学率表示。

（3）体面的生活水平，用人均GDP表示。

如果某国或地区的人类发展指数高于0.80，则是高人类发展水平；指数在0.50~0.79之间，是中等人类发展水平；指数低于0.50，则是低人类发展水平。联合国《人类发展报告》从1990年起，每年选择一个主题予以发布。联合国《2005年人类发展报告》指出：中国在一些方面经历了历史上人类发展最快的进步，自1990年起人类发展指数排名上升了20位。中国人均收入翻了3倍，2005年排第85位，比1990年上升了20位。财富的增长排名上升了32位，人类贫困指标在103个发展中国家中排名第27位。性别发展指数排第64位。其中，中国香港在人类发展指数和性别发展指数方面被评为“东亚和太平洋表现最好的地区”。《人类发展报告》也指出：“中国减贫的步伐明显减缓”；“中国的社会发展正开始落后于经济增长，特别需要关注的是在减少婴儿死亡率方面的速度下降。越南、孟加拉等国在减少婴儿死亡率方面都比中国表现出色”；“中国地区发展的不平衡在加剧”；等等。

二、生理学、心理学和社会学健康指标

（一）生理学健康测量指标

自世界卫生组织提出2000年人人享有保健目标之后，尤其是《渥太华宪章》发表之

后，健康促进评价指标体系的研究有了较大的发展。越来越多的地区和国家开始研究并使用一些综合性的评价指标体系。1997 年，第四届国际健康促进大会期间，WHO（世界卫生组织）提出了如下评价指标。

（1）人群健康学指标，如生长发育、生育率、健康寿命等。

（2）日常生活质量指标，如无病痛或残疾、情绪愉快，精力旺盛等。

（3）临床健康学指标，如发病率、死亡率、病死率等。

（4）社会健康学指标，如失业率、居住条件、空气质量等。

（5）生物学和生物医学指标，如 DNA、免疫缺陷等。

2001 年，第五届国际人类健康促进大会在斯德哥尔摩召开，参加会议的哲学家、社会科学家、健康素质教育家在瑞典皇家科学院讨论并共同签署了著名的《人类健康素质教育宣言》，并制定了《国家健康促进行动规划框架》。《国家健康促进行动规划框架》指出：健康促进结果评价包括以下 9 个方面。

（1）知、信、行的测量：包括健康相关知识、态度、动机、行为、个人技能的改变和自我效验。

（2）社会行动与影响的测量：包括社区参与、社区赋权、社会规范和公众舆论。

（3）健康政策和组织实践的测量：包括政策制定、立法、规章、资源分配、组织实践、文化和行为。

（4）健康生活方式和条件的测量：包括烟草使用、食物选择和获得、体力活动、饮酒、违法性药物滥用以及社会和物理环境下的安全性因素与危险性因素比值的测量。

（5）有效健康服务的测量：包括提供疾病预防服务、卫生服务的获得以及健康服务在社会文化上的适应性。

（6）健康环境的测量：包括使用烟草、酒类、违法药物、为青少年和老年人提供的健康环境、远离暴力和药物滥用。

（7）社会结果的测量：包括生活质量、职能独立、社会支持性网络、社会公平和平等。

（8）健康结果的测量：包括发病率、致残率、可避免性死亡率的改变、社会心理适应能力以及生活技能的改变。

（9）能力建设结果测量：包括可持续发展、社区参与和社区赋权。

（二）心理健康测量指标

心理是人类大脑反映外界客观事物的过程，它由认识、情感和意志三种活动过程组成。认识包括感觉、知觉、记忆、想象及思维；情感则是满意、愉快、忧伤、愤怒及烦恼等态度体验。在认识与情感体验的基础上，人类为了满足某种需要，自觉地确定目的，制定计划，克服困难而努力达到目的，这是人类的意志过程。

人类的心理因素受到多种因素的作用与影响。当一些因素的刺激强度过大或作用过久，会使人体心理功能失去平衡，引起抑郁和焦虑等情绪反应，进而可发展为某些心身疾病及精神性疾病。而某些疾病或意外创伤又会影响人们的身心健康，使之产生一系列心理问题，如焦虑和抑郁等。焦虑和抑郁会明显地影响病人的舒适感，影响病人的判断和对治疗的依从性，降低了病人的生活质量。一些研究还表明，抑郁是最常见的与免疫异常和免疫疾病有联系的一种心理状态，会导致抗体生成下降，淋巴细胞增殖反应受到抑制，NK 细胞活性下降等，是影响各种疾病临床过程和恢复健康的重要因素。因此，对心理健康的测量成为健康测量的重要内容之一。

（1）人格指标。个性心理特征的测量方法是人格测验，这对个人健康状况的评价极为重要。临床较常采用的方法，其中比较成熟的有下列三种方法：

1）明尼苏达多相人格问卷（Minnesota Multiphasic Personality Inventory，MMPI）。

2）艾森克人格问卷（Eysenck Personality Questionnaire，EPQ）。

3）卡特尔（Cattell）人格测验（16 Personality Factor，16PF）。

（2）智力。人的智力通常通过智商测验来评价。应用最为广泛的是韦克斯勒智力量表，该量表分为学龄前儿童量表和成人量表两种，可以对智力的 7 种基本因素进行测试。这 7 种基本因素包括语言理解力、语词流畅力、数字处理能力、空间关系能力、机械记忆能力、知觉速度和一般理解能力。我国在采用韦克斯勒智力量表的过程中对该量表作了适当的修订，使之更加适合于我国人群的基本情况，并已经形成了可供比较参照的全国常模。

（3）情绪和情感。情绪（emotion）和情感（feeling）是人对客观事物和对象所持态度在主观上所感受到的体验，只有与人的需要有关的事物，才能引起人的情绪和情感。人与客观事物接触之后，据主客观双方符合的程度产生满意或不满意的感觉。若满意会出现愉快、喜爱、幸福乃至狂欢；抑或产生尊敬、崇拜、感激、赞美、自豪、信赖等。反之，则形成忧虑、焦虑、愤怒、恐惧、惊慌、妒忌、羡慕、委屈、悔恨、憎恶、怀疑、敌对、愤慨、困惑、羞愧、自卑等情绪。（从斯宾诺莎到莎特）常用的量表有：情感平衡量表（affect balance scale，ABS.Norman M. Bradbum，1965，revised 1969）、流调用抑郁量表（center for epidemiological studies depression CES-D，Radl.off，1977）、焦虑自评量表（self-rating anxiety scale，SAS.Zung，1971）、汉密尔顿抑郁量表（Hamilhon depression scale）、汉密尔顿焦虑量表（Hamilton anxiety scale）。

（4）神经心理测验。如 Halstead-Reitan 成套神经心理测验（H.R.B）。

（5）总体心理健康评价。如总体心理健康问卷（geneml well-beingschedule，GWB. Harold L Duppy，1977）、心理健康问卷（mental health inventory，MHI.RAND Corporation

and John E.Ware，1979）。

（三）社会健康测量指标

社会健康也称社会适应性，指个体与他人及社会环境相互作用并具有良好的人际关系和实现社会角色的能力。有此能力的个体在交往中有自信感和安全感，与人友好相处，心情舒畅，少生烦恼，知道如何结交朋友、维持友谊，知道如何帮助他人和向他人求助，能聆听他人意见、表达自己的思想，能以负责任的态度行事并在社会中找到自己合适的位置。

从社会健康文献中我们可以看到对社会适应能力的如下解释：

(1) 社会适应能力是指人对复杂多变的社会环境做出适合生存的反应能力。一个人如果没有良好的社会适应能力，就会对其心理健康带来很大危害，进而影响到个人的长远发展。

(2) 社会适应能力是指人适应外界环境赖以生存的能力。随着社会发展、竞争意识的增强，它越来越受到家长和社会的重视，但有关这方面的报道和研究不多。

(3) 社会适应能力是指人适应自然和社会环境的能力，包括生活、学习、劳动、人际交往能力、独立思考判断问题和解决问题的能力。

(4) 社会适应能力是指人力资源管理专业人才对社会环境的适应性，需求交叉弹性是指某产品的销售量因另一种产品价格的变化而引起变化的百分比。

(5) 社会适应能力是指人适应赖以生存的外界环境的能力，即个体对周围自然环境和生活需要的应付和适应能力，孩子的社会适应能力是他们各个年龄阶段相应的心理发展的综合表现。

(6) 社会适应能力一般是指适应社会过程中所必须具备的能力。市场经济对人的社会适应能力提出了更高的要求，它包括竞争意识、生存能力、耐挫能力、交际能力和合作能力，等等。

(7) 社会适应能力是指对社会环境的应变能力。隐藏在身体内的疾病（隐患）只有表现出病状和体征时才被人们所认识并称之为疾病，所以，健康和隐患可以共存但健康与疾病则不可以共存。

(8) 社交能力是一种特殊能力，它是观察能力、语言能力、模仿能力等几种能力所组成的有机结构，所以我们把社交能力称为社会适应能力，它包含对社会、对他人、对自身的适应。社会适应能力良好，也是人的心理健康和个性健全的重要标志之一。

(9) 适应行为又称为社会适应能力，是指人适应外界环境并赖以生存的能力。

(10) 社会适应能力是指人类有机体保持个人独立和承担社会责任的机能。

(11) 所谓社会适应能力是指个体适应其生活环境中的自然与社会需要的有效性。

从个体发展的角度来看，适应行为包括了社会成熟度、学习能力及与社交能力有关的行为。

(12) 社会适应能力是指人适应外界环境、赖以生存的能力，也就是指人对付和适应周围自然环境和社会需要的能力。

(13) 适应行为早先被称为社会适应能力，是个人独立处理日常生活与承担社会责任时达到的其年龄和所处社会文化条件所期望的程度，是个体适应自然和社会环境的有效性。

第三节 管理思想中的人文关怀

一、人本管理与人本心理学

人本管理与人本心理学有着密切的联系。人本心理学源自西方，并随着中西文化的交流而被介绍到我国。

(一) 人本心理学概述

在人本心理学产生之前，心理学研究始终为究竟是将人像物似的研究，还是应该更多地触及人的最为复杂多变的内心体验或主观意识将其作为研究对象而争论不休。后来，马斯洛的人本心理学理论诞生了。

(1) 马斯洛人本心理学。马斯洛根据他心目中成功人士的人格得出了自我实现者的人格特征，见图 1-1。

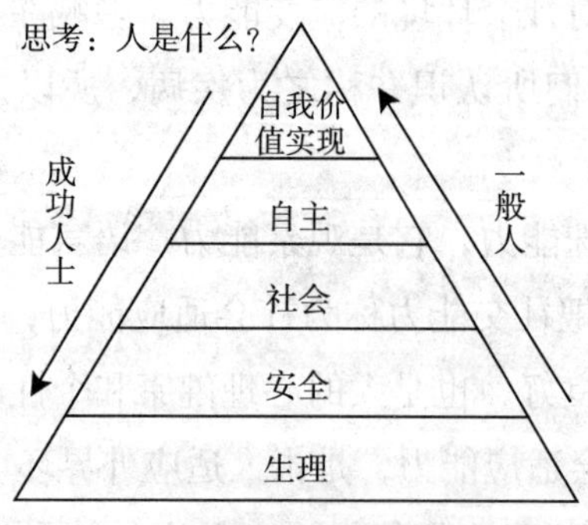

图 1-1 自我实现者的人格特征

全面和准确地知觉现实。自我实现者对世界的知觉是客观的、全面的和准确的，因为他们在感知世界时，不会掺杂自己的主观愿望和成见，不会带有自我防御，而是按照客观世界的本来面貌去反映。与此相反，心理不健康者则是以自己的主观方式去知觉世界的，他们试图使世界与自己的主观愿望、焦虑和担心相吻合。

接纳自然、自己与他人。自我实现者能够接受自然、自身及他人的不足与缺陷，不会为这些缺陷而忧心忡忡。当然，对于可以改造或可以调整的不足与缺陷，他们会以积极的态度来对待，而对那些不可改变的不足与缺陷，他们能顺其自然，不会自己跟自己过不去、跟他人和自然过不去。

对人自然、坦率和真实。在人际交往中，自我实现者具有流露自己真实感情的倾向，他们不会装假或做作，他们的行为坦诚、自然。一般而言，他们都有足够的自信心和安全感，这就使得他们足以真实地表现自己。

以问题为中心，而不是以自我为中心。自我实现者热爱自己所从事的工作，献身于某种事业或使命，并能全力以赴。与常人相比，他们工作起来更刻苦、更专注。对他们来说，工作并非真正的劳苦，因为快乐恰恰寓于工作之中。

具有超然于世和独处的需要。自我实现者以自己的价值和感情指导生活，不依靠别人来求得安全和满足，他们依靠的只是自己。他们一般都喜欢安静独处。这样做并不是因为害怕别人，也不是要有意逃避现实，而是为了在减少干扰的条件下，更好地深思，更全面地比较，以便去寻求更为合理的解决问题方案。他们平静安详，保持冷静，安然地度过或顶住各种灾难和不幸。

具有自主性，在环境和文化中能保持相对的独立性。自我实现者行为的动力主要来自于自身内部发展和自我实现的需要（即B—驱动），而不是来自于因缺少某种物质或精神上的东西需要外部的补充（D—驱动），因而他们更多依赖自己而不是外部环境，能够抵御外部环境和文化的压力，独立自主地发挥思考的能力，自我引导和自我管理。

具有永不衰退的欣赏力。自我实现者能够对周围现实保持奇特而经久不衰的欣赏力，充分地体验自然和人生中的一切美好东西。他们不会因事物的重复出现而习以为常，失去敏感；相反，他们对每一个新生儿、每一次日出或黄昏，都像第一次见到时那样感到那么新鲜，那么美妙。

具有难以形容的高峰体验。高峰体验是人感受到的一种强烈的、心醉神迷的狂喜或敬畏的情绪体验。当它到来时，人会感觉到无限的美好，具有极大的力量、自信和决断意向，甚至连平凡的日常活动，也可以被提升为压倒一切的、妙不可言的活动。马斯洛认为，所有人都具有享受高峰体验的潜在能力，但只有自我实现者更有可能、更常得到这种体验。

对人充满爱心。自我实现者所关心的不仅局限于他们的朋友、亲属，而是扩及全人类。他们把帮助穷困受苦的人视为自己的天职，具有同所有的人同甘苦、共患难的强烈意识，千方百计为他人着想。在自我实现者看来，他人的快乐就是自己的快乐，他们已经把自己从满足自身狭隘需求的牢笼中解放了出来。

具有深厚的友情。自我实现者注重与朋友间的友谊，他们交友的数目虽然不多，同伴圈子比较小，但友情深切和充实。就对爱的理解来说，他们认为爱应当是全然无私的，至少应当是给予爱和得到爱同等重要。他们能够像关心自己一样，关心所爱者的成长与发展。

具备民主的精神。自我实现者谦虚待人，尊重别人的权利和个性，善于倾听不同的意见。对他们来说，社会阶层、受教育程度、宗教信仰、种族或肤色，都是不重要的，重要的是他们是否掌握真理。自我实现者极少偏见，愿意向一切值得学习的人学习。

区分手段与目的。自我实现者的行为几乎总是表现出手段与目的界限。一般说来，他们强调目的，而手段必须从属于目的。自我实现者常常将普通人看成是达到目的的手段，把活动经历当做目的本身，因而比常人更能体验到活动本身的乐趣。

富于创造性。这是马斯洛研究的所有对象共同的特征之一，他们每个人都在某个方面显示出独到之处和创造性。虽然，他们中某些人并不一定是作家、艺术家或发明家，但他们具有同儿童天真想象相类似的能力，具有独创、发明和追求创新的特点。

处事幽默、风趣。自我实现者善于观察人世间的荒诞和不协调现象，并能够以一种诙谐、风趣的方式将其恰当地表现出来。但他们绝不把这种本领用之于有缺陷的人，他们对不幸者总是寄予同情。

反对盲目遵从。自我实现者对随意应和他人的观点和行为十分反感，他们认为，人必须具有自己的主见，认定的事情就应坚持去做，而不应顾及传统的力量或舆论的压力。他们这种反对盲目遵从的倾向，显然不是对文化传统或舆论的有意轻视，而是他们自立、自强的人格的反映。

作为人本主义运动最杰出的代表人物，马斯洛对心理健康问题进行了最为系统的研究。马斯洛对心理健康问题的研究兴趣起始于大学时代对其两位导师即本尼迪克特和魏特海默的爱戴。他发现这两位导师的身体外貌、文化背景等很多方面都不相同，但有许多心理特征是相同的。他们的心理都很健康，在学术上都很有成就，其能力都得到了充分的发挥，按马斯洛的话来说，就是达到了自我实现。马斯洛觉得，从这两位导师身上所体现出来的心理行为模式或许可以作为一般人学习和追寻的样板。

马斯洛采用了自由联想、心理测验和人物传记等多种方法去探讨“自我实现者”的心理行为模式。他从历史上的伟大人物和身边的学生和熟人中选择出了 48 人做进一步研究，这些人可分为三类：第一类他称之为“案例”，即基本符合他所设想的“自我实现者”要求的人，这些人包括林肯（A.Lincoln）、杰弗逊（T.Jefferson）、罗斯福（T.

ROOsevelt)、斯宾诺沙（B.SPinoza）、詹姆斯和赫胥黎（T.H.HUxley）等12人；第二类有10人，他称之为“不完全的案例”，或“部分的”自我实现者，与所设想的标准有一定的距离；第三类有26人，他称之为“潜在的或可能的案例”，其中既包括现实生活中朝着自我实现方向发展的年轻人，也包括历史上一些有一定贡献的人物。

在研究中，马斯洛发现真正达到自我实现的人，一般都处于中年或老年，年轻的人通常很难达到自我实现。这是因为，年轻人还有许多较低层次的需要，如安全、爱、自尊等还没有得到适当程度的满足，没有形成持久的价值观、智慧、意志力及稳定的爱情关系，也未明确选择自己要为之终生奋斗的事业。不过，年轻人具有极大的发展潜力，他们通过积极努力，是可以逐渐接近这一水平或目标的。

（2）健康人格。接连发生的两次世界大战、毁灭性核武器、大规模屠杀暴行、灭绝人性的政治迫害使人类遇到了有史以来最大的心理危机。人类反躬自问，活着就是为了互相灭绝吗？对人的本性的迷惑使人类最伟大的科学家也感到茫然。数千年来一直探讨不休的话题历史性地摆在了心理研究者的面前，使得他们不得不去思考，人的行为究竟受什么驱使？人究竟追求什么？需要什么？人本心理学正是在这个时刻应运而生的。

人本心理学家宣称他们的研究对象是人的内心生活体验，他们关心的是人类生活的迫切问题，真实感受。在研究方法上，他们更强调研究者与被研究者之间的密切关系，以此来获取相对而言最客观的观察结果。这本身就是“以人为本”的一种表现。在研究重点上，人本心理学家更看重人性中的积极面。他们对“健康人格”的研究表达了他们对于人“应该”怎样生活的一种看法。在人本主义心理学之前，行为主义和弗洛伊德学说更注重的是实验室的结果。为了摆脱哲学的主观臆想式的研究方法对研究者的影响，人本心理学以前的心理研究者宁肯缩小研究范围，也要使研究更加科学化。因此，他们在研究人的时候，往往也采取研究物的方法。然而，以这种方法对人研究，难免出现“以己之心，度人之腹”的方法，其结果也就不够客观。同时，如果一味地强调向科学靠拢，难免无法触及人类复杂的心理活动及其行为。

人本心理学研究方法及重点的改变使心理学研究进入了一个全新的领域。“健康人格”是人有可能实现的建设性生活的图景。它既是人类应当追求的价值目标，也是生物进化赋予人的本性充分发展而所能达到的境界。与弗洛伊德在病态人群中取样不同，人本心理学家认为应当从“最好的品种”中取样，以此来说明，人能够成为什么和人应该成为什么。这从另一个侧面说明，人本心理学家对人性积极一面的肯定是其研究的基调，人本心理学理论也为日后西方重视人的管理的发展提供了可能和基础。自从马斯洛的需求层次理论出现后，西方管理理论及实践有了很大改变。管理层开始将员工的情感寻求、自尊需求也纳入到组织管理的范围中，并且认识到这五个层次的需求是大多数人的需求，人是不断向高目标发起“进攻”的，尽管这一过程会因为各种因素的影响而较长，也会因个人的情况不同而有不同表现。这种心态并非叔本华认为的“欲壑难填”，而是健康人格的表现。

(3) 中国传统文化中的人本心理学镜像。人本心理学家，如马斯洛、罗杰斯都认为，拥有“健康人格”的人都会有内心各种情感的体验、对外部世界的观察与认知、对人与人之间关系的认知，并由此构成了“健康人格”的主要心理活动。用中国传统文化来描述“健康人格”的特征可以是“质朴、浑厚”，“明察秋毫”，“道法自然”，“随心所欲不逾矩”等。可以说，在我们的文化传统中，“修身养性”的目标和西方人本心理学家的说法也有共同之处。我们在人本心理学家的健康人意象中，看到一个突出特点是强调人的内心生活，并证明了在物质的满足与精神体验的产生上没有一定的对应关系。人本心理学家认为，人应该坦然面对内心的生物本性的冲动。这与以往的“灭人欲”以达到理想境界的看法完全不同。一方面，人的需求是有层次的。高层次需求的满足需要建立在低层次需求满足的基础之上。另一方面，人的基本属性自然发挥作用时是建设性的，是可以信赖的。虽然人也会做出错误的举动，但当人利用他的机体禀赋时，他会在极其复杂的条件下从众多可能性中选择此时此刻最有广泛意义和真正合意的行为。马斯洛更是认为，健康的有机体自身的有效选择还会引起其个人主观的幸福状态。如饥饿的满足引起舒适。高级动机，例如，尊重与爱的满足引起内心体验的丰富和适意，而正是这种主观幸福状态才是颇为良好的向导，使人能达到对于他本人来说最佳的境界。由此可见，人本心理学家还是从个人出发追寻人的价值，并未能彻底摆脱人本哲学对其的影响。

（二）人本心理学对管理的启发

既然“管理主要是如何管好人”这一观点已得到公认，那么这种研究人的内心需求、潜能的人本心理学理论在管理中的广泛应用也就不足为奇了。它给管理至少带来以下三点启发：

(1) 应当重视研究人的内心，提高人的精神生活。可以肯定地说，社会也好，企业也罢，它们的进步都离不开人的进步，不但包括政治制度、生产力、社会管理等的进步，也包括人类内在生活质量的提高。这种内在生活远远比我们以前设想的要复杂。它虽然有赖于外在的经济，但是，政治生活却是一个较为独立，有其本身规律的领域。企业对员工的招聘条件、培训项目，包括各项规章制度的设立，往往建立在对其外在行为观察的基础上，并试图改变或提高这些行为。人本心理学研究成果告诉我们，只有内在体验才会有相应的行动，而缺乏体验支持的重复行为不会持久和主动，因此，“动之以情”，应该是企业对员工培训的基础一关。对人内心精神世界的重视还意味着对员工中某些可能存在的心理病态及早发现并引起重视，可在其未铸成大错之前消除或避免。

（2）应该关注员工多方面、多层次的价值。人本心理学家认为，人类生活具有多面性。人的价值评估不仅包括道德价值，也包括审美价值、智慧能力、生活情趣、伦理亲情，等等。总之，作为一个人，能够享有的生活价值，人本心理学认为都应当享有。人本心理学家认为，对个人的基本需求应由传统的拒绝转为接受。也许，传统上对个人基本需要的拒绝态度起源于古代的自然匮乏。那时，为了整个部落的生存，个人当然需要“克己奉公”。当今时代，大部分西方国家已经超越了物质的自然匮乏时代。此时对个人基本正当需要的否定态度，恐怕已属不当了。

（3）应当提供条件，创造环境，发展和满足个人的高层心理需要，从而给整个企业的发展带来价值。心理需要，例如，爱与归属、友谊、尊重与自尊、自我实现等，如果能以正当的方式得到满足，肯定是善的。心理需要是无法以物质条件来真正满足的。它的满足受他人行为的支配。而社会文化、风俗习惯，甚至包括企业的规章制度、行为规范等影响人类行为的各种因素直接对这种需要的发展及满足产生影响。例如，在一家高度权力导向的企业内，个人的高层需要的满足只能经由权力的认可而获得。这时，高层需要的原有内容即使是利他、为公众事业献身等，也可能改变成由权力者定向的内容。因此，在管理过程中，应该从领导决策、组织结构、激励方式等方面创造条件，尽量满足员工的高层次需求，使其因此可达到对快乐、对幸福有所感觉的高峰体验并用此内心体验来支持其外在行为。

二、管理思想中的人性论

（一）西方管理思想中的人性假设

文艺复兴以后，西方各国进入了工业文明时代，文艺复兴时期的人文精神在得到继承和发展时，启蒙运动中确立了理性权威，贴近实践要求的理性（工具理性）开始成为主导价值目标，作为对充满世俗欲求的个体和具有丰富个性的个人关怀的人文精神，便暂被搁置不论，只能充当一种文化副本。

（1）经济人假设。关于人性的最早假设，起源于18世纪英国学者亚当·斯密（Adam Smith）的有关“经济人”的假设（《国富论》）。是他最早对人性提出自己的观点，他认为：自利的动机是人类与生俱来的本性。人们怀着自利的动机从事经济活动。1965年，美国组织行为学家沙因（E. Schein）将“经济人”的特征概括为：人是由经济诱因引发工作动机的，并且谋求利益最大化；经济诱因在组织控制之下，人被动地受组织操纵而工作；人的感情是非理性的，必须善于干涉他所追求的私利；组织必须设法控制工人的情感。

后来，美国行为科学家道格拉斯·麦格雷戈（D.McGregor）在总结以往管理人员对人的看法之后，提出X理论即所谓的经济人假设，概括为：人情愿受别人领导，天生以自我为中心，对组织需要漠不关心，本性反对变革，缺乏理智，常常轻信别人，易于受别人影响。人由经济诱因来引发工作动机，其目的在于获得最大的经济利益。只有少数人能克制自己，这部分人应当负起管理的责任。

19世纪40年代，马克思指出："我们的一切发现和进步，似乎结果是使物质力量具有理智生命，而人的生命化为愚钝的物质力量。"马克思在《共产党宣言》中做了极为精彩的论述："一切固定的及古老的关系，以及与之相适应的因素被尊崇的观念都被消除了。"

马克思主义提出以新的社会制度取代资本主义制度的理论体系，力求在观念上使人获得最终的自由，挑战了当下人们的精神境界，也挑战了人们的耐心与勇气。

叔本华转变了传统哲学的研究方向，他强调生命意志始终是原始的、第一性的东西，"照例认识总是服服帖帖地为意志服务的。"汤因比认为，伦理和技术的鸿沟空前加剧，这种态势不仅是"可耻"的，而且是"致命"的。

这种深刻的人文危机，迫使西方学者从不同的角度对其进行分析，并试图寻找摆脱困境的出路。

（2）社会人假设。"社会人"假设是20世纪20~30年代人际关系学说的倡导者梅奥（Eltobn Mayo）等人依据霍桑（Hawthrone）实验提出来的。

他们于20世纪30年代得出结论，生产率高低主要取决于集体的工作和协作程度（士气），而集体的工作和协作程度又取决于四个因素，即主管对工作群众的重视、非强制性的提高生产率的方法、工人与管理和工人家庭、同事以及社会生活中的人际关系的和谐程度。霍桑实验表明，人不是"经济人"而是"社会人"，工人并非孤立存在的个体，而是处于一定社会关系中的群体成员。人在进行工作时将物质利益看成次要的因素，人最重视的是和周围的人友好相处，以此来满足其社交和归属的需要；梅奥等人把以上描述的这种人称为"社会人"。因此，必须从工作的社会关系中寻求工作的意义，工人与工人之间的关系形成的影响力，比管理部门所采取的管理措施和奖励具有更大的影响，人们最期望于得到领导者的承认并满足他们的社会需要。

（3）自我实现人假设。最早提出人是"自我实现人"的是人本主义心理学家马斯洛（A.H.Maslo）。该假设是他于1953年提出的，马斯洛在他的需要层次论中提出：自我实现是人类需要的最高层次。他认为，人本身除了物质的需求以外，还有一个精神的需求。物质是幸福的基础，而精神才是幸福的源泉，最高层次的需求就是自我价值的实现。所谓自我实现，是指人都需要发挥自己的潜力，表现自己的才能；只有当人的潜力充分发挥出来时，人们才会感到最大的满足。自我实现的需要就是"人希望越变越完美

的欲望，人要实现他所能实现的一切的欲望”。

在马斯洛理论基础上，麦格雷戈提出了所谓Y理论，即自我实现人假设，概括为：

人们并非天生就对组织的要求采取积极或抵制态度，他们之所以会如此，是由于他们在组织内的经历和遭遇所造成的。

人们并非天生就厌恶工作，应用体力和脑力来从事工作，对于人们来讲，正如游乐和休息一样，是自然的。

外来的控制和处罚，并不是使人们努力达到组织目标的唯一手段，它对人们甚至是一种威胁和阻碍，人们愿意通过自我指挥和自我控制来完成应当完成的目标。

对目标的号召与获得成就，是和报酬直接相关的，这些报酬中最重要的是自我意识和自我实现需要的满足，它们能使人们为实现组织的目标而努力。

在适当条件下，人们不但能接受而且能主动承担责任；逃避责任，缺乏抱负以及强调安全感，通常是经验的结果，并不是人的本性。

大多数人而不是少数人在解决组织的困难问题时，都能发挥较高的想象力、聪明才智和创造性，但在现代工业社会的条件下，一般人的智慧、潜能只是部分地得到了发挥。

（4）复杂人假设。“复杂人”假设是20世纪60年代由美国心理学家和行为科学家埃德·沙因等人提出的。该理论认为：

每个人都有许多不同的需求和不同的能力，人的工作动机不但是复杂的，而且变动性很大，这些动机对应于各种不同的需求，动机的构成不但因人而异，而且同一个人也因时、因地而异，各种动机之间交互作用而形成复杂的动机模式。

人在组织中可以产生新的需要和动机，因此，一个人在组织中表现的动机模式是他原来的动机和组织经验交互作用的结果。

人在不同的组织和不同的部门中可能有不同的动机模式，在正式组织中不合群的人，在非正式组织中却可能使社会需要和自我实现需要得到满足，组织的各个部门可以利用成员的不同动机来达到其目标。

一个人是否感到心满意足，是否肯为组织尽力，决定于他本身的动机构造和他同组织之间的相互关系、工作的性质、本人的工作能力和技术水平、动机的强弱以及与同事间的相处状况，这些都可能对他产生影响。

由于人的需求各不相同，能力有差别，工作性质也不相同，因而对不同的管理方式，各个人的反应是不一样的，没有一套适合于任何时代任何人的管理方式。

（5）现代的人性观念。进入20世纪80年代，由于美国、日本之间经济发展不平衡，便引起了美国各界人士的不安和关注，因而导致了美日比较管理研究的热潮。研究的结果使人们深刻地认识到，不同管理模式的背后是文化的差异，文化对管理具有重要的作用和影响。

近代人文主义提倡人权、人性，重视人自身，颂扬人的理性和自由，确立人的主体地位，肯定人的价值和尊严。强调企业即人，企业靠人，企业为人，企业造人。其人文精神重视对人类前途和命运的关注，体现对人的终极关怀，追求人的终极价值；其内容包括高扬人的价值和理性、谋求个性的解放和自由、追求人自身的完善和理想的实现、重视人的终极关怀等方面。

（二）人本管理中的人文关怀

人本管理中的“人”具有绝大多数人所共有的特性：①自我利益第一。以自身需求的满足为最终目标。②在为获得自我利益的竞争过程中，愿意牺牲或暂缓获得某一部分的自身利益以获取更多的利益。③基本遵守社会道德体系的规则，除了个别人钻空子犯罪之外，大多数人只会不断地犯小错。④非常看重所处的群体。⑤将工作视为其获得个人利益的重要手段，但在无特别刺激的情况下，尽可能偷懒，或仅仅是平庸地完成工作。

根据大多数人的上述特点，人本管理首先应该考虑的是如何满足每个人的需求，保证他的个人利益。无论是组织设计、薪酬设计，还是人员提拔，都必须考虑这一点。既然多数人不得不工作，且工作平庸，那么可利用其追逐利益的本能给予一定的刺激，以此来调动他的积极性。所以，激励管理也是人本管理的重要内容。受其逐利本能的驱动，人难免会犯一些占小便宜之类的错误，或因能力的局限，犯技术错误，这都是正常的。人本管理应涵盖错误管理的内容，告诉员工，甚至管理层，应如何对待错误，并从错误中学习。人是群体的，与人相处得好坏直接影响其情绪，而情绪，即心情的好坏对行为、决策等有一定的影响。因此，人际关系管理也必须成为人本管理的一部分。人有理性的一面，也有激情的一面。人的感情如果长期得不到重视，那么人的各方面机能都将有所下降。因此，如何顾及人的感情，也是人本管理必不可少的内容。

（三）以人为本的管理机制

以人为本的管理主要包括如下一些机制：

（1）激励机制。包括物质激励和精神激励。管理者应能找准员工的真正需要，并将满足员工需要的措施与组织目标的实现有效地结合起来。

（2）压力机制。包括竞争压力和目标责任压力。竞争经常使人面临挑战，使人有一种危机感；正是这种危机感和挑战，会使人产生一种拼搏向前的力量。目标责任制在于使人有明确的奋斗方向和责任，迫使人去努力履行自己的职责。

（3）约束机制。包括制度规范和伦理道德规范。制度是一种有形的约束，伦理道德是一种无形的约束；制度指企业的法规，使人的行为有所遵循，使人知道应当做什么，如何去做并怎样做对，是一种强制约束。伦理道德是自我约束和社会舆论约束。

(4) 保证机制。包括法律保证和社会保障体系的保证。法律保证主要是指通过法律保证人的基本权利、利益、名誉、人格等不受侵害。社会保障体系主要是保证员工在病、老、伤、残及失业等情况下的正常生活。在社会保障体系之外的企业福利制度，则是作为一种激励和增强企业凝聚力的手段。

(5) 构建竞争机制。主要指员工有自由选择职业的权利，有应聘和辞职、选择新职业的权利，以促进人才的合理流动；与此同时，企业也有选择和解聘的权利。

(6) 环境机制。主要指人际关系和工作本身的条件和环境。和谐、友善、融洽的人际关系，会使人心情舒畅，在友好合作、互相关怀中愉快地进行工作。创造良好的人际关系环境和工作条件环境，让所有员工在欢畅、快乐的心境中工作和生活，不仅会促进工作效率的提高，也会促进人们文明程度的提高。

● 本章小结

以往企业的目标在于通过自己的产品或服务满足顾客需要赚取利润，但产品或服务在市场上竞争力的强弱最终与生产以及推销这些产品或服务的人所具有的特点及其工作的努力程度密切相关。新的服务经济、信息经济和知识经济，实际上是一个以人和人所掌握的知识为重要基础的经济，人是产品和服务的直接提供者、信息的掌握和传播者以及知识的储存和运用者，人的知识水平、技能高低、服务态度、信息处理能力等实际上成为非常重要的生产要素。在这种大的经济环境中，企业应充分挖掘员工潜力，激发其积极性和创造性，以增加生存和发展的机会。

员工对于企业的要求绝不仅仅是为他们提供一个可靠就业的机会，他们对于薪酬水平、个人价值实现的可能性、企业发展前景、企业领导和管理水平的高低也都给予同样的重视，员工期望较以前大为增加。而且，越是受教育水平高、技术能力强的劳动者，对企业所提出的除报酬之外的其他方面的要求也越丰富。现代的社会越来越趋于信息畅通状态，各种就业信息变得越来越容易获得，变换工作的摩擦性代价越来越低。因此，一旦劳动者在当前的企业中无法满足个人期望和需求时，员工就会产生不满情绪，他们很可能选择跳槽。当前人才市场上，高素质员工的流动相当普遍，因为素质较高、能力较强、供给越稀缺的劳动者流动起来阻力越小，因此相对而言，一家公司中的高素质员工越多，则企业培养员工对于企业的忠诚感的难度就越高。

● 思考题

1. 社会发展与人的发展的辩证关系如何？
2. 以人为本的理念重点体现在工业的哪些领域？
3. 人的发展通过哪些指标来量化？

4. 人本心理学的发展历程是什么？

5. 管理思想中的几大假设对人本管理的发展起到了哪些推动作用？

● **本章案例——富可达公司的人文精神**

一、背景资料

富可达控股股份有限公司是一家专业设计、生产和销售各类皮革、休闲服饰，集科、工、贸为一体的综合型股份制企业。自1986年始建以来，企业发展迅速，公司目前拥有总资产10亿元，占地450余亩，厂房建筑面积19万平方米，生产工人6000余名，拥有年产各类休闲服饰6000万件（套）、年销售收入25亿元人民币、出口创汇3亿美元的服装生产能力。公司综合经济发展能力居全国民营企业前列。

公司已通过了ISO9001—2000、ISO14001、OHSAS18001、SA8000标准认证和美国贝尔BQR体系认证。公司产品质量和技术工艺在全国行业中处于领先地位，真正使公司成为"一流企业管理，一流产品质量，一流工作环境"的全国服装行业先进示范企业。公司生产的"富可达"服装被评为"国家质量免检产品"、"中国名牌"、"浙江省名牌产品"、"中国出口名牌商品"、"首届中国十大经典品牌"和"中国驰名品牌"，产品质量深受国内外客商的好评，产品远销欧美等30多个国家和地区。

公司厚积薄发，几年来连续被评为全国出口创汇先进企业、全国外经贸质量效益型先进企业、全国民营500强企业、全国服装行业"双百强"企业、全国就业和社会保障先进民营企业、全国自营出口先进企业、中国企业联合会和中国企业家协会副会长单位、中国最具生命力百强企业、中国最具成长力百强企业、国家高新技术企业、浙江省"五个一批"重点骨干企业、浙江省管理示范企业等。

二、公司发展理念

（一）实施科技项目，强化科技辐射作用

公司自行研发的新产品——"多彩套色压花贴膜革"已通过国家科技部新产品鉴定，获得国家级火炬计划项目的殊荣，这一技术已填补国内空白，其技术国际领先，用该技术生产的各类款式皮革服装全部出口，深得国外客商的好评。公司沿着科技的路子，以休闲皮革系列、PVC革、牛仔系列、梭织、针丝、呢绒毛等各类休闲系列服装为主攻方向，不断开发具有"富可达"品牌特色的拳头产品。另外，加速科技兴厂步伐，把国内外先进的科研成果、专利发明成果引入企业并形成产业化。

（二）实施产品名牌战略，提高产品品位

"铸就富可达品牌，取信天下客户。"几年间公司大力实施了名牌战略，努力开展创名牌产品活动。经过全体员工的不懈努力，公司生产的"富可达"牌系列服装目前已是"浙江省名牌产品"、"外经贸部第三批重点支持和发展的名牌出口商品"、"中国十

大经典品牌”和“中国驰名品牌”。公司通过扎实地抓产品质量来推进名牌产品战略的实施。首先，从产品质量的源头抓起，进一步提高市场美誉度，更好地满足国内外客商的需求。其次，材料采购求精，根据产品要求，按规定程度在信誉度好的原辅料厂采购。最后，质量检验求“严”。为了提高公司产品的科技含量，增加产品竞争力，公司每年拿出250万元研发经费与各大专院校进行产学研一条龙合作，为强有力的产品质量做技术后盾。

2003年公司出资收购的美国C.B SPORT国际著名运动休闲品牌，2004年已在北京新燕莎开设国内第一家专卖店，深受市场欢迎，逐步扩大“富可达”自身品牌在国际国内的知名度。

（三）发挥贯标优势，提高公司产品质量

“抓质量管理，以质取胜”是公司工作的重中之重。自从1998年8月公司通过了ISO9001认证以来，一直严格进行贯标实施。按照“国际化运作”的需要，公司还通过了ISO14001环境管理体系和OHSAS18001职业安全卫生管理体系并通过认证注册，2003年又重新改版ISO9001—2000新版。一直以来，公司一方面在逐步完善质量保证体系；另一方面，又充分发挥认证的优势，认真抓贯标工程，不但提高了产品质量和竞争力，而且还使员工得到了实实在在的锻炼和提高，并培养和造就了一支过硬的质量管理队伍。

为迎接加入世界贸易组织后的激烈竞争，产品100%出口的“富可达”推出了“经典工程”。企业生产所需的皮革原料来自山东、广东、四川等地，公司在每个点都有常驻的供销员进行把关，使原料在进厂前就能保证质量。而公司的成品先后通过了ISO9001质量体系认证和美国贝尔BQR质量认证、ISO14001环境管理体系以及OHSAS18001职业安全卫生管理体系认证，为打入国际市场铺平了道路，加快了名牌战略的实施步伐。公司生产的“富可达”系列服装被评为“浙江省名牌产品”、“中国出口名牌商品”和“中国十大经典名牌产品”等称号。近日，“富可达”被世界超市航母“沃尔玛”看中，有望成为其服装供应商。

开拓市场，质量固然重要，同时还要产品适销对路。细心的“富可达”人绝不放过任何一个流行的细微变化。他们摸准市场脉搏，生产、销售牛仔、丝绸、羽绒、人造毛等相关系列产品。他们从韩国引进生产线生产压花革面料，产品一面市就供不应求。在国外考察时，“富可达”人发现，越来越多的“老外”在很多场合都穿全棉的休闲服，由此更坚定了他们建设国际休闲服饰科技园的决心。

（四）坚持“以生产为基础，外贸为先导”的经营方针，扩大出口创汇

公司经市场调研后，一方面，建立以工厂（生产）为龙头，公司（贸易）为辅，

工贸结合，具有较强国际竞争力的集团化、国际化经营的大型集团企业、跨国公司，坚持“以生产为基础，外贸先导”的方针，扩大出口。另一方面，积极应对“入世”，坚持实施多元化市场战略，为响应国家积极实施“走出去”战略之号召，先后在美国纽约、日本大阪、俄罗斯、加拿大等设立了分支机构或办事处，并成立了浙江富可达服饰股份有限公司、浙江富可达进出口公司、杭州富可达皮业有限公司、杭州萧山对外贸易经济有限公司、浙江海外国际货运有限公司等子公司，公司出口产品拓展到美国、加拿大、俄罗斯、澳大利亚、新西兰、日本等 30 多个国家和地区，品种从皮革服装增至 PVC 革、梭织、牛仔、针织、呢绒毛等系列休闲服装。2004 年公司积极寻求和探索一条立足国际市场、走工贸并举的新路子，重新定位市场，确定多方位、多渠道、多领域的新的经营思路，使公司形成开放型的经济格局，增加出口，多创外汇。

（五）加快信息化建设，提高企业创新能力

作为一家传统行业的企业，要想提高产品档次、市场竞争力和经济效益，跟国际接轨，必须走信息化建设的道路；探索出一条利用计算机技术和网络技术促进传统行业高速发展的道路，是为了迎合目前国内外市场的激烈竞争。为此，公司投入巨资用于企业管理信息化系统的建设，把信息化技术充分应用到产品设计、制造、财务和企业管理中去，实现企业流程再造，促使生产经营方式根本变革。此项信息化项目建设主要包括计算机集成制造系统及电子商务平台两大系统，计划总投资 4873 万元，目前，企业资源管理系统（ERP）和电子商务系统（EB）已正式上线，总计划于 2005 年年底全部建线集成完毕。其中，计算机制造系统（CIMS）包括计算机辅助设计（CAD）、计算机辅助制造（CAM）和计算机辅助工艺计划（CAPP）、企业资源管理系统（ERP）和电子商务系统（EB）。目前，公司信息化建设已被浙江省经贸委列为“浙江省信息重点计改项目”，其中“休闲服饰市场化运作信息系统”被杭州市工业企业信息化推进工作领导小组列为首批工业企业信息化应用示范试点企业、第二批工业企业信息化应用示范企业。

三、公司的人事管理与用人之道

富可达公司是依托于人才本位的观念才有了巨大的发展，富可达集团公司本着“做强、做精、做大”的工作方针，努力提升企业的经营能力和综合竞争力，公司希望能成为国际化的企业，因此步步向国际上的优秀公司看齐。

（一）学习玛丽·凯的管理理念

对待员工公平公正。玛丽·凯公司力求公正、平等待人，从下属的角度来考虑问题。同时玛丽·凯也要求公司雇员从顾客的角度考虑问题。为了在管理制度上真正体现这种人人平等的思想，公司内实行了一种奇特的“领养”计划。该计划规定，一个

美容师可以在芝加哥工作，但他还可以到佛罗里达或匹兹堡等别的地方招募新手，并把她交给当地的美容指导师给予训练，今后不管这位新招募的人员住在哪里，只要向公司批货推销商品，这位远在芝加哥的美容师即可从中抽取佣金。同样，这位美容师也要花上大量时间与精力，无偿地训练别人招募来的新手作为回报。在当时，许多人很难相信这项计划会成功，但它实实在在成功了。虽然这项计划不是在任何行业都适用，但可以成为想要建立在“帮助他人”的哲学基础上的管理人员的一种模式。

实现这一模式的优越性在于，每个人都可以有发展的机会，而不用去费力地爬传统的公司的“金字塔”。20 万名美容师就像独立的零售商一样，直接和顾客交易，他们自己定目标、销售计划和报酬；他们还有一个责任就是担任推销指导员，工作包括招募新员工，予以训练和指导。

（二）学习玛丽·凯的人才观和企业伦理观

在富可达眼里人才远比计划重要。

早在公司创办初期，富可达做的第一件事便是在尽可能的范围内网罗各种专业人才，寻求专家来助一臂之力，包括法律专业人员、会计、供销商和制造商。这些最佳人才加盟公司，无疑带来了企业强大的生命力，而公司给予他们具有相当竞争力的报酬和福利。因此，富可达公司拥有了一群苦干且高效的专业人员，这正是该公司在竞争激烈的服饰行业中脱颖而出的秘诀。

富可达坚信，一家公司的好坏只取决于该公司的人。首屈一指的公司必有首屈一指的人才。人才是一家公司最重要的资产。因此，买进一家公司，现今的买方常常“坚持要求卖方公司的经理留一段时间，并常常用条件优厚的协议鼓励这些经验丰富的经理人员继续增加营业额和利润”；创办一个公司，首先是要招聘人才，要不惜重金聘请高级人才。

从公司内部培养人才是富可达的一贯做法。当一个部门的领导出现空缺时，该部门的经理必须向公司人事部门正式提出担任这一职务必须具备的条件。人事部门即在每栋办公楼的布告栏上公布这一消息，公司里每一个人都可以申请这个职务，无论申请者现在干什么工作。只有在所有申请人都不是理想人选时才聘请外人补缺。从公司内部提拔人才的好处是：可以激励雇员们从长远角度考虑自己同公司的关系，表明任何人都有晋升的机会，不会永远待在最低层；事实上，这种政策有时能产生良性的连锁反应。

四、点评

富可达控股股份有限公司是一家以发展休闲服饰、国际贸易、对外服务为主的综

合性股份制企业。公司自1986年创建至今，近20年的勤奋创造和艰辛磨炼，不断开创富可达人特有的敬业和奉献精神，使企业发展到一定的规模。公司目前拥有总资产近10亿元，占地500余亩，厂房建筑面积23万平方米，生产工人6000余名，拥有年产各类休闲服饰6000万件（套），年销售收入50亿元人民币，出口创汇6亿美元的服装生产能力。公司已连续九年获得中国服装行业"双百强"，连续两年挤入中国服装行业"十强"（2003年列第九位，2004年列第八位），综合经济发展能力位居全国民营企业前列。今天的富可达是用了近20年的艰辛铸就而成，他们以不懈的努力和进取，书写着中国民营企业发展史的华美篇章。

（一）富可达人——创新为核心

富可达文化是富可达人的价值观，这个价值观的核心是创新。它是在富可达18年发展历程中产生和逐渐形成特色的文化体系。富可达文化以观念创新为先导、以战略创新为基础、以组织创新为保障、以技术创新为手段、以市场创新为目标，伴随着富可达从无到有，从小到大，从大到强，从中国走向世界，富可达文化本身也在不断创新、发展。员工的普遍认同、主动参与是富可达文化的最大特色。

当前，富可达的目标是创中国的世界名牌，为民族争光。这个目标使富可达的发展与富可达员工个人的价值追求完美地结合在一起，每一位富可达员工将在实现富可达世界名牌大目标的过程中，充分实现个人的价值与追求。富可达文化不但得到国内专家和舆论的高度评价，还被美国哈佛大学等世界著名学府收入MBA案例库。

（二）精神内涵——廉洁文化

2006年以来，富可达已出资聘请专业投资管理公司，指导企业开展企业文化建设，为企业做大做强提供精神支撑。公司组织党务工作者、外聘企业文化建设专家，成立"企业管理文化中心"，把廉洁文化建设作为一项重要课题，与公司的经营管理有机结合起来加以实施，确保廉洁文化建设取得实效。公司成立了廉洁文化建设领导小组，建立健全了各项管理制度，为公司的廉洁运转提供了保障。公司还利用多种形式和载体开展宣传教育，动员全体员工积极参与廉洁文化建设，形成尊廉崇廉、诚实守信的良好风气。每星期五晚，公司邀请企业文化建设方面的专家、教授，为公司干部职工作培训、辅导讲课；每个季度开展一次廉洁文化电化教育；在宣传栏、公司网站、内部刊物上开展廉洁文化宣传；在公司厂区设立廉洁督促牌等。

公司行政总监鲍旭通说，富可达公司是一家劳动密集型企业，开展廉洁文化建设具有重要的意义，可以提高全体员工的思想觉悟和道德水平，有利于规范员工行为，提高企业管理水平，提升企业凝聚力和向心力，锻造企业精神内核，推进公司"二次创业"。

（三）经营理念——以人为本

人文化的管理不能只是停留在企业的制度上，而更多的是真真正正地为员工做实实在在的事情。企业文化是一个企业在发展过程中形成的以企业精神和经营管理理念为核心，凝聚、激励企业各级经营管理者和员工归属感、积极性、创造性的人本管理理论，是企业的灵魂和精神支柱。作为“中国名牌产品”企业，富可达正是结合企业经营发展战略，提炼独具个性、充满生机而又符合企业实际的企业经营管理理念，形成“以人为本”的企业发展战略，成功地打造了一支“充满活力”的员工队伍。

在这一核心企业理念的指导下，富可达形成了具有“以人为本”特色的企业文化，并提出：“富可达不仅是一所学校，更是一个温暖的家。”“学校”，就是营造一种校园文化，提高全体员工的文化理论水平，培训员工的岗位操作技能，强化员工管理企业的能力，促使在职员工成为能独当一面的有用之才，并把能力转化为生产力。“家”，就是在企业内营造一种大家庭文化，只要是富可达企业的员工，不分贫富高低，一视同仁，在生活上相互关心爱护，在工作上相互学习勉励。企业为员工解除后顾之忧，使员工得以“安居乐业”。

五、思考题

1. 富可达“平等公平”的指导思想给公司文化带来什么影响？

2. 为什么玛丽·凯和富可达都强调用人之道和用人哲学？这两家公司的成功给我们什么启示？

● 参考书目

1. Hayek，Sensory Order，Routledge & Kegan Paul，1952.

2. Hayek，The Counter Revolution of Science，Glencoe：Free Press，1952.

3. Hayek，Studies in Philosophy，Politics and Economics，Routledge & Kegan Paul，1967.

4. Hayek，Law，Legislation and Liberty：Rules and Order（I），The University of Chicago Press，1973.

5. Hayek，Law，Legislation and Liberty：The Mirage of Social Justice（Ⅱ），The University of Chicago Press，1976.

6. 锁红军：《如何进行人本管理》，北京大学出版社，2004 年版。

7. 陈莞、倪德玲：《最经典的管理思想》，经济科学出版社，2003 年版。

8. 兰邦华：《人本管理：以人为本的管理艺术》，广东经济出版社，2000 年版。

9. 刘刚：《企业人本管理中的心理方略》，中国国际广播出版社，2002 年版。

10. 毛卫平、韩庆祥：《管理哲学》，中共中央党校出版社，2003 年版。

11. 杨志、杨慧声等：《人本管理》，石油大学出版社，1999 年版。

12. 席勒：《人本主义研究》，上海人民出版社，1986 年版。

● 推荐读物

1. 刘光明：《企业文化世界名著导读》，经济管理出版社，2009 年版。

2. 刘光明：《企业文化教程》，经济管理出版社，2008 年版。

第二章 企业文化与当今人文管理的发展

人类社会已发展到了新阶段，人的需求、劳资关系、法律法规、技术等都与大机器生产时代不同，仅仅再用以前单一的西方管理思路来决定管理模式确实难以奏效。我们必须站在东西方管理文化融合的起点上来重新认识和分析人本管理的思想，超越旧的资源与资本主导经济的意识范畴，从哲学的高度挖掘东西方传统中人本思想之精髓，运用心理学、社会学、行为经济等相关科学的研究成果，创建一个适应于更加尊重人的选择自由、弘扬人的创造个性、崇尚人的本体价值、实现人的自我发展目标并因此而推动人类社会共同前进的管理文化。

第一节 人文管理概述

一、人文管理的含义

所谓人文管理，即按照不同人的不同需求，有序和谐地进行不同层次的管理，以促进人的全面发展。这是一种在人性复苏的前提下，以人为主体的管理。它肯定了人的主体性需求是社会发展的本质动力，追求的是组织行为与人的主体性的有机结合。其目的是通过满足不同人的不同需求，激发其积极性和创造性，构建企业的核心竞争力优势。

二、当代企业管理呼唤人文管理

管理理论，应时代的变化而产生并发展；反过来，先进的管理理论，也促进时代的进步发展。以知识与信息经济时代为主的 21 世纪，呼唤以人文本的人文管理，带领当代企业管理进入一个崭新的时代。

（一）知识、信息等资源内容的转变，呼唤依靠人文管理转换资源的配置方式

组织的资源由以劳动力、土地、资本为主转向以知识与信息为主。在 20 世纪，是劳动力、土地、资本和自然资源支撑了经济和社会的发展。但到了 21 世纪，知识与信息将成为发展的最大资源。现行的资源配置模式必须发生变化。知识经济的兴起将对投资模式、产业结构、增长方式和教育的职能与形式产生深刻的影响。所有的这些改变，必须有相应的管理模式作为支撑，原有的科学管理推崇的制度、层级已不能完全满足知识经济和生态经济的要求。面对企业快速反应、人的能力的自我再生、企业与人与生态环境的发展等要求，人文管理所倡导的企业、人、社会的文化软性关系，必将助推知识经济和生态经济的发展。

（二）组织的成员的转变

组织的成员经历了从经济人、社会人，到自我实现的人、复杂人的转变。在物质甚为丰富、人类生活有了大步提高之后，人文管理对于人的工作原动力的重新阐释，似乎也是当代企业管理寻找的一种未来的范式。可见，人文管理在当代企业管理中的应用既意味着当代企业适应当今经济时代和生态经济发展的要求，又意味着当代企业满足它适应时代、引领时代的需求。

（三）企业应建立以人文精神为内核的人性假设

每一种管理理论，都依据相应的人性假设理论，而采取相应的管理策略。从“经济人”、“社会人”，到“自我实现人”、“复杂人”，每一种人性假设理论，都延伸出一系列的管理策略。人文管理关于人性假设有两个基本特点：一是作为个体的人，具有自尊、自立、自信、自爱、自制、自强的本质；二是作为群体的人，具有尊重人、理解人、善待人、宽容人、成熟人、创造人的属性。

在中国要做好管理，就必须了解这个社会群体——中国人的性格、思想、价值观与行为方式，了解他们的生活、理想和对生命的感悟，培育与他们的情感，得到他们的价值认同。就像乾泉教授认为的那样，“国学是中华民族优秀的传统文化的核心价值，是数千年来中国人思维方式、行为方式、生活方式的高度总结，沁浸着每个中华儿女的血液和灵魂。中华民族因为自己博大精深的文化而存续、而骄傲、而伟大”。只有立足于国学，中国企业的人文管理才能找到属于中华民族性的人性假设理论，才能建立真正适合中国当代企业发展的管理策略。

三、人文管理的内容和意义

企业管理中的人文管理包含的内容涵盖了从领导到普通员工、客户等各个方面。人文精神在企业管理中的渗透则首先提高了企业文化的精神境界和凝聚力，也提高了企业管理的效率。

（一）人文管理的主要内容

（1）人的能量系统及其发挥。人的生命过程就是一种能量释放过程。然而，如果没有知识和道德的约束，生命的能量释放就会偏离轨道。现代管理要通过科学文化教育、道德教育、精神教育，全面提高人的素质，最大限度利用人的显能，唤醒人的潜能，并为此创造一个宽松的良好的文化环境。

（2）领导者的素质和行为。知识经济时代，领导者所面对的是具有较高文化程度的员工，这就要求领导者除了掌握领导理论、沟通与激励的方法和必备的专业知识外，还应具有较高的素养。领导者的权威将主要不是来自于职位和权力，而是来自于其自身所蕴涵的人文素养和人格魅力，如出众的才华、顽强的信念、乐观的态度、宽容真诚、富有爱心等。唯有如此，领导者才能真正赢得下属员工的尊重、信赖和支持，形成强大的凝聚力和向心力。

（3）员工素质和行为。员工队伍的文化结构决定了企业的管理方法和管理风格的不同，由此产生不同的管理效果。而员工队伍文化素养的高低则在很大程度上决定着企业竞争力的强弱。随着知识更新的速度日益加快，需要对员工进行不断的培训、教育，形成员工和企业共生共长的机制，如此才能为企业源源不断地注入活力。

（4）人文管理中的文化力量。文化是自然的人化，是一种超个体的群体现象，文化的发展过程同时也是人性的提升和向外伸张的过程。文化通过其群体整合功能，使那些在社会发展过程中表现出来的优质文化战胜劣质文化，先进文化淘汰落后文化，文化的进步带动了人类文明的进步和发展。同时，文化对个体不断地发生影响，通过对个体的行为规范来塑造符合社会需要的理想人格，通过潜移默化和无形的“软约束”形成对人的控制，使个体顺应社会大环境对其提出的要求。就企业而言，企业文化是企业的灵魂；应该塑造良好的企业文化，通过企业这一环境的文化来间接影响和规范员工，培养员工的正确人生观、价值观、伦理道德观，并使这些观念通过员工的行为表现出来，维护一个良好的企业形象。

（5）中西文化差异对管理模式的影响。中华文化作为东方文化的代表，具有巨大的包容性和长久的生命力，造就了完全不同于西方的管理模式。作为中华传统文化代表的

儒家文化长期形成了重义轻利、重集体轻个人、追求和谐自然的思想，因而东方的管理注重“仁”和“义”，强调忠诚、信用、集体主义以及和谐的人际关系，具有浓厚的人情味和家族色彩，被称之为柔性管理；而西方的管理更注重法制约束和利益刺激，强调理性、开拓、创造和人性自由，具有很强的明确性和竞争性，被称之为刚性管理。然而，现在随着经济全球化和世界范围内各种交流的开展，东西方文化呈现出某种程度的汇合，彼此观念有所趋同，东西方管理也有所改变，如西方管理中集体观念的加强，注重人际关系和稳定性等；中国在市场经济条件下对“利”的承认，用“利”来激励人的工作热情等。这种东西方文化的演变将是人文管理所要研究的一项重要内容。

（二）人文管理的意义

人文管理是人类管理科学史上的一场革命，是一次了不起的质的飞跃。管理是人类发展的竞技场，工业经济孕育了泰罗制，知识经济一定会孕育出人文管理。按人的发展进程，人文管理可分为两个阶段：一是人性化管理，即类与群体的管理；二是人格化管理，即群体与个体的管理。前者是按人的发展属性进行有序的管理，后者是按人的生存方式进行和谐的管理。

在管理科学不断发展的今天，人文管理的出现无疑是有着重大意义的。它使人作为个体人的时候能够得到社会和他人的足够尊重。随着人类需求层次的不断提高，个体人对精神生活和谐度的要求也越来越高，人文管理顺应了这一历史要求，实在应该得到管理者的足够重视。

在中国社会现今的市场经济活动中，企业作为重要的微观经济活动的主体，地位举足轻重。而市场竞争的激烈和残酷，也使得企业所面临的风险在不断增加。所有人都知道，一个企业在面临风险时，是最能考验它的抗压能力的，这也是真正检验一个企业是否合格乃至优秀的最好方式。

任何企业经营者都明白，管理决定企业所能拥有的力量，正如有人说过：管理是创造力量和运用力量的力量。我国的国情基本上还是处于工业经济时期，而工业经济的两大特征即生产的机械化和经营的规模化，这使得我国企业的管理方式大多数还处于军事化管理的模式，这种管理模式突出的是纪律性、忠诚度及克服无政府主义三大优势，但其本质是对人性的一种摧残。所以在工业经济后期的美国，学者萨缪尔·亨廷顿在《文明的冲突与世界秩序的重建》（The Clash of Civilizations and Remaking of the World Order）这部专著中提出了“文明冲突论”，实际上这标志着刚性的纪律要求与人的自主性的严重对立，也说明了时代对知识经济的呼唤。

在中国现代化建设的进程中也同样面临这个问题，中国的文化底蕴很深厚，中国的人本理念也深植于人心。在经历了改革开放 30 多年的发展之后，中国人不可能还像 20

世纪 80 年代那样仍然停在低层次的需要上。依据马斯洛在《人的动机理论》一书中提出的人类需求层次理论，中国人正逐步向感情与归属的需要和尊重的需要靠近。如果这时候的企业管理模式还是那种刚性的军事化管理，那很显然是不合适的。

人类社会的不断进步，必将把人类的劳动方式从简单的手工劳动和机械劳动带到知识劳动上来，这将直接促进经济和社会的变革，也是适应人类需求层次由低级向高级发展变化的客观规律。对企业来说，也就是在呼唤着以人为本的管理方式的到来，它被称之为人文管理。

人文管理的实质就是以人为主体的管理，它区别于军事化管理的强制性，更着重于激励人的自觉性。不同的人有不同需求，能够把这些不同的需求进行有序和谐的整合，通过满足不同人的不同需求，激发其积极性和创造性，来构建企业的核心竞争优势，以促进人的全面发展来促进企业的全面发展，这是人文管理的核心目的。

中国人自古以来就追求天人合一的理念，这可以视之为中国人的宇宙意识。人文管理的理念恰是这种宇宙意识最好的现实体现，是对个体的“小”和整体的“大”的辩证统一。它在首先承认个体的独立性之后，更加重视整体的统一性，要人在完成自己价值的使命感的促进下，来完成对企业发展所能做出的贡献，把作为个体的人和作为群体的人进行了有效的统一。

我们知道，作为个体的人，他有自尊、自爱、自信、自立、自强的品质，而作为群体的人，他又具有尊重人、理解人、善待人、成熟人、创造人的属性。而人文管理的模式就是要把这两者进行合理的统一，从而树立忠诚大于能力，团队能力大于个人能力的良好企业文化氛围，增强企业的凝聚力和向心力，教会员工懂得激励、欣赏和分享。

所谓法律讲强迫，舆论讲褒贬，制度讲约束，个人讲自觉，这是社会维持和谐的保证；对企业来说，使不同地位的员工在身份认同上达到心理平衡，从而维系创造激情和企业的活力，这是管理者需要考虑的问题。人文管理首先承认人的独立性，其实也就是承认了人的独立创造性，这就要求企业给作为个体的人提供相应的机会，让其有用武之地，因为管理就是为了寻找一条成才的道路，不管是为企业还是为个人；否则，管理也就失去了意义。

人文管理的精髓应该是人文精神，它要求激发个体人的创新和创造能力，这是它的内核。外部环境可以直接影响人的情绪、思想等诸多因素的变化，营造适宜的人文环境是人文管理的基础。同所有的管理方式一样，人是管理的内容，即传统上说的人力资源，但人文管理理论把其称为人文资源，与人力资源不同的是，它更加凸显人的资源的文化意义与文化价值，因而往往体现为人的潜能，具有很强的再生性，是最丰富的、最重要的资源，也就是说更看重了人的智力和智能。

用和合的态度来对待市场竞争；用个性化服务和多样性服务相结合的方针来对待客

户；用“人性化”的标准对待产品设计；用福利计划和教育培训的合作方式对待员工；用灵活的组织方式进行项目管理，充分挖掘人力资源的潜力，倡导发展学习型的企业模式。这是人文管理理念对企业的要求。

第二节 人本管理与人文管理

一、人本管理的时兴及历史局限性

人本管理是顺应时代的需求而产生的，但是在其发展过程中也遇到过诸多问题。

（一）人本管理的时兴

管理科学的发展具有延续性，每一次前进都是在修正先前理论或模式缺陷基础上形成的。以“泰罗制”为代表的科学管理弥补了经验管理的科学性不足，第一次以科学的系统的方法来探索管理问题，变放任式管理为规范管理，变家长式管理为组织管理，从而建立了严格的管理秩序和制度，提高了劳动生产率。但“泰罗制”无视人的主体性，实行强制性管理，把人当做机器来使用，这就不能不压抑劳动者的行为动力，产生抵抗情绪和企业内部人际关系紧张。因此，这种建立在“经济人”假设基础上的管理思想和理论随着人性的发展不可避免地显现出其局限性，引起人们的怀疑和批判。20 世纪 20 年代末期梅奥的“霍桑试验”揭示了人并不是纯粹的“经济人”，而是“社会人”，是复杂的社会系统的成员，人不仅有经济利益方面的需要，还有社会和心理方面的需要，工作条件、工资报酬不是影响效率的第一位因素。劳动效率的高低主要取决于士气，而士气又主要取决于人际关系。50 年代以后，许多社会学家、人类学家、心理学家、管理学家围绕人的行为问题发表了大量的论著，提出了许多新理论。如人性假设理论、激励理论、群体行为理论、领导行为理论等。尽管各种理论侧重点不同，但有一点是共同的，他们都是在研究如何通过非经济因素来调动人的积极性，把人当做企业管理的中心，使企业管理进入了人本管理新阶段。

人本管理的侧重点在于，对人的要素和物的要素的管理中要以人为本，管理的主要对象是人不是物，企业管理主要是处理好人与人之间的关系，调动一切人的积极性、主动性和创造性。人本管理与科学管理相比，其进步之处在于：

（1）人本管理把人的需求、欲望、兴趣放在第一位，重视用各种手段去激发人的积

极性，这比只靠物质刺激来调动人的积极性更容易达到目的。

(2) 人本管理注重对员工心理、行为的深入研究，在科学分析的基础上“对症下药”。满足员工的合理需要，尊重人、关心人、爱护人，从而减少了强制性管理、惩罚、靠条条框框、规章制度严格约束控制员工所产生的抵抗情绪，使员工的积极劳动从被迫变成了自愿。

(3) 人本管理强调自主管理、参与管理，激励员工发表意见。提倡员工参与决策，提高了员工参与决策的自觉性、主动性，从而更有利于发挥员工的主观能动性，集思广益，促进企业发展。

(4) 人本管理注重协调人际关系，注重上下级之间、同事之间的内部沟通，减少了行政管理的人际矛盾，增强了企业凝聚力。

(5) 人本管理既抓住了管理的根本对象，管理的客体，也抓住了管理的主体——管理者。

(二) 人本管理的局限性

人本管理看到了人在管理中的中心地位，相对于以往的管理无疑是一大进步，但作为一种管理科学，其缺陷也是明显的。根本缺陷在于忽视了科学文化在培养人的灵魂、提高人的意志力中的作用，从而使管理思想的战略品位较低，在当今文明社会，不足以兴盛企业。首先，人本管理的人性假设前提是不充分的，人不仅是“社会人”，还是“文化人”、“理念人”。“文化人”不仅要求把人视为社会网络中的多面体，而且要求从一种文化历史去认识人。文化问题，本质上是人的问题。所谓文化就是人性在客观世界中的展开和实现。社会越发达，人的文化素养就越高，从而人对文化品位的追求也越高，文化对人的激励作用远大于其他因素。因此，忽视人的文化特性，忽视文化建设和文化管理，人本管理的价值作用就大打折扣。其次，任何国家的企业管理都不可能脱离文化背景，都必然具有民族文化特色和现代文化特色。不同的国家，不同的企业，因文化特色不同，企业管理的理念也不同。而不同的文化又会产生不同的管理效果。因此，脱离了文化背景，企业就难以建立有特色的管理模式，而没有特色的、不切合文化背景的管理难以实现理想的管理效果。最后，在现代社会，经济运行的好坏，质量管理的好坏，首要的、起决定性作用的是管理者特别是第一把手的素质，而管理者的科学素质、技术素质、管理素质、思想素质等都是通过文化教育培养的，由文化素质决定的。这说明，企业管理仅仅树立以人为本的思想是不够的，还必须加强对人的文化建设和文化管理，以文育人。

二、人本管理的原则

以人为本的管理的基本思想就是人是管理中最基本的要素，人是能动的，与环境是一种交互作用：创造良好的环境可以促进人的发展和企业的发展；个人目标与企业目标是可以协调的，将企业变成一个学习型组织，可以使得员工实现自己目标，在此过程中，企业进一步了解员工使得企业目标更能体现员工利益和员工目标；以人为本的管理要以人的全面发展为核心，人的发展是企业发展和社会发展的前提。

以人为本的管理有以下一些原则：

（一）重视员工的需要

以企业利益为先导的企业往往最关心市场需要什么产品，而实施人本管理的企业则同时顾及市场需求和员工需求。据调查，员工有八项需求必须得到领导的充分关注，从而员工才能做出最佳的工作表现。如果领导未能关注这些需求，即使是仅仅忽视了其中一项，也将无形中“刹”住公司发展的前进脚步。

（1）工作的意义：员工需要看到自己工作的意义和价值所在，自己的工作是否与公司目标相连接。员工需要明白自己的工作是怎样与整体愿景相联系的，公司文化有什么意义，公司的价值在哪里。

（2）合作氛围：员工渴望在充满激励的环境下工作，他们希望能和其他员工一起，相互合作，获得成功。

（3）公平公正：员工愿意为公平公正的雇主服务。无论是薪资、福利、工作量都应公平且平衡，员工之间应相互尊重。员工希望感到公司和领导用同样公平公正的态度来对待他们和客户。事实上，调查表明，造成员工离职的最大原因是他们觉得未受到公正和公平的待遇。

（4）自主：员工希望能自主完成工作任务，他们希望自己有足够的能力和信息来参与关乎自己工作的决策制定。

（5）认可：员工需要表扬，需要自己的功绩得到认可，哪怕是领导当众的一句表扬。

（6）成长：有机会学习、成长、发展技能来实现职业发展，这也是员工的一项关键需求。而且，员工需要感受到自己是职业发展计划进程中的一部分。

（7）与领导的关系：员工希望领导者能与他们分享信息，并能与他们建立良好的伙伴关系。领导在诚实信任的基础上与员工建立牢固的伙伴关系，这将创造和谐的工作氛围，使员工愿意把工作做得更好。

（8）与同事的关系：同上述与领导的关系一样，与同事之间的良好关系也将促使员

工更加努力地工作。

（二）以激励员工工作来增进绩效

人员激励的重要性主要体现在以下几个方面：

（1）吸引优秀的人才。在发达国家的许多企业中，特别是那些竞争力强、实力雄厚的企业，通过各种优惠政策、丰厚的福利待遇、快捷的晋升途径来吸引企业需要的人才。

（2）开发员工的潜在能力，促进在职员工充分地发挥其才能和智慧。美国哈佛大学的威廉·詹姆斯（W.James）教授在对员工激励的研究中发现，按时计酬的分配制度仅能让员工发挥20%~30%的能力，如果受到充分激励的话，员工的能力可以发挥出80%~90%，两种情况之间60%的差距就是有效激励的结果。管理学家的研究表明，员工的工作绩效是员工能力和受激励程度的函数，即绩效 = F（能力 × 激励）。如果把激励制度对员工创造性、革新精神和主动提高自身素质的意愿的影响考虑进去的话，激励对工作绩效的影响就更大了。

（3）留住优秀人才。德鲁克（P.Druker）认为，每一个组织都需要三个方面的绩效：直接的成果、价值的实现和未来的人力发展。缺少任何一个方面的绩效，组织注定非垮不可。因此，每一位管理者都必须在这三个方面均有贡献。在三个方面的贡献中，对“未来的人力发展”的贡献就是来自激励工作。

（4）造就良性的竞争环境。科学的激励制度包含有一种竞争精神，它的运行能够创造出一种良性的竞争环境，进而形成良性的竞争机制。在具有竞争性的环境中，组织成员就会受到环境的压力，这种压力将转变为员工努力工作的动力。正如道格拉斯·麦格雷戈所说：“个人与个人之间的竞争，才是激励的主要来源之一。”在这里，员工工作的动力和积极性成了激励工作的间接结果。

（三）注重员工职业发展规划

员工职业发展规划的重要性体现在企业和员工之间建立心理契约，使得员工忠诚度得以提升，绩效越来越好。

（1）晋升是职业发展中对员工最有效的激励方式。但事实上，职业发展还包括工作轮换、赋予更多责任等其他多种职业发展方式。工作轮换是指在公司的几种不同职能领域中或在某个单一的职能领域为雇员做出一系列的工作任务安排。工作轮换可以有效增加员工的接触面，使员工达到学习新的岗位知识的目的，同样受到员工的欢迎，起到激励作用。赋予员工更多责任是指给予员工更多的管理或业务责任，这样也可以达到提高员工技能水平的目的。

（2）对员工进行职业发展规划时，除以个人工作业绩为基础外，还应综合考虑员工的技能和职业道德水平。以工作业绩作为晋升的唯一依据，很可能作出不恰当的晋升决定。首先，不同级别有着不同的技能要求。员工提升时，如果只考虑员工因业务技能而获得的业绩表现，而不考虑其管理技能时，往往会出现优秀的业务人员不适合管理职位要求的情况，从而给公司造成损失，员工个人也会因不适应新的岗位而被淘汰。

(3) 运用适当的节奏规划员工的职业发展。很多企业在员工提升的速度上不够合理。一种情况是快节奏提升，快节奏提升的后果是员工到达职业顶端后，会因不再有发展空间而失去工作积极性甚至离开公司；另一种情况是慢节奏提升，其缺点是员工得不到职业发展上的有效激励，也不能学习到其他岗位的知识。正确的做法是，采取一种适中的提升，表现为对新入职的员工有计划地安排其走向上一级的岗位，合理安排每次晋升的时间段，例如，每 2~4 年有一次晋升机会。适当的提升节奏能不断激励员工，提高其岗位的认知价值，使其有充分的时间学习下一个岗位的技能。

(4) 对不同年龄段的员工采用不同的职业发展策略。处于不同年龄段的员工会有不同的职业发展需求，因而公司需要采用不同的职业发展策略。人的职业发展阶段是这样的：第一阶段为探索阶段。第二阶段为尝试阶段，包括 25~30 岁的员工。处于尝试阶段的人会判断当前选择的职业是否适合自己，如果不适合，会采取相应的调整；对该阶段的员工，职业发展的重点在于给予职业发展规划的指导，对不适合岗位的员工给予工作轮换。第三阶段为职业的确立阶段，包括 30~45 岁的员工。对该阶段的员工，职业发展的重点是给予晋升，赋予更多的责任或给予特殊任职。第四阶段为职业稳定阶段，主要指 45 岁以上的员工。

(5) 在公司职位发生空缺时，优先考虑内部晋升。很多企业在职位发生空缺时会首先想到外部招聘，而忽略了企业内部的人力资源。外部招聘的主要缺点是会打击企业内部业绩好但没有给予晋升机会的员工。另外，外部招聘会由于新员工要花较长时间熟悉工作环境进行角色转换，因而会导致较高的成本。反之，当职位发生空缺时，优先考虑内部提升或轮换，能够激励被提升的员工，并让其他员工看到希望；同时，内部的员工熟悉本公司文化，容易迅速适应新的工作岗位。

总之，职业发展规划是一种重要的员工激励手段，以上的一些原则可以帮助企业建立起科学高效的员工职业发展规划系统。

（四）组织设计的人性化

现代组织设计是在人本时代背景下的设计，这种设计要求在组织结构和运营体系中充分尊重和发挥人性，倡导人本管理。人本管理是以人的全面的自在的发展为核心，创造相应的环境、条件和工作任务，以个人的自我管理为基础，以企业的共同愿景为引导的一套管理模式。企业从以物为本的管理转向以人为本的管理，这不仅是因为以物为本

的管理不适合时代发展和企业管理实践发展的需要，而且是因为以人为本的管理对企业的生存和发展起着决定作用。

因此，企业组织设计必须重视人，要以人为本，充分考虑管理者和员工的个性特点，以最大限度地调动员工的积极性和创造性。要能够为“革新的闯将”提供机会和支持，要创造出亲如一家的和谐气氛，让员工将个人利益同组织利益结合起来，以为组织做贡献为荣。

具体来说，人本管理的企业可以尝试下列一些做法：

（1）企业管理层将企业推崇的价值观明确成文，运用多种沟通方式与员工进行双向交流，最终使企业的所有员工明确并认同这一观念。

（2）提倡团队工作方式，削减组织等级层次，使组织扁平化发展，鼓励信息在管理层和操作层之间的沟通。

（3）掌握员工的最新技能和心态，鼓励职位上的“能上能下”，坚决制止恶性竞争的现象。

（4）企业运用一定的预算建立“传帮带”的人员发展体制，赋予级别高的员工以一定的责任，来帮助级别低的员工更好地进行职业发展。在整个企业中营造一种人与人之间互相关心和爱护的文化氛围。

（5）采用多样化的激励方式来调动员工的积极性和创造性，如提高薪资、晋升职位、员工持股、内部刊物表扬、奖励休假、赋予更高责任等。

（6）主管与员工协同制定员工的个人发展计划，为员工树立通过努力可以达到的更高目标，并定期与员工坦诚地沟通和评估。

三、文化在管理中的作用

20 世纪 70 年代，日本经济发展迅猛，日本企业在国际市场竞争中表现出惊人的应变能力和强大的竞争力，迫使美国管理学者去深入研究日本管理特点，从而发现在企业管理方面，文化和价值观比管理组织制度、管理理论和方法更起作用。于是，企业文化和有关管理差异的文化背景，引起了人们的关注和研究。

文化在管理中的作用可概括为以下几个方面：

（一）文化是管理的母体

文化是管理产生的温床，它不断地为管理活动注入生命力和活力，推动着管理理论和管理模式的发展与成熟；在不同的社会文化背景下，人们的思维方式、行为方式和人际交往方式不同，从而管理思想、管理行为和管理手段也各有差异。这要求不同的企业必须从特定的文化出发构筑自己的管理模式。

（二）文化是管理的灵魂

文化在管理的全过程都起着根本性指导和制约作用。没有一个科学的企业文化，没有一个能让全体人员共同遵行的价值观，没有一个能让全体人员共同奋斗的理念，管理是注定要失败的。从世界各国企业管理实践看，凡是成功的企业，都有一个良好的企业文化。这种文化，不仅是管理的灵魂，而且是整个企业的灵魂，它能产生一种强大的凝聚力，让全体员工为了一个共同的目标而紧密团结，不懈奋斗。

（三）文化管理是管理的重心

管理是对组织的管理，而组织是由人、财、物等多种因素构成的，其中人是最根本的因素，没有人也就无组织可言。人的素质、人的灵魂、人的创造性、人的风范对组织的命运起着决定性作用。而人是从属于一定文化背景的，人的行为由他的信仰、世界观、价值观支配，因此，对人的管理与对物的管理完全不同，必须施行能够唤起人的热情的文化管理，仅使用某种制度、规定来管理人，约束人，那不是把人当做有灵魂的人，而是把人当做一台机器，即使短期内可产生某种效果，但绝不会持久。

（四）文化是管理的重要属性

企业具有三重性质：既要依从于生产力的发展水平、生产的社会化程度，并且反映生产专业化、协作化的状况，有利于社会化大生产的组织和管理，又要体现经济制度和经济体制的性质、产权关系、产权组织形式与企业组织形式，从而体现生产关系的性质，还要反映一国的文化特征。企业管理的物质基础是企业所容纳的物质生产力；企业管理的经济社会基础是企业的产权构成和企业生存的外部经济环境和社会环境；企业管理的精神基础和精神手段，是员工的文化素质和企业文化。企业文化是由一国的社会文化决定的。因而，还要研究一国的文化特色和文化类型，以及本企业的企业文化。因此可以说，现代化管理和一国文化的有效结合，就是企业管理的科学化。

（五）管理和文化相互渗透

在人类社会，管理是一种永恒的活动，它贯穿于社会生活的一切领域和过程。管理既是对人的管理，又是由人来管理。而人总是与文化密不可分，人既是文化的创造者，又是文化的载体。因此，不论是对人的管理还是由人来管理，都离不开文化，管理总是与文化渗透为一体。

四、从人本管理到人文管理的升华

知识经济时代，是人才经济的时代，文化管理已成为企业管理的灵魂，从根本上决定着管理的成败。因此，人本管理需要进一步升华为人文管理。人文管理是指不仅要以人为中心，而且要以德育人，以科学、文化武装人，要依据人的伦理道德、文化修养来调剂人际关系，培育人的灵魂，提高人的素质，发掘人的潜力，目标是促进人的自由全面发展。实行人文管理遵循的基本原则是：应顾及民族的文化传统的信念。不同的民族文化背景、不同的民族性格、对人性的不同认识将导致形成不同的管理模式和管理风格。只有透彻地了解人性，从而树立正确的管理理念，并根据这一理念去设计管理模式，才能最大限度地发挥人的创造力，取得最佳的社会经济效益。

人文管理的重心是文化管理，是通过文化来管理人。文化管理既包括继承和发扬中华优秀文化传统，学习借鉴西方优秀文化成果，又包括用科学理论和先进思想教育人；既包括以四项基本原则为中心的社会主义观念，又包括以利润最大化为目标的市场经济观念；既包括用先进的社会科学培育人，又包括用最新的自然科学技术武装人。人文管理注重建立有特色的企业文化，包括物质文化、制度文化和观念文化三个由浅入深、由表及里的构成部分。物质文化是浅层文化，是视之有形、闻之有声、触之有觉的形象文化。如厂容厂貌等可使人直观的企业形象；产品造型设计、包装装潢和优异性能等可使用户与消费者感觉的产品形象；职工待人接物、言谈话语、行为习惯、办事效率等可使人看到的工作作风等。制度文化是中层文化，主要体现在一系列规章制度、道德规范上。严格的规章制度、严明的劳动纪律、严肃的道德规范，不仅是现代化大生产的客观要求，是提高企业经济效益、迅速发展生产力的要求，也是塑造职工的优秀品质、培养优良厂风的要求。观念文化是深层文化，是渗透在企业员工心灵中的意识形态，其核心部分是支配和制约企业运行及员工行为的理想、信念、价值观。观念文化是企业文化的核心和灵魂，人文管理强调集体主义、团队精神。从科学管理到人本管理都是以个人理性主义为基础。而在社会化大生产条件下，社会分工的细化要求有高度的团队精神，日本及亚洲“四小龙”经济腾飞，无不得益于团队精神。特别是日本的年工序列制、终身雇佣制等，使员工与企业利益紧紧地捆在一起，一荣俱荣，一损俱损。因此，人文管理，要求企业组织的管理方法要从人的心理和行为特点入手，将企业组织人格化，培养企业组织的共同情感、共同价值、共同利益、共同目标。

第三节 企业文化、人文管理与人文指标

一、企业文化与精神文明、人文精神的关系

企业文化反映出企业的价值观、文化观，也是社会精神文明发展的必不可少的部分。人文性不仅是企业文化的特征，而且是企业文化中的重要组成部分。企业处在当今提倡物质文明与精神文明共进的时代，因此更应当重视企业精神文明建设。

（一）人文性是企业文化的基本特征和重要内容

企业文化是企业生产经营实践中形成的一种基本精神和凝聚力，是企业全体职工共同的价值观念和行为准则。它由三个层次构成：

表层为物质文化，包括厂容、厂貌、机器设备、产品造型、外观、质量等。

中间层为制度文化，包括领导体制、人际关系以及各项规章制度和法律等。

核心层为精神文化，它包括各种行为规范、价值观念、企业的群体意识、职工素质和优良传统等，是企业文化的核心。

良好的企业文化包含了以人为本的理念和价值观。企业的价值就在于关心人、培育人、满足人的物质的和精神的需要。对于要获得成功的企业来说，最有价值的因素不是物质，不是制度，而是人。因此，企业文化自始至终都体现以人为中心的人文特征。

（1）人文主义是欧洲中世纪反对神权统治、主张人性、个性解放的产物。它的基本要义是尊重人、重视人、关心人、人本主义。中国传统文化中有“人为万物之灵”、“天地之间人为贵”、“天时不如地利，地利不如人和”等以人为中心、以人为本的思想。人文性也是企业文化区别于西方传统管理理论的重要标志之一。在西方的科学管理领域中，自泰罗提出科学管理理论起，就一直主张以监督人和管制人的制度取胜，把人同机器同等对待；企业的目标也是重视物质指标，不重视人；产品第一、产量第二、利润第一成了企业管理的主旨。

20 世纪 70 年代企业文化理论，特别是富于东方人文主义色彩的企业文化开始流行起来。从企业内部来看，企业不应该是简单的制造产品、追求利润的机器，职工也不应是这架机器的附属；相反，企业应该成为企业员工们能够发挥聪明才智、建功立业、实现事业追求、和睦相处和舒畅生活的大家庭。从企业外部来看，企业与社会不再是简单

的商品交换关系，企业的生产与经营是为了满足社会发展的需要，是为了满足全社会成员的物质文化生活的需要。因此，企业为社会服务的价值高于利润的价值。从当代企业文化的发展潮流看，企业的人文性、服务性将日益成为企业文化发展的首要内容。

（2）人文性不仅是企业文化的基本特征，而且是企业文化的重要组成部分。我们现在所说的人文或者人文精神，显然是指人类文化中先进、科学、优秀、健康的部分；而且，其核心是指先进的价值观，其主要内容是指先进的规范。对于社会而言，尤其是体现为先进的法律和制度规范；对于社会成员而言，是体现为先进的道德和习惯规范；对于青少年而言，首先是体现在养成良好的习惯规范。从文艺复兴的历史来看，人文应该是重视人的文化。人文的核心是人，是以人为本，关心人，爱护人，尊重人。这就是人们常说的人类关怀、生命关怀。人权是天赋的，生来俱有，不可剥夺，也不可替代。承认人的价值，尊重人的个人利益，包括物质的利益和精神的利益。

（3）不同的人文概念表达相同的含义。人文情感，它是指人类善良、健康、积极的情感。其本质就是人区别于动物的基本情感。如果缺乏这些情感，就是人性出了问题。人文情感是人文精神的主要表现形式之一。正如孟子所言："无恻隐之心，非人也；无羞耻之心，非人也；无辞让之心，非人也；无是非之心，非人也。"人们所讲的爱心、同情心、正义感、公平意识、伦理观以及生态伦理观等，都是当今人类最基本的情感，也都是人文情感。

人文关怀。这就是怀着人文情感去关怀生命，关怀人，去待人处事，也就是人性化，以人为本。

人文精神。人文精神的主题是人，人文精神是一种自我超越，是追求崇高、崇尚真善美的精神；人文精神体现着人的操守、责任、道义与良心；人文精神就是关怀生命的精神，是向往自由、解放与幸福的精神；人文精神是关怀人、尊重人、关怀社会的精神。进一步讲，人文精神就是关怀全人类、关怀生态环境的精神；人文精神就是捍卫公平与正义、民主与和平的精神。总之，人文精神就是一个时代的社会主流文化的主体精神。

人文教育。这就是要使受教育者提高人文修养，学会如何做人，如何做事，如何审美，如何处理各种关系，如何确认价值，如何构建自己的精神家园。

从以上有关的对人文涉及的基本内容来看，其内容与企业文化中的企业理念、企业精神等阐述的内容是完全一致的，换句话说，人文内容是构成企业文化内容的重要部分。

（二）企业文化与社会主义精神文明

江泽民同志在党的十六大报告中关于文化建设的重要论述，使我们更清醒地认识到当今世界文化与经济和政治相互交融的现实，以及社会主义精神文明建设的重要性。社会主义精神文明是有中国特色社会主义社会的重要特征，是全面建设小康社会的重要目标，是中华民族发展壮大，实现伟大复兴的精神源泉。它与企业文化的关系主要体现在：

（1）社会主义的企业文化建设是社会主义精神文明建设的重要组成部分。企业文化是整个社会文化系统的一个有机的重要组成部分。企业是国民经济的细胞，是市场经济的主体，企业文化是市场经济当中的一种微观文化。作为以获取最大利润为目标的企业，搞企业文化建设就是为了保证企业的生产经营能顺利进行，为了保证企业能获取最大的经济效益；可以说，企业文化建设是企业物质文明建设的思想保证，为企业的物质文明建设提供精神动力。如果每个企业都致力于建设具有本企业特色的企业文化，那么，就会对整个社会的精神文明建设起到促进作用，进而推动社会主义物质文明的发展。

（2）企业文化建设目标和社会主义精神文明建设的目标是一致的。企业文化建设的目标就是通过人本化的管理来凝聚人心，鼓励职工艰苦创业，从而使企业在社会主义市场经济条件下立于不败之地；社会主义精神文明建设的目的是通过正确的教育和舆论引导，实现以社会风气、公共秩序、生活环境为主要标志的社会文明程度的显著提高。从表面上来看，两者的目的是有区别的，但就其实质而言，企业文化和社会主义精神文明建设都以培育人、增强队伍的凝聚力和培养人的创造力为主要目标。它们都有通过精神对物质的反作用推动企业发展的功能，都有助于提高职工的思想素质和道德水平，都在一定程度上与企业的生产经营相结合。从这个意义上讲，企业文化和社会主义精神文明建设的总目标又是一致的。

（3）社会主义的企业文化建设是社会主义精神文明建设在企业的具体实践和体现。以公有制为主体的现代企业制度是社会主义市场经济体制的基础，也是国有企业的改革方向。由于企业文化建设与社会主义精神文明建设的一致性，因而企业开展企业文化建设活动的过程，也就是开展社会主义精神文明建设的过程。

（4）社会主义的企业文化建设是社会主义精神文明建设在企业中推进和实施的一种有效的方式、方法和重要载体。企业作为社会的一个重要组成部分，相对于整个社会，它有一定的独立性，因而社会主义精神文明建设要在企业中落实，必须要有一个载体，否则，皮之不存，毛将焉附？正是由于有了企业文化建设这一重要载体，社会主义精神文明建设在企业中才得到了落实，并收到了较好的效果。

（5）企业文化是社会文化系统的一部分。作为社会文化系统的一部分，企业文化除了具有社会主义文化的共性外，还具有自己独特的个性；作为一种全新的管理思想，它的主要功能是经济功能，它的核心是隐藏在企业经营管理行为背后的一整套价值观念；作为一种经济文化，它主要由企业自主地运行，必须体现企业的个性。所以，不同的民族、不同的企业，就具有不同的企业文化。在经济发达国家中，几乎所有的大企业都根

据其自身所处的环境和战略目标的不同，形成各具特色的企业精神和文化。

综上所述，企业文化和社会主义精神文明是辩证统一的关系，两者“你中有我，我中有你”，相互渗透，相互促进。

（三）企业文化与企业精神文明建设的共性特征

核心层的企业文化被称为“企业精神”，如大庆油田的“三老四严”、“四个一样”等。企业文化与企业精神文明建设并存于企业的发展实践之中，有着相同或类似的特征，这主要体现在三个方面：

（1）主体上的重合性。企业文化的主体集中体现了企业精神文明建设的主体。企业文化是一种以人为本的企业发展经营战略。在企业管理中，不仅重视对物质的管理，而且更重视对人的管理，它着眼于建立一个企业成员遵从的企业价值标准、道德规范和行为准则，尊重人，关心人，以凝聚企业职工的力量来推动企业的发展。企业精神文明建设的主体也是企业全体职工，因此，必须坚持以人为本。企业文化和企业精神文明建设强调的都是人的因素，都落脚在一个“人”字上。

（2）内容上的统一性。企业文化内容的核心以企业共同价值观、企业精神为主体，还包括全体职工共同的奋斗目标和遵循的行为规范，以及物质形态的外在表现。它具体表现在企业的目标、精神、制度、物质四个方面。其目标是指企业产品在社会上的效应；其精神是指职工共同信守的信念、职业道德及其拥有的精神面貌；其制度是指对职工规范性的约束；其物质是指企业设施、产品质量及品牌组合的企业外在形象。企业精神文明建设的内容，就是要加强思想道德建设和科学文化素质建设。在思想道德方面，就是以正确的世界观、人生观、价值观为指导，以党的基本理论为思想基础，对广大职工进行思想理论、职业道德、社会公德、家庭美德教育，以形成共同的理想和精神支柱，建立起新型的社会关系、行为规范和生活方式。在科学文化方面，就是通过大力发展各项文化事业，开展各种文化活动，提高职工的科学文化素质。二者相互联系、相辅相成。只有将这二者有机结合起来，并不断加强其具体工作，才能培养出高素质的职工队伍。

（3）目的上的一致性。构建企业文化的目的，主要是通过企业价值观的树立、企业精神的培育、企业形象的塑造，使企业职工的整体思想意识、文化技能、道德观念等素质在企业运行中产生能动的效应。因此可以说，企业文化也是生产力。企业精神文明建设也就是要通过有效的途径和载体服务于经济建设，为经济建设提供思想保证、精神动力和智力支持，使具有时代特征的先进思想内化为职工的思想道德意志，并转化为持久不衰的工作热情，加快企业的发展。

二、企业文化与企业人文指标的相关性

是否有健全良好的企业文化对于企业的发展至关重要，如何衡量企业文化和企业文化中包含的人文性？这就需要建立相关的人文指标。

（一）企业文化为设计企业人文指标提供了丰富的信息资源

人文内容是企业文化内容的重要组成部分，换句话说，企业文化中包含了丰富的人文思想。例如，企业文化中关于人的价值观的观点、以人为本的观点、和谐互助宽容的观点、社会价值与个人价值关系的观点、理性的科学管理与人性的文化管理的观点、管理道德的观点等都包含着丰富的人文思想。企业人文指标的设计一定是源于丰富的企业人文内容之中，是从广泛的企业人文内容中概括和提炼出来的，否则，企业人文指标就是无源之水。而企业文化中包含着丰富的企业人文内容要素，因此可以说，企业文化为企业概括和提炼企业人文指标提供了丰富的信息资源。

（二）企业人文指标是对企业文化中人文内容的概括和提炼

不是全部的企业文化内容或者企业文化中的全部人文内容都可以被设计成为企业人文指标。企业人文指标，首先具有概括性的特点，企业通过对丰富多彩的大量的企业文化、人文内容进行去粗取精，去伪存真，由表及里，由此及彼的分析梳理，从中提炼和概括出人文指标；其次具有综合性特点，概括出来的企业人文指标是对多种相关企业人文信息的综合归纳，一项人文指标可能要涉及或涵盖多种人文现象；再次具有代表性特点，不是所有的人文内容哪个都可以拿来作为人文指标使用，企业把那些比较重要的，对相关人文内容具有一定影响作用的，具有一定代表性的人文内容概括和提炼为企业人文指标。

三、企业人文指标推动企业人文管理创新

真正优秀的企业人文精神存在于员工的内心，是一种心理感受，是无形的，行为只是一种外显。因此，要抓好企业人文管理，首先要了解企业人文素质。

（一）企业人文素质

企业员工的人文素质，不是天生的。“人之初，性本善”，这里的善是指无恶之意，并不是指善良，也不是指文明。人的人文素质，是后天教育和培养的，使之超越自我，

进入文明状态。现代企业员工，通过语言文化以及科学知识和科学精神、人生观和价值观、伦理道德、审美观点等方面的教育和培养，具有人生价值、思维能力、责任感和奉献精神、人际关系、识别能力、生活质量等现代人文素质的六种精神因素。具有现代人文素质的人，能力就会不断提高、更好定位和发挥作用，就会更好地适应环境、利用环境和改造环境，更重要的是，还会捕捉到机遇、把握住机遇和成为成功者。这就是为什么有的人能成功、有的人不能成功的重要原因。有的人不能成功，是因为他不了解现代人文素质的内涵，不懂得培养现代人文素质的重要性。

（二）企业人文管理

现代企业竞争，已由产品竞争、服务竞争，发展到文化竞争。产品竞争是企业“做得出”好产品之竞争；服务竞争是企业“做得到”好服务之竞争；文化竞争是企业在竞争中，从“做得出”、“做得到”发展到全方位、长时期“做得好”之竞争。这就是企业优秀文化的内涵，更说明企业人文管理的重要。企业人文管理，其核心是旨在塑造、协调人际关系，从而创造出极大的群体合力。它表现在各个方面，是逐步深入的过程，从精神文化、制度文化、行为文化到物质文化，由里及表有四个层次：最里面一层的是精神文化，是最核心的文化；往外一层的是制度文化，是最重要的文化；再往外一层的是行为文化，是最关键的文化；最外面一层的是物质文化，是最显现的文化。

企业逐步深入创建独具特色的优秀文化，即不断系统加强企业人文管理，企业就会从内到外形成日趋坚强的核心竞争力，在经营战略、价值观念、管理风格、团队精神、员工素质、沟通网络、工作氛围以及企业形象等各个方面产生效用，使企业在激烈竞争中取胜。企业领导要设法把对企业和员工的担忧，化为动力，而人文管理所闪耀着的人文关怀的光辉及其传递的感情动力是任何高压管理所不能及的，即使员工感到有些管理过于严厉，也能从人文关怀中体味到必要性，与公司共同努力，一起发展。

（三）企业人文管理创新

坚持企业人文管理创新，是企业大幅度发展和可持续发展的一条有效和高效的途径。企业人文管理创新，是在传统的管理即根据不同的管理对象选择不同的管理手段的基础上，强调集体的整合的放大功能，强调各种管理手段之间的相互协调和相互兼容，以便使管理对象有机地结合起来，达到优化效应。

现代社会市场竞争激烈，世界500强企业中，在排名位置上能坚持坐上10年的企业为数不多。海尔的张瑞敏说“我每天的心情都是如履薄冰，如临深渊”；微软的比尔·盖茨说“微软离破产永远只有18个月”；华为在2000年财务销售额达220亿元，利润以29亿元位居全国电子百强首位的时候，总裁任正非却大谈危机和失败，并发表影响深远的《华为的冬天》和《北国风光》等文章，指出公司繁荣的背后是萧条，春天就要想着冬天，警告员工，华为若连续遭遇两个冬天，还会平静、沉着应对、克服困难、期盼春天吗？华为就是通过公司与员工互动的这种极富感染力的人文管理创新，增强员工的亲和力，提高企业的凝聚力，有效消除企业内耗，快速持续地发展公司。

团队精神对于提高企业核心竞争力尤为重要。美国著名成人教育家戴尔·卡耐基有句名言“一个人的成功只有百分之十五是靠的专业知识，而百分之八十五是靠他待人处事的艺术”。

我国的孔子说“君子和而不同”，即有高素质的人待人处事要求和不求同，用谦和、和解达到和谐，并用平和的心态对待自己的短处，严格要求自己，敢于自以为非；而以诚信的理念、清醒的头脑，包容和理解别人。管子说“五音不同声而能调，五味不同物而能和”。人生下来就置身于错综复杂的矛盾之中，用“和”来解决矛盾是待人处事最高明的艺术，结果是为自己和企业架起了通向成功的桥梁。如孟子说“天时不如地利，地利不如人和”；而孔子说“君子怀德，小人怀土”，“君子喻于义，小人喻于利”，“君子坦荡荡，小人常戚戚”，“君子和而不同，小人同而不和”，我们要加强修养，实现人文素质的君子目标。

企业与员工有和谐共识，企业就会快速和持续发展。和谐的企业，就是企业发展中，大家用力方向一致，事业就能兴旺发达；和谐的企业，就是企业有矛盾，每个人要把矛盾调节到“可控”范围之内，并要积极去理解妥协，真正能做到“退一步海阔天空”，“个人胸怀有多大，成功事业有多大”，“团队精神发挥有多大，企业快速和持续发展有多大”。

企业人文环境，是指围绕着企业群体的活动空间和影响企业群体工作、生活、发展的社会和物质条件的综合体，它包括工作环境、物质条件、思维模式、行为方式和企业标准等因子。而人文生态环境是一定条件下各种环境因子作用的结果，只有认识、把握人文生态环境，才能生成和谐环境，促进企业发展。要把握人与环境的互动规律、物质与精神的转化规律以及不同层次员工的不同需求规律，并做好构建和谐文化的理念认识提高工作、创新管理制度工作、打造品牌经营工作、凝聚员工人心工作等多方面的工作。

（四）企业人文指标对企业人文管理的推进

企业人文指标体系从以人为本的角度去审视企业人文管理，因此可以衡量企业文化的方方面面，那么也能让企业找出自身文化的优势和弱点，并加以创新。

首先，企业文化是不断发展建设和创新的文化。企业文化要持续保持其强大生命力，就必须不断发展建设和创新。一方面，企业文化的不断发展建设和创新，也为企业发展提供文化保障。企业文化的不断发展建设和创新，改善了企业内部文化氛围和企业

外部文化形象，进一步增强了企业的凝聚力，为实现企业目标奠定了坚实的基础。另一方面，企业文化的不断发展建设和创新，也是企业文化自身发展的需要。企业文化通过不断的发展建设和创新，促进了企业文化功能的发挥，提高了企业文化的层次，吸收其他企业文化的积极成分，剔除原来的糟粕，弥补原来自身的局限与不足，成为推动经济发展和社会进步的强大动力机制。再一方面，企业文化的发展建设和创新，还要通过一定的企业文化评估检查工具来检查，以推进企业文化的不断发展建设和创新。而企业人文指标就是一种能推动企业文化不断发展建设和创新的有效工具。

其次，企业人文指标为企业文化的不断发展建设和创新提供推动力。企业人文指标（指反映企业文化发展建设情况的那类人文指标，下同）来源于企业文化发展建设的实践，反过来又为企业文化的发展建设实践服务，为企业文化建设水平的提升提供推动力。企业人文指标具有检查、评估、比较和激励等功能，这些功能的综合作用将为企业人文指标的不断发展建设和创新提供推动力。检查功能是以企业人文指标为衡量尺度，对企业文化的发展建设情况进行检验查看的功能。运用检查功能，可以知道企业文化建设工作中哪些落实了，落实的工作已经达到了什么标准，有什么创新，还存在什么问题等。评估功能是以企业人文指标为衡量尺度，通过运用科学的评估工具，对企业文化的发展建设情况进行评议估计的功能。运用评估功能，可以对企业文化建设的总体状况和水平有个基本的比较科学的评价，可以对企业文化建设工作做出全面的科学诊断，为企业文化发展建设的总结报告、制定发展建设规划提供依据。比较功能是以企业人文指标为衡量尺度，运用检查评估得到的数据和观点等信息，对企业文化的发展建设情况进行一定形式的对比的功能。运用比较功能，可以使企业发现，与先进企业相比，自己在企业文化建设上的优势、强项分别是什么，劣势、弱项又分别是什么，差距有多大，进而明确今后努力的方向。存在的差距就是挑战，看到了努力方向就是机遇，而挑战和机遇就会形成激励，产生加快发展和创新的推动力。

● 本章小结

亨利·福特曾发出这样的感叹：“我买的是一双手，为什么总是得到一个人呢？”作为大机器生产之典型的福特主义装配线生产，需要的是像机器上的齿轮一样转动的工人按严格的规范操作，而人类的易变性会影响到这种装配线的规则性和标准化，从而影响生产率和质量。人的行为的标准就是机器运行的标准，与标准化相对立的创造性和个人色彩不仅不是优点，而且是必须通过泰勒式训练加以去除的。借用福特的话来说，就是把“一个人”训练为“一双手”。随着人类社会的发展和进步，先进的机器不断出现用以代替人的劳力。福特所希望得到的“一双手”已不是问题。然而，“一个人”的作用却日显重要。再先进的机器也无法替代人类。人类在不断的发明创造中提高和完善自己，不断地应对新的挑战，攀上新的高峰。人是人类社会中的主宰是不容置疑的。那么，人在由人力、机器设备、资金等资源组成的各种组织中是否也同样拥有不可替代的重要作用呢？日本经济在“二战”后的迅速发展、海外华人企业在各种并不顺利的环境中的生存与发展以及近几年来具备强大创新能力的公司在竞争中的霸主地位都告诉我们，人是第一生产力。那么，在管理中，如何真正使人的重要性得以体现和发挥，真正成为人力资本而非成本，是各类组织管理层都在思考的问题。自从美国人泰勒创立科学管理以来，管理理论与实践走过了一条漫长的探索之路。近年来，“人本管理”或“以人为本”出现在有关管理文章、会议中的频率越来越高，管理者们也纷纷使用这一术语。究竟什么是“人本管理”？“人本管理”是否就如有些人认为的是重视人、关心人？纵观历史，人本思想的研究与实践并不少。尤其是近年来，西方不少管理学者致力于人本思想的研究，进而又有学者在进行“人文管理”的研究。那么“人本管理”和“人文管理”之间的区别在哪里？大多数的西方管理学者，包括许多中国管理学者都认为西方才是管理文化的中心，忽视对东方管理文化的研究，而长期以来，西方管理理论界虽然提出了人本管理的概念，却没有进行系统深入的研究，因而“人本管理”仍然是一个口号、一个概念，深受工业化时代机器生产方式的影响和束缚，管理的思路、模式始终未能跳出将人放在被动地位来考虑的框框。所以，尽管各种管理方法层出不穷，但很少能给管理带来质的飞跃。

人本管理和人文管理都是人本位在企业文化、企业管理中的重要体现。那么要将以人为本植根于企业文化，就需要正确地理解人本管理和人文管理。正确理解“以人为本”，必须做到以下六点：

(1) 依靠人——全新的管理理念。改变片面追求产值和利润，忽视创造产值、创造财富和使用产品的人的旧观念。决定一个企业发展能力的是拥有知识、智慧、才能和技巧的员工。人是社会经济活动的主体，是一切资源中最重要的资源。归根到底，一切经济行为，都是由人来进行的；人没有活力，企业就没有活力和竞争力。必须树立依靠人的经营理念，通过全体成员的共同努力，去创造组织的辉煌业绩。

(2) 开发人的潜能——管理的新任务。生命有限，智慧无穷，人都潜藏着大量的才智和能力。管理的任务在于如何最大限度地调动人们的积极性，释放其潜藏的能量，让人们以极大的热情和创造力投身于事业之中。

(3) 尊重每一个人——企业最高的经营宗旨。无论是领导人，还是普通员工，都是具有独立人格的人，都有做人的尊严和做人的应有权利。无论是东方或是西方，都把人的尊严看得比生命更重要。一个有尊严的人，他会对自己有严格的要求，当他的工作被充分肯定和尊重时，他会尽最大努力去完成自己应尽的责任。现代企业，不仅要尊重每一名员工，更要尊重每一位消费者。一个企业的生存与发展很大程度上取决于其产品是

否被消费者所接受，所以应当尽一切努力，使消费者满意并感到自己是真正的上帝。

（4）塑造高素质的员工队伍——组织成功的基础。一支训练有素的员工队伍，对企业至关重要，应把培育人、不断提高员工的整体素质，作为企业经常性的任务。随着技术生命周期不断缩短、知识更新速度不断加快，每个人、每个组织都必须不断学习，以适应环境的变化并重新塑造自己。提高员工素质，也就是提高企业的生命力。

（5）凝聚人的合力——组织有效运营的重要保证。组织本身是一个生命体，组织中的每一成员不过是这个有机生命体中的一分子，所以，管理不仅要研究每一成员的积极性、创造力和素质，还要研究整个组织的凝聚力与向心力，形成整体的强大合力。一个有竞争力的现代企业，就应当是齐心合力、配合默契、协同作战的团队。

（6）重视人的全面发展——管理的终极目标。人文管理必将为人的自由和全面发展创造出广阔的空间。人的自由而全面的发展，是人类社会进步的标志，是社会经济发展的最高目标，从而也是管理所要达到的终极目标。

● 思考题

1. 人本管理与人文管理之间的联系与区别是什么？
2. 人本管理有几大原则？
3. 企业人文指标有几大层次？
4. 企业人文指标体系如何推动企业管理创新？

● 本章案例——海尔与安然

西方学者说，经济现象和伦理文化是同一因果链的两个侧面，经济现象的背后是文化力。那也就是说，一个企业的成功，必然有良好的企业文化做支撑；而一个企业的失败，也和它的企业文化有着直接或者间接的关联。然而，对于企业文化的优良度的判定，人文精神则是很重要的指标。下面我们将以海尔和安然为例来正反论述企业的成败与其文化理念之间的关联。

一、正面案例——海尔的文化战略

海尔集团（以下简称海尔）公司成立于1984年，20世纪90年代以来，海尔的名字在企业界越来越响亮，16年前，一个只有800人、亏损147万元的集体企业，在一种神奇力量的支配下，竟然成为全国500强中名列30位、销售收入162亿元、利润4.3亿元、品牌价值118亿元的特大型企业（1996年国家计委颁）。这种神奇的力量究竟来自哪里？可能谁都说不清楚，但是，1995年7月，海尔兼并了青岛红星电器股份有限公司，正式进入洗衣机市场，同年12月，海尔又出资收购了武汉西岛实业股份有限公司60%的股权，成立了武汉海尔电器股份有限公司。这是海尔以收购兼并方式首次进行的跨地区经营。海尔的成长和发展从来是采取“企业文化先行”战略的。他们首先向新企业派主要领导，依靠注入海尔文化理念和OEC管理来给企业激发活力。张瑞敏认为，用无形资产来盘活有形资产是通过人来实现的。只有先盘活人，才能盘活资产，而盘活人的关键是文化先行，文化力先行，用文化力去盘活有形资产。这是海尔成长壮大的最根本的文化战略。

（一）海尔的文化战略大系统

美国管理大师德鲁克有一句名言：“创新就是创造一种资源”，为了实现这种创新，海尔首先制定了文化战略的大系统和实施这个大系统的三个子系统（见图2-1）：

第一个子系统是：企业内部系统。用海尔的核心文化最大限度地调动全体员工的积极性，不断提高产品的质量。

第二个子系统是：企业外部系统。用海尔的营销文化最大限度地满足用户的需要，不断扩大市场份额。

第三个子系统是：企业快速反应系统。用海尔的战略理念，紧紧关注并跟上国家宏观调控政策，及时抓住机遇发展企业规模。

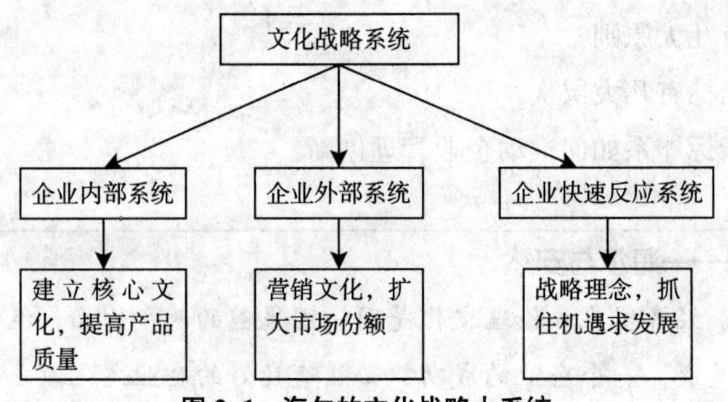

图2-1 海尔的文化战略大系统

（二）个人生涯计划与海尔事业规划的统一

为了实现海尔上述这个大系统的战略目标，公司提出了将个人生涯计划和海尔事业规划相统一的企业价值观，这个价值观的核心思想就是：人的价值高于物的价值；共同价值高于个体价值；共同协作的价值高于独立单干的价值；社会价值高于利润的价值。在企业价值观的定位上，海尔从单向度的企业精神向作为价值体系的企业远景和共同视野转化。

张瑞敏认为，海尔要实现企业的总体目标，首先要实现个人生涯计划与海尔事业规划的统一。要调动全体员工的积极性，不断提高产品的质量，首先要解决共同价值与个体价值的关系问题。企业的基础是个人，没有个人能力的发挥，没有了解个人能力是怎样发挥作用的，企业就不能成为一个有机体，也就不可能形成企业活力。企业

的所有问题都在于人，而每个人都有自己的意愿，企业文化就要研究人，研究人的意愿、人的心智、人的思考方式。如果员工本身没有被充分激励去向目标挑战，当然不会有企业的成长。所谓团队精神、团队文化，就是要充分兼顾职工个人的利益、个人的人生目标、个人的爱好和志向，充分调动每个员工的积极性，激励他们为企业的共同事业规划贡献力量。海尔在进行团队文化教育时，还特别强调共同价值是个体价值得以实现的根本保证，因为，一个基于个人利益增进而缺乏合作价值观的企业在文化意义上是没有吸引力的，这样的企业在经济上也是缺乏效率的，以各种形式出现的狭隘的个人利益的增进，不会对我们的企业和社会带来好处。这就是海尔文化的核心。

（三）海尔实施的品牌文化战略

张瑞敏认为，当今世界是一个品牌竞争的时代，企业要长寿，必须创出自己的名牌。名牌是企业生命的牌子。海尔的品牌文化包括五个观念意识：

（1）质量意识——有缺陷的产品就等于废品。

20 世纪 80 年代初期，中国不少企业将产品分为一等品、二等品、三等品和等外品。而且这些产品最终都让它出厂。但是，海尔认为，如果让有缺陷的产品出厂，这个产品就不可能有竞争力，而且也是对用户不负责任。闻名全国的海尔“砸不合格冰箱”事件，使所有海尔人认识到：只要是带有缺陷的产品，就不让它出厂，从而确立了海尔的质量意识和品质意识，并把这种质量意识上升为海尔人的敬业报国、追求卓越的企业精神。

为了加强全体员工的质量意识，公司创办了《市场快报》，开办宣传专栏，积极鼓励海尔员工向《海尔人》投稿，利用该报对员工进行质量意识和企业文化的宣传。公司多次邀请本部培训学校的老师讲授海尔企业文化、海尔的发展历程。公司管理人员利用各种会议、每周一次的恳谈会与大家促膝谈心，发现问题及时解决。公司对产品进行质量改进，项目达 170 个，根据 ISO9001 标准的要求，建立完善了公司的质量保证体系，使产品质量得到有效的控制，在建立完善 ISO9001 标准规定的 20 个要素的程序文件的同时，又制定了企业文化、财务管理、劳动管理等 21 个要素的程序文件。

（2）市场意识——品牌无国界。

优质产品不等于品牌产品。要创名牌产品，不仅要盯住企业内部，更要盯在市场上，向消费者提供比竞争对手更令人满意的产品，否则，消费者就不会购买你的产品，那么你的企业就必然要走向失败。

在市场销售中，不少企业有“淡旺季”论，由于存在这种思想，好多企业总是消极等待旺季的到来，但海尔认为，淡旺季是相对的，如果认为目前是淡季，就认为产品销售不畅是正常的无需动脑筋，所有的人都这样思考问题，那么产品自然就积压。海尔针对这一思想，提出“只有淡季思想，没有淡季市场”的口号，越是淡季越应做好工作，越是淡季越能收到效果。只要开发出淡季可以销售的产品，就可以创造出一个没有淡季的市场。

1995 年以前，海尔也认为，6~9 月是洗衣机市场销售的淡季，不必做任何努力，所有销售人员都放 3 个月假，但 1995 年 7 月后，海尔市场部分析认为，夏季洗衣机不好销主要是因为现有 5 公斤的洗衣机容量太大，使用起来费水费电，不如手洗方便。为此，海尔技术人员开发研制了 1.5 公斤的“小小神童”洗衣机，产品出来后，先到天气炎热的上海销售，市场空前火爆，消费者排队购买。此后，研制了“小小神童”的第六代产品，一直销售得很好，几条生产线都供不应求，产销量已突破 100 万台，并且大批出口日本、韩国和印度等国。

(3) 用户意识——用户永远是对的。

在海尔的服务理念中，“用户的难题就是我们的课题”、“为你设计，让你满意”、“用户永远是对的”已渗透到每一个员工的内心。海尔发现，四川农民用洗衣机洗地瓜时洗衣机的水管常常被堵住，于是立即从技术上加以改进，很快推出了可以洗地瓜的“洗地瓜机”，此后，还为公共食堂开发了削土豆皮的“洗衣机”、为青海和西藏地区人民开发了打酥油茶的“洗衣机”，适应了用户的需求，受到用户的普遍欢迎，市场份额迅速扩大。海尔认为，真正为用户着想，开发生产出满足用户需求的产品，才能真正赢得市场，走在竞争对手的前面。

面对市场的供大于求，海尔提出，只有疲软的产品，没有疲软的市场，用户很多潜在需求并没有得到满足，市场疲软是因为产品疲软所致，所以，不能坐等市场复苏，而应该不断开发出满足用户多种需求的产品来保持市场的供销两旺。

海尔在前些年引进意大利梅洛尼公司的滚筒洗衣机，很快推出了中国第一代洗涤、脱水、烘干三合一滚筒洗衣机玛格丽特。当时，海尔认为，这个产品非常完美，消费者肯定满意。但投放市场后，消费者有好多意见，有的想要滚筒但不想带烘干；有的希望洗衣机体积再小一些；有的希望洗衣机上面加盖，放取衣服更方便些。针对消费者的这些需求，海尔强化了技术开发，在一年内就开发了 19 种型号的滚筒洗衣机，推向市场后，各个层次的消费者都很高兴，销售十分红火。

(4) 品牌意识——先卖信誉后卖产品。

一般企业的发展过程可分为三个阶段：产品运营、资本运营和品牌运营，海尔认为，处于资本运营向品牌运营发展的过程中，必须导入“先卖信誉后卖产品”的理念，树立品牌的美誉度。

海尔认为，市场美誉度并不是市场知名度。产品有三个层次：第一是知名度，只要花钱就能够打开知名度。第二是信誉度，说到要保修三年，就要做到保修三年，这就是信誉度。第三是美誉度，这是最重要的，就是要做到有口皆碑，能满足用户的潜在需求。做到这三点，才是真正的名牌。

海尔创名牌的思路与其他企业不同，海尔的目标不是创汇，而是首先创国际名牌。用一个名牌带出一个名牌群，合力冲击世界名牌。海尔认为，一个企业如果不把创国际名牌作为出口的目标，仅仅是卖货，没有名牌意识，货就越来越卖不动。因此，海尔制定了“先难后易”的品牌战略，即先出口到发达国家和地区，创出声誉和品牌，然后再以高屋建瓴之势进入发展中国家和地区。“先难后易”就是“在发达国家创牌子，在发展中国家扩牌子”。发达国家关税低，就采取出口整机的方式，发展中国家劳动力低廉，就采取当地建厂的方式，这样，就摆脱了价格竞争，进入了品牌竞争。对美国、德国、日本等发达国家的出口，不仅锻炼和提高了企业各方面的素质，而且也产生了良好的示范作用，许多发展中国家客户纷纷找上门来，争取海尔产品的经销权。目前，海尔已在128个国家注册商标590件，通过海外49家经销商建立了11308个零售网点，从而使海尔的各类家电产品进入了广阔的世界市场。

(5) 服务意识——星级服务。

市场已告别短缺经济的时代，面对供大于求的市场，服务质量的好坏就成为拥有顾客的重要因素，海尔不仅把服务看成是产品的一个组成部分进行综合研究，而且树立起服务名牌和产品名牌同样重要的观念。目前，海尔已建立了与国际接轨的星级一条龙服务，即售前—售中—售后—回访—开发—制造，以把“用户的烦恼减少到零”为服务目标。

(四) 海尔的可持续发展理念

海尔的发展证明，企业要实现年复一年的持续增长，最根本的是要确立一种至上的文化理念，这种文化理念就是企业的可持续发展。麦肯锡公司的咨询专家通过对全球增长最快的30家公司的跟踪调查，完成了一项企业增长的科研项目，该项研究成果指出，企业可持续发展的秘诀在于要同时考虑企业三个层面的发展机遇：第一层面：发展和保有核心业务；第二层面：建立新业务；第三层面：选择企业更长远发展的新生业务。而且这三个层面的活动必须同时并举。

麦肯锡的咨询专家戴维·怀特指出，传统企业就像一棵树，播下种子，长出幼苗，直至长成参天大树，而后便难逃渐渐衰老死去的命运。而那些持续增长的企业却像森林，虽然每年都有一些业务像老树一样被放弃，但总有更多的业务像幼苗一样成长起来，成为企业新的支柱。他说，理想的状态是，企业在第一层面的核心业务上发展很好，有足够的资金支持第二、三层面的发展，但这并不是说，只有核心业务做得很好了才能发展第二、三层面。海尔企业的发展就是充分兼顾到了这三个层面的业务，直到目前为止，海尔冰箱占据着国内第一把交椅，这项核心业务的业绩为海尔集团在第二层面的发展奠定了基础——相继开发了空调、洗衣机等家电市场，而且这些产品已逐渐加入到海尔的核心业务中来。在第三层面上，海尔通过收购一家生物制药厂开发生物制药技术，则是出于对未来市场的预测和长远战略，为企业的增长埋下的一颗"种子"。

二、反面案例——安然破产

鼎鼎有名的美国安然公司，在全球拥有3000多家子公司、名列《财富》杂志"美国300强"的第七名，掌控着美国20%的电能和天然气交易，被誉为"华尔街宠儿"。然而，安然轰然崩塌无疑将成为破产案中的典型案例。

（一）安然破产的原因分析——战略决策的失误

安然公司破产的原因是多方面的，但其中最重要的原因应该就是企业的战略决策出了问题，而战略决策上的失误是致命的。

（1）方向性失误。

无视决策风险是当年如日中天的安然决策者们犯下的根本错误。当年的安然公司，应该是世界上所有公司学习和羡慕的对象，正所谓达到了企业发展的"自由极限"，人才、资金、科技、社会环境……安然几乎可以呼风唤雨，正是抱着"试看天下谁能敌?"的心态，让管理者们沉浸在过度自信之中，从而胆敢无视决策的风险。在决策者看来，根本不用担心决策的失误，所有决策都必将成功，决策于是成了"只需要在各种到达罗马的路途中选择最近的一条"，如此简单。

近年来"知识经济"的号角让许许多多的科技公司飞一样地发展，所有关于企业发展的规律和教条都被冠以"传统"和"保守"的高帽，安然的决策者也不甘心传统的石油天然气行业，于是急功近利挺进到知识经济网络科技的最前沿。"高速电信网络业务是运用复杂而先进的网际网络线上的交易平台，实现实时获取市场信息，加上具备避险功能的财务机制的支撑。"这一模式虽然至今还得到了业界的充分肯定，但对安然来说，已经没有任何意义。大多数的专家同意：安然破产最重要的一个原因在于公司盲目放弃了自己的主营业务，而转向了电子交易等新领域，导致公司失控。犹如荞麦农场种苹果，苹果虽然熟了，荞麦农场已经垮了。安然的错误是无药可治的，只有倒闭破产这一条路。

（2）轻视举债风险。

市场是无时无刻不在变化着的，要求企业适应市场需求，最好是适当超前地抢占

市场，安然失败的结果当然不是它没有考虑到决策风险，美国企业战略投资者的风险研究是世界一流的。安然更是以“规避金融风险”为著称——这是它的主要创新业务。

也许正是这种规避风险的“专家企业”才可能犯这样的错误——骄傲自大，轻视举债风险，特别是轻视企业外部宏观经济环境变迁带来的风险，它对美国社会经济大气候变劣显然没有做充分估计。安然和环球电讯算是豪赌“科技未来”的典型。稍懂金融资本的人都知道，在市场上，负债经营是正常的，债权人把资产的使用权对债务人在一段时间内作有条件让渡，原因是对债务人的经营有好的预期。一旦债权人对企业发展前景或经营状况失去信心，将会引起多米诺骨牌式的资金链中断。所以在美国经济一帆风顺的时候，安然是华尔街股市的宠儿，即便有不正常的举债，也不会受到人们的怀疑，而随着美国总体经济趋于衰退，市场需求降低时，债权人的金融风险就凸显了，许多以前可以不被重视的风险开始放大，安然也就难以维持原有的财务状况，更无法“创新”更高明的衍生工具取信于人。所以只好宣布四年以来的首次季度亏损，亏损额高达 6738 亿美元。1997 年以来虚报近 6 亿美元的盈余谎言也自然无法再遮掩下去。根据安然最新公布的资产 490 亿美元和负债 312 亿美元，直接导致融资给“安然”做期货交易的银行面临大量坏账的财务危机，于是谁也挽救不了安然，只有破产才能把剩余的财产保全。

(3) 企业文化的迷失。

办一个企业究竟是为什么？塑造怎样的企业文化和价值观？这直接影响着决策者的战略管理。如果说企业文化管理是企业战略管理的最终决定形式，那么安然的决策层显然是鄙视了企业文化管理的合理性。

在谈到安然公司破产问题时，通用的前任总裁韦尔奇就点出安然对企业文化的鄙夷：“通用过去与安然有很多合作，安然是第一流的石油天然气供应商，但是安然后来转向了贸易，对这一领域他们完全不熟悉，而且雇用新的人员，改变了自己的企业文化。”

这种鄙夷企业文化的后果是，安然的高层管理者把做实业时的理念及“专注战略”完全转移，狂妄而草率地过渡到了金融投资的所谓创新事业。1997 年安然的业务扩大到天然气衍生金融产品的交易，2000 年“商品交易”占安然销售的近 90%，这些合约形式包括利率掉期、金融衍生物和其他复杂的金融商品。然而这种所谓的“创新”就在于：传统的会计制度很难对这些新的合约收益加以确认。这就是“安然陷阱”。毫无疑问，杰夫·斯基林进入安然已经把安然的企业价值观扭转了，特别是 1997 年，年仅 36 岁的安迪·法斯托被任命为安然 CEO 后，开始了市场需求有限的情况下新一轮的“超常规”扩张，这时的安然已经从一家大型的能源公司，沦为一家从事能源衍生交易的“对冲基金”。

新的企业文化和传统行业的企业文化格格不入，在不同企业文化的冲突下安然只能是二者取其一，于是就出现了如下结果：“未能披露其宽频服务业务的需求下降，而且由于许多参与者缺乏信誉，其创建宽频交易市场的努力没有成功”；“未能及时冲销由其首席财务长管理的某有限合伙公司进行投资的价值，从而事实上虚报了其营运收益报告”和“未能根据美国会计法则冲销受损资产”。狂妄的企业决策者鄙视企业文化的继承与延续规律，正是安然战略管理中最不可能“安然”的因素。

(二) 安然引发的反思

(1) 安然反映美国审计制度的危机。

安然案显示出美国会计审计制度的严重危机。安然的四大手法是：

第一，暗箱作业，将债务、坏账转移到分支公司。有传媒指出，安然手法是一种“会计的捏造”。美国《商业周刊》认为，“安然将财务的责任从账面载体上消除，创造性地做账，防范任何方面的人士（中下层职员、政府部门、股民，等等）发现他们的外强中干、外荣内枯的真实情况，已经达到了登峰造极的地步。”

第二，安然利用财经审计的巨大漏洞，进行秘密交易以及“圈内人交易”。《商业周刊》指出律师、投资银行、会计师们可能捞取了3亿美元，《纽约时报》则指为11亿美元。

第三，利用商业限制的取消，利用政治力量。美国10年来商业限制的取消，既促进自由经济的发展，也造成令安然公司有机可乘的大量空间。安然利用与美国政界的良好关系，“重写美国政府的能源政策条文”，使能源政策对自己倾斜，获得大量利益。

第四，不断制造商业景气的报道，误导股民及公众视听，在安然宣布破产前几个月，安然已将内里掏空，但是对外宣传仍然是莺歌燕舞，一片繁荣。

(2) 安然引发对美国经济全球效益的反思。

美国跨国经济效益与影响不仅促进和推动世界经济增长和国际金融的活力，而且也刺激和扩展了美国自身经济的持续繁荣和景气。经济全球化的收益通过跨国效益明显得以体现。但是，由于美国经济主导性的强化和全球对美国经贸依赖程度的加深，2000年下半年开始的美国经济急速减速使世界经济受到明显的冲击，经济增长预期逐渐向下调整，反之进一步连带和危及美国经济调整，外围国际环境的恶化使美国经济前景处于更为艰难阶段，国际联系的密切加大美国经济调整的压力。从美国经济发展的跨国效益角度分析，比较突出地体现在美国跨国公司的数量与效益、美国银行业的数量与规模以及国际金融危机中美国的作用与影响。从全球角度看，全球化跨国效益

使1000家国际大企业的资本达到世界总产值的42%以上，而全球首100家最大的跨国公司控制了世界贸易的70%，美国跨国公司数量与规模影响则更为突出。全球500家最大的跨国公司中，美国拥有1/3的数量。美国企业的发展推动经济的增长，经济的增长得益于企业的效益。美国企业的基本发展趋势表现为：垄断性大企业的经济实力和规模效益不断扩大，同时小企业也在进取中迅速发展，企业双向的发展趋势推动美国经济持续快速增长，并对股市形成支持。而大型企业的破产无疑对不景气的美国经济是一个极为负面的因素。

(3) 安然对美国股市的影响。

就在安然公司破产的同时，美联储官员开始发表言论，谈论股市对美国经济的影响，这种巧合既是美国经济政策驾驭的反应，也是美国股市波动的预防。美国股市的走向是美联储评估美国经济状况的一个因素，尤其在评估美国经济状况时，美联储通常会把股票市场考虑在内，但没有给股市设置价格目标，股市和其他因素在经济分析中发挥同样重要的作用。美联储官员为此指出，虽然他们希望股票价格稳定，从而为商业投资营造更好的环境，但美联储并不主张操纵股票市场来实现既定目标。美联储官员反复强调，他们不会给股市设置价格目标，但同时又反复强调股市对消费者支出的重要性，股市近几年的走势强劲，且对经济有重大影响。尤其是美国财富与可支配收入的比率已从2000年初的高点下滑，但仍略高于历史水平，股票指数已从2000年初的高点跌去了近1/3，人们的财富相应地减少了6万亿美元左右。1999年中期美联储升息并不是要给股市降温，而是想使总需求和总供给能达到更高水平的平衡。因此，近期安然公司的状况将直接冲击和影响美国股市的稳定走向。

(三) 如何防范安然案

对于如何防范安然以及其他上市公司的类似弊案的问题，美国《商业周刊》提出八大措施：①重新审视、恢复必要商业限制的强硬措施；②重新强化政治捐款改革；③焕发业者的商业与职业道德；④再度审查政府的能源政策；⑤禁止审计公司同时担任商业顾问；⑥对审计者进行制度性的轮换；⑦改革审计委员会；⑧重新修改政府对企业的会计账务规定。

但是仅仅从制度上控制也仅仅是在规则上有重新的修补，不论规则如何修补，都有可以找出破绽的地方，如果要从根本上解决此类问题，则需要提倡人文主义精神在企业文化中的发扬。有了健全的文化，企业在制定战略决策时就有了根本的准则，在欲达到目的时也会采用正确的手段和做法。

三、点评

（一）企业需要建立明确的价值观以维持企业的可持续发展

企业要达到年复一年的持续增长，确立企业价值观是最根本的动力，这种价值观包括摆正人与物、个人与整体、企业与社会、生产与赢利、销售与服务等各种关系，以维持企业的可持续发展。在企业哲学、企业精神、企业伦理、企业使命、企业宗旨、企业座右铭、企业愿景中都要体现这种理念。哈佛商学院副院长派博教授认为，企业伦理、领导和企业责任是管理学院最重要的使命；伦理及企业责任必须是企业性管理学院的教育重心；不论是教育者或学生，都必须在自己所选择的事业中注入一种使命感，这种使命感源于对员工、消费者、供应商与社区的责任；必须强调诚实、尊重、信任、公正的价值观（派博，1997）。有人把世界范围内的企业管理文化观归结为三个层次，即科学管理、质量管理、全面质量管理，对应的管理理论有X理论，Y理论和Z理论，其中作为现代管理理论的Z理论与东方的“人文管理文化”理念有天然的亲和力，它们都强调人力资本开发和以人为中心，其中的精髓就是摆正人与物、个人与整体、企业与社会、生产与赢利、销售与服务等各种关系，以维系企业与整个社会的可持续发展。而维系企业和社会可持续发展的途径就在于确立正确的价值观。海尔的“卖信誉，而不是卖产品”、“先造人，后造产品”正是体现了这种价值观。

（二）企业要达到年复一年的持续增长，还要确立可持续发展的理念

近年来，很多企业习惯于把自己经营业绩的停滞不前甚至萎缩归结为宏观经济的不景气。如何在不景气的环境中保持增长？这需要一种内在的文化力的支持，通过这个持之以恒的文化力，激发出企业的三种学习能力：一是学习主导市场的能力。康柏公司在20世纪90年代后面对销售额下降、成本结构过高的困境，毅然开发新市场，从1991年到1996年，推出低价商用PC机、消费者PC机、文件与打印服务器等一系列新产品，加之大规模地削减成本，终于赢回了以前的利润率。二是学习快速应变的能力。企业应当利用行业不景气的现实加速企业内外部结构调整，如并购、转让等，加速开拓和发展新的业务，尽快找到新的增长点。通用电器金融服务公司创建于经济萧条时期的1943年，当时主要是为通用电器公司消费品和工业品的销售与批发提供融资服务。到1997年，公司收益达393亿美元，资产总额达2554亿美元，这是通用电器集团总收益的44%，总资产额的84%，其增长的关键就是快速应变。三是学习关注未来发展方向的能力。企业的经营者必须学会至少用一半的时间和精力去关注企业未来的发展，不仅要勇于主导市场，必要时还要有所不为。1992年以前，芬兰诺基亚公司在电子行业内多头出击，致使公司面临全面的业绩不佳及亏损。1992年开始，诺基亚重新将公司重点确定为发展电信业，终成为当今世界领先的数字化手机和

无线通信设备开发商。海尔把自己的视野放到这些国际大公司的运作上，学习他人之所长，进行长远的战略设计，在努力开发国际市场的大前提下，学习主导市场的能力，学习快速应变的能力，学习关注未来发展方向的能力，正是实施了上述战略，使海尔在中国企业界脱颖而出，成为佼佼者。

（三）企业的决策伦理

海尔文化战略的成功和安然的战略的失败，从企业经营战略上来看是一种决策伦理。在西方称为DMEV（Decision Morals Education Value），即决策伦理学，其内容主要包括：现代企业责任（责任的广度、运作权限、权衡角度）；在个人和组织效率的前提下伦理价值的中心；忽视企业伦理的危害及影响；融合伦理价值进行企业决策；衡量经济与非经济结果的企业策略与实施方案；尊重法律并了解其限制。通过了解上述内容，着重培养学生、管理者的决策伦理能力及信任、尊重、诚实、公正判断的素质。

四、思考题

1. 海尔企业文化的核心是什么？为什么说把个人生涯和企业成长有机地结合起来，是海尔文化的精髓？

2. 你怎么看海尔的品牌文化？它对海尔的发展起到了什么作用？

3. 如何认识企业的可持续发展？怎样才能维持企业和整个社会的可持续发展？企业价值观对企业可持续发展有何意义？

● 参考书目

1. Michael Well, Creating A Culture of Compentence Cropyright by John Wiley& Sons. Inc.

2. On Ethics and Economic, Blackwell Publishers Ltd., Amartya Sen, 1990.

3. Hayek, New Studies in Philosophy, Politics, Economics and the History of Ideas, Routledge & Kegan Paul, 1978.

4. Hayek, Law, Legislation and Liberty: The Political Order of a Free People（Ⅲ）, Routledge & Kegan Paul, 1979.

5. F. Machlup, ed., Essays on Hayek, London and New York: Routledge, 1977.

6. S. Kresge and L. Wenar, ed., Hayek on Hayek: An Autobiographical Dialogue, London and New York: Routledge, 1994.

7. A. Seldon, Agenda for a Free Society: Essays on Hayek's the Constitution of Liberty, Hutchinson, 1961.

8. E. Streissler, et al., ed., Roads to Freedom: Essays in Honour of F. A. Hayek, London: Routledge, 1969.

9. 杨志、杨慧声等：《人本管理》，石油大学出版社，1999 年版。

10. 席勒：《人本主义研究》，上海人民出版社，1986 年版。

11. 兰邦华：《人本管理：以人为本的管理艺术》，广东经济出版社，2000 年版。

12. 张今声：《日本企业的人本管理》，辽宁大学出版社，1999 年版。

13. 陆沪根：《现代人事心理学》，华东师范大学出版社，1997 年版。

14. 庄强、王功民：《以人为本——如何激励下属和员工》，企业管理出版社，1997 年版。

15. 彭运石：《走向生命的巅峰——马斯洛人本心理学》，湖北教育出版社，1999 年版。

● **推荐读物**

1. 刘光明：《新商业伦理学》，经济管理出版社，2008 年版。

2. 刘光明：《诚信：企业品格的力量》，经济管理出版社，2006 年版。

第三章　企业文化测量与人文指标体系

第一节　企业文化的测量

一、企业文化测量的概念

企业文化是一个动态的概念。在企业文化管理过程中，首先要对现有的企业文化进行定期的诊断、评价和测量，使之量化，从而准确呈现现有企业文化的特征，比较现实与期望的差异，比较本企业与全行业的差异，衡量企业文化创新、变革的方向与企业长期发展战略的适应性。测量、评价、再测量、再评价，对于制定企业文化建设的战略与策略起着重要的作用。

好的企业文化诊断评估方法会对公司文化做出实证性的回答，而不是仅仅基于某个领导或执行人的个人主观意志。

关于企业文化的诊断与评估基本上可以分为两种类型：一类是软的，收集定性方面的信息和材料；另一类是硬的，做定量方面的数据收集和分析。但是，有关企业文化的硬性的和定量的研究还较少。根据硬指标和半硬指标（直接或间接可用数量表示的）所做的企业文化方面的评估，显示了在信度上具有一定的优势，测量工具在整个研究阶段和实际应用上也是稳定可靠的。以软性指标为基础的研究往往具有很强的主观性，其研究者可能会抵制甚至拒绝他们以为无用的信息。但是定量研究就具有更强的“免疫力”。此外，管理人员和经理们用硬性指标的数据来具体化公司的价值理念，更容易构筑企业文化。

企业文化的动态性、渐进性和发展性决定了企业文化建设也是一个动态的、复杂的过程，但是通过对国内外企业文化理论进行总结和分析，可以发现，企业文化的基本结

构要素是不变的，这就为企业文化测量提供了可能性；另外，通过建立测量模型了解企业文化建设的现状以后，可以提供实施企业文化动态调整的决策依据，这也为企业文化测量提供了必要性。

二、企业文化测量的作用

进行企业文化测量的最终目的是要解决如何使企业文化真正融入到企业的经营管理实践中去的问题，解决如何准确地挖掘企业传统文化的优秀因子以推动企业创新发展的问题。企业文化测量模型是在企业文化发展目标的基础上，按照企业文化的结构内容所建立的一系列用来衡量具体企业文化各构成要素的发展现状和发展程度的指标。这些指标构成了一个庞大的指标体系，通过确定各项指标的分值和相应的评分标准，采用具体量化的方法准确地对企业文化进行评估。测量、评价以及再测量、再评价，坚持每年进行一次企业文化综合测量，才能达到不断加强和改善企业文化管理工作的目的。

（1）评价体系为企业建设独具特色的企业文化提供了一套完整的衡量标准，为外界或企业自身对企业文化进行评价提供了依据。

（2）评价体系不仅有助于企业认识自身的文化发展状况，也是外界对其进行评价的验证尺度。

（3）评价体系除了可以反映企业文化建设的现状以外，还可以反映出企业文化建设中相对薄弱和亟待加强的部分环节。

对企业文化建设做出导向性的预测，从而使企业文化建设的动态调整内容有一个准确的定位，对企业的发展是很重要的；如果一个企业在自身的企业文化建设过程中，能够定期地按照评价体系进行评价，并记录随时间变化的结果，就可以得出该企业文化建设的一条发展轨迹。对其进行分析，可以了解企业文化的各构成要素在各个时期的发展状况，从而帮助企业决策者准确认识企业文化发展的状况，为企业文化的动态调整提供决策依据。

三、企业文化测量的工具

企业文化测量研究大致可以分为两类：一类是关于不同组织的文化差异的比较研究，重点在于寻找并分析企业文化在哪些方面会出现显著的差异，从而做出经验性的结论。另一类则是关注企业文化的本质特征，从企业文化对企业行为的影响机制入手来设计企业文化的测量模型。提出企业文化测量理论框架的有两个代表人物。一个代表人物是美国麻省理工大学沙因（Schein）教授。他主张通过现场观察、现场访谈以及对企业

文化评估等方式对企业文化进行测量，测量应围绕企业的内部管理整合和外部环境适应来进行。另一个代表人物是美国密歇根大学工商管理学院的奎恩（Quinn）教授，他主张通过企业竞争性文化价值模型对企业文化进行测量，竞争价值模型从文化的角度考虑事关企业效率的关键问题，即从企业的外部导向和内部导向两个维度来衡量企业文化的差异对企业效率的影响，目前该模型在企业文化测量诊断方面的影响日渐增加。

企业文化测量涉及的基本工具包括测量尺度、测量信度、测量效度和测量常模。

影响企业文化特征的因素很多，在设计企业文化量表时需要选择能够反映不同企业之间文化差异的关键因素，也就是说要准确设计企业文化的测量维度。企业文化的测量维度选择一般有三个要求：①能够反映企业文化的特征。②能够测量出不同企业之间的文化差别，具有代表性。③维度之间相互独立，能够满足统计检验的要求。

四、企业文化测量的实施步骤

结合定性研究和定量研究的理论观点，进行企业文化测量，首先要通过现场观察、现场访谈、调查问卷和查阅文献资料等定性研究的方法，了解目前企业文化状况和员工对企业文化的感知状况，借此构造出企业文化测量的整体框架，形成企业文化测量模型。然后，运用量表等定量分析的方法，具体分析企业现有文化的优劣性，并对企业文化的差距进行总结性概括，进而提出改进建议。

具体而言，企业文化测量分以下四个步骤：

（1）测量模型设计阶段。通过查阅大量的文献资料，对已有的测量成果进行深入研究，结合现场观察、现场访谈等方式，总结提炼出可以用于企业文化测量的多个企业文化维度以供参考。然后经过征求专家意见，从备选的文化维度中挑选出适合进行企业文化测量的内容形成企业文化量表，主要包括两种形式的问题，一种是采用标准化量表形式，针对各个维度设计价值观及管理行为特点方面的条目，让测试对象按企业实际情况的符合程度进行打分评价；另一种是提一些简单的开放性的问题让员工进行回答。量表的设计首先要根据企业的特点，建立相应的测量维度再针对各个测量维度编制测量题目。

（2）测量模型检验阶段。为了保证最终研究成果的针对性和有效性，在进行正式的企业文化测量之前可以安排一次预测量。预测量采用一个相对较小的样本量对于之前形成的量表进行填写，回收后只进行简单的描述性统计，不形成文化测量的结论，目的主要在于通过对预测量结果的因子分析，检验前期形成的文化测量模型是否有效，并及时做出适当的调整。

（3）正式测量阶段。经过预测量，得到经过修正的测量模型之后，扩大样本量进行正式的企业文化测量。在这一阶段，可以在问卷中增加衡量企业经营业绩的指标，以期通过回归分析了解企业员工如何认识企业文化与各个经营业绩指标的相关性，以及现阶段员工对于整个组织的经营效率的认可程度。

（4）统计分析阶段。正式测量的问卷回收以后，首先经过认真的筛选将不符合统计要求的问卷予以剔除，否则将严重影响整体数据的一致性，导致无法获得结论或得到错误的结论；接着运用 SPSS 等专业统计分析软件对调查结果进行统计，得出结论并解释；最后为企业文化建设提出有针对性的建议。

五、企业文化测量方法示例

（一）德尼森企业文化测量模型

企业文化与企业经营业绩之间的关系一直是企业管理界和企业文化研究人员关注的基本问题，德尼森企业文化调查体系为研究这一问题提供了值得借鉴的工具。

（1）德尼森企业文化调查模型的原理。德尼森企业文化调查模型建立在四个文化特性基础之上，这四个文化特性分别是相容性、连续性、适应性以及使命感。

这四个文化特性与企业的经营业绩有着必然的联系，譬如，资产收益率、投资收益率、产品开发、销售增长额、市场占有率、产品质量、顾客满意度等。通过挖掘每一个特性对企业经营管理的关键环节以及管理行为和员工行为的影响，人们可以发现这些文化特性作用于企业经营及经营业绩的内在机理。

德尼森企业文化调查模型建立了一个企业文化测量标准体系，是一个由 500 多家企业及组织的调查结果构成的数据库，数据库有 60 个项目的标准平均值和 12 个指标的标准值。通过将被调查企业或组织的调查结果与这套标准数值进行比较，得到百分位数。从百分位数可以看出，被调查企业的文化状况处在怎样的水平，有哪些优势以及不足。

（2）德尼森企业文化调查模型的作用。

第一，运用德尼森企业文化模型可以把某一企业的文化分别与较好和较差经营业绩的企业的文化进行对比，以明确该企业在文化建设方面的优势和不足。

第二，可以对业务单位或部门进行考察，以了解该组织内的亚文化。

第三，可以测量企业现存的文化以及考察该企业文化如何在提高经营业绩方面发挥更好的作用。

第四，可以在测量的基础上提出改进企业文化的方案，以及提高经营业绩的具体建议。

第五，可以为企业发展和企业文化变革提供决策依据。

第六，可以更好地促进合并及重组过程。

(3) 德尼森企业文化调查模型的应用。德尼森企业文化模型可以广泛运用于各种企业、团队以及个人。如一般性商业公司、正经历合并和收购的企业、面临产业调整的企业、新任的CEO、新成立的企业、处于衰落的企业、进行战略调整的企业、面临顾客服务挑战的企业，等等。

（二）企业文化评估矩阵

20世纪90年代，国外的学者们便进入了组织文化的量化研究领域。1992年，Roger Harrison和Herb Stokes出版了《诊断企业文化——量表和训练者手册》，他们确定了大部分组织共同具有的四种文化。在此基础上，针对不同企业进行相应的变化，这种诊断可用于团队建设、组织发展、提高产量等。1998年，Kim S.Camerao和Robert E. Quinn出版了《诊断和改变企业文化：基于竞争价值理论模型》，这部专著为诊断组织文化和管理能力提供了有效的测量工具，为理解企业文化提供了理论框架，同时也为改变组织文化和个人行为方式提供了系统的策略和方法。其他一些学者在Quinn模型的基础上做了大量的实证性研究，并积累了比较丰富的数据。

我国大部分企业文化研究者和企业文化咨询师在企业文化的诊断与评估上一般只是直接应用国外现有的企业文化测量工具。由于大部分企业文化咨询从业人员具有文科背景，因而往往缺乏用数据模型解释企业文化现象和本质的能力。实际上，在国外经过多年研究开发出来的企业文化诊断工具，在直接应用于中国文化背景下的企业时，往往会产生解释上的困难。企业文化评估矩阵试图改变这种现状。

企业文化评估矩阵包含12个维度（Dimensionality），33个要素（Factor）。利用CMAS系统所测定的企业文化的12个维度，包括工作环境、组织制度、管理方式、内部沟通、员工激励、领导和决策、培训与员工发展、员工工作动机、员工满意度、员工忠诚度、文化建设以及理念与价值观，这12个维度涵盖了企业文化的理念层、制度层和行为层三个层次的内容，同时与现代企业管理的主要职能和要素有着很好的对接，该评估结果将比较全面和准确地反映我国企业文化的综合竞争力状况。

通过数据的计算，中国企业文化现状的综合评分为3.50分（采用5点计分法）。该得分总体上比较高，这与我国近几年来企业文化建设的大环境有着重要的关系。

从各维度的具体数据中我们就可以看得出来，理念与价值观（3.69）、文化建设（3.66）、员工工作动机（3.69）以及组织制度（3.62）这四个维度评分最高，领导和决策（3.51）略高于平均分。而其他七个维度得分则略为偏低，其中，管理方式（3.22）、内部沟通（3.22）和员工忠诚度（3.25）分数最低，其次是员工满意度（3.45）、工作环境（3.47）、员工激励（3.46）、培训与员工发展（3.40）。

第二节　企业文化测量与人文指标

当代社会，国与国之间的国力竞争逐步演变为经济实力的竞争，企业则是国家经济实力的支柱和细胞。2005 年 3 月 16 日国务院国有资产管理委员会下发了《关于加强中央企业企业文化建设的指导意见》，明确提出要用三年左右的时间，基本建立起适应世界经济发展趋势和我国社会主义市场经济发展要求，遵循文化发展规律，符合企业发展战略，反映企业特色的企业文化体系。而对企业文化的重视本身就反映出以人为本的思想和对人的关注。

一、企业文化测量指标

近几十年来，企业文化的作用受到学术界和企业界的一致认同，国内的企业文化建设正如火如荼地进行着，国内企业文化的诊断、评估的工具和机构也随之产生。比如，北京仁达方略管理咨询公司推出的 CMAS 系统，该系统对企业的工作环境、组织制度、管理方式、内部沟通、员工激励、领导和决策、培训与员工发展、员工工作动机、员工满意度、员工忠诚度、文化建设以及理念与价值观 12 个维度进行测定。

因此，国内企业文化的诊断、评估工作应该摆上企业管理的重要议事日程。围绕企业文化核心体现“企业凝聚力”，我们可以从社会（公众）及企业相关人、企业家（决策层、管理层、合伙人）、员工（家属等）、客户、消费者 5 个维度对企业文化进行认证和评估，每个维度中包含物质成果、组织管理、绩效奖惩、可持续发展、社会责任等 20 个左右的评估指数，根据企业文化的层次性设定每个维度对各项指标的认可系数。假定每个维度的分值在–1 分到 1 分之间，总分为–5 分到 5 分。如果是 0 分或者负分（0 分以下），那么该企业尚未建成企业文化。围绕企业凝聚力对企业相关人进行测定，突破了在企业内部评定企业文化的局限性，而是突出了人（特别是公众）在企业文化建设中的作用，将企业文化评定工作推向社会化和大众化，该评估结果将比较全面，更可以促进企业提升社会责任和建设企业感恩文化。

二、企业人文测量方法

测量目的和测量指标确定以后，测量方法采取了分两步走的方式。

第一步是解决“是什么”的问题，即了解目前企业文化状况和员工观念状况的基本特点。在这一阶段，主要借助问卷、访谈、座谈、观察和文献资料来完成，回收有效问卷，问卷发放面覆盖到整个公司；先后进行多次访谈和座谈，被调查人员包括从公司领导到普通员工的各级人员；查阅公司提供的各种文字材料包括顾问公司以往的测量资料；等等。在上述调查基础上，力图对公司的文化状况和员工的观念状况有一个全面的基本估价。

第二步是解决“怎么样”的问题，即在摸清楚现状的基础上，对公司现有文化的优劣性作出基本判断，并对公司文化现状与未来公司文化诉求存在的差距及努力方向进行总结性概括。

本项测量是着重从员工眼光和感受的角度去测量公司文化现状，主要运用主观指标去分析问题。这里仅仅是做框架的说明，尚未涉及具体实操过程的详细解剖。本测量既包含文化现状的评估，又抓住了企业文化核心的价值理念测量，可通过数据进一步揭示出经过技术数据验证之后的优势企业人文发展状况以及劣势企业人文发展状况，以为定量测评提供可参照的指标体系。

第三节　企业文化测量指标与人文指标的实际运用

一、国外的研究成果

（一）Quinn 和 Cameron 的研究

美国密歇根大学商学院的 Quinn 教授和西保留地大学商学院的 Cameron 教授在竞争价值观框架（Competing Values Framework，CVF）的基础上构建了 OCAI 量表。CVF 是由对有效组织的研究而发展起来的，此类研究主要想回答的问题是：什么是决定一个组织有效与否的主要判据（criteria）？影响组织有效性的主要因素是什么？Campbell 等（1974）构建了一套由 39 个指标构成的组织有效性度量量表。Quinn 和 Rohrbaugh（1983）考察了这些指标的聚类模式，发现了两个主要的成对维度（灵活性—稳定性和关注内部—关注外部），可将指标分成四个主要的类群，四个象限代表着不同特征的组织文化，分别被命名为团队型（clan）、活力型（adhocracy）、层级型（hierarchy）和市场型（market）。

Quinn 和 Cameron 等通过大类的文献回顾和实证研究发现，组织中的主导文化、领导风格、管理角色、人力资源管理、质量管理以及对成功的判断准则都对组织的绩效表现有显著影响（Cameron 和 Quinn，1998）。OCAI 从中提炼出六个判据来评价组织文化：主导特征（dominant characteristics）、领导风格（organizational leadership）、员工管理（management of employees）、组织凝聚（organizational glue）、战略重点（strategic emphases）和成功准则（criteria of success）。OCAI 共有 24 个测量条目，每个判据下有四个陈述句，分别对应着四种类型的组织文化。对于某一特定组织来说，它在某一时点上的组织文化是四种类型文化的混合体，通过 OCAI 测量后形成一个剖面图，可以直观地用一个四边形表示。Cameron 和 Quinn（1998）指出：OCAI 在辨识组织文化的类型（type）、强度（strength）和一致性（congruence）方面都是非常有用的。

OCAI 的突出优点在于为组织管理实务者提供了一个直观、便捷的测量工具。和其他组织层面上的测量表相比，它在组织文化变革方面有着较大的实用价值。它在西方也经过了 20 多年的实践检验，系统非常稳定，效果很显著，影响面很广。更重要的是，这套系统较为简单，便于操作，实用价值很高，目前，中国企业文化测评中心所采用的企业文化类型的测评，其主要理论来源与其有极大的关联。经过修正后的 OCAI 的名称为“中国企业文化类型测评量表”，经过了上百家中国企业的检验，反映较好，在中国企业中认可度较高。

（二）Denison 等的研究

美国密歇根大学商学院的 Denison 教授构建了一个能够描述有效组织的文化特质（trait）模型。该模型认为有四种文化特质即适应性（adaptability）、使命（mission）、一致性（consistency）、投入（involvement）和组织有效性显著相关，其中每个文化特质对应着三个子维度，一共组成了 12 个子维度，每个维度都有特定的解释。

和 OCAI 量表相比，Denison 的 OCQ 量表由于包括的子维度更多，因此在揭示组织文化内容方面显得更为细致，并且也在国外经过了 15 年的实践检验，得到了较广泛的认可，Denison 也开设了个人网站，专门从事企业文化的测评研究和服务。但是，相对而言，Denison 的 OCQ 量表显得尤为复杂，更加上其西方文化的背景，与中国企业的实际距离较远，甚至在概念翻译的过程中都存在较大的障碍。

（三）Hofstede 的研究

荷兰学者 Hofstede 教授对组织文化的测量研究的基础是他对国家文化的已有研究。和其他组织层面上的大多数研究不同，Hofstede 并没有从组织有效性的角度出发来构建量表，而是首先通过文献回顾提出了明确的组织文化层次结构。他认为：组织文化由价

值观和实践（practice）两个部分组成，其中，价值观是核心，而实践部分由表及里又可以分为象征（symbol）、英雄（hero）和仪式（ritual）（Hofstede，1990）。

由于 Hofstede 认为组织文化是组织而非个人所拥有的特征，因而组织文化问卷的因子分析是以单元而非个体为单位进行，也忽略了组织文化对外部环境适应的方面。

（四）Chatman 等的研究

美国加州大学的 Chatman 教授为了从契合度（fit）的途径研究人—组织契合和个体结果变量（如组织承诺和离职）之间的关系，构建了组织价值观的 OCP 量表。完整的 OCP 量表由 54 个测量项目组成七个维度，分别是革新性、稳定性、尊重员工、结果导向、注重细节、进取性和团队导向。

OCP 量表的测量项目通过对学术和实务型文献的广泛回顾来获得，经过细致的筛选最终确定下 54 条关于价值观的陈述句。和多数个体层面上的研究采用 Likert 的计分方式不同，OCP 量表采用 Q 分类的计分方式，被试者被要求将测量条目按最期望到最不期望或最符合到最不符合的尺度分成九类，每类中包括的条目数按 2-4-6-9-12-9-6-4-2 分布，实际上是一种自比式（ipsative）的分类方法。

在西方国家人—组织契合的研究文献中，OCP 是最常用的价值观测量量表之一。OCP 量表在我国台湾和香港地区也有一定的影响，我国台湾的郑伯壎以及北京师范大学心理学研究所与中国企业文化测评中心合作进行的员工公民行为（OCB）与企业文化的关联性研究，其理论来源也与 Chatman 教授的 OCP 量表有很大的关联。但是在如何应用 OCP 量表方面，学者的意见还很不统一。

（五）NEWLEAD 的 C.A.T.（Ⅰ）（Ⅱ）

文化分析工具 C.A.T.(Ⅰ)（Ⅱ）是美国 NEWLEAD 公司以现代文化理论为基础，研究分析文化冲突和融合的工具。它在国外已经有将近 20 年的历史，曾被 IBM、HP、DELL、PHILPS、MOTOROLA、宝洁等企业使用。它侧重于对文化矛盾的比较和分析，由 11 个主要的文化范畴 21 个细分指标 180 条陈述组成，确定了 39 种可能的文化定向，基本涉及企业文化的各个方面。

但是，其文化和理论的背景都是以美国为基础的，与中国的企业存在较大的文化差异。另外，部分理论假设系该公司提出的假设，缺乏足够的可信度。

（六）Rob Goffee 和 Gareth Jones 的双 S 立体模型

Rob Goffee 和 Gareth Jones 分别为伦敦商学院组织行为学教授和英国汉立管理学院组织发展学教授。两人长期从事组织行为学的研究，他们基于组织中的社交性特点，创立了双S立体模型，采用47道测试题描绘组织的社交特点。他们根据企业中组织的社交度和凝聚力两个维度将企业文化分成了社交型、融合型、分散型和目标型四种，每种类型都存在着正面和负面效果。

双S立体模型，为分析企业文化提供了新的思路，并提供了较为简单的测评体系，其研究结果对更加精确地把握企业文化的类型提供了很好的方法和工具。但是，双S立体模型的研究角度主要从组织的社交特点出发，反映企业文化的类型还只是企业文化的一个特征，并且这个特征相对而言，显得更为静态。因此，对于处于激烈变化环境中的企业来说，有些鞭长莫及。

二、国内学者的研究成果

和国外对组织文化测量研究的已有成果相比，我国在这方面的研究还显得比较滞后，这与我国企业文化界对于企业文化量化研究的重视不足有很大关系。目前，国内涉及企业文化量化研究的主要来自三个方面：部分商学院的研究、部分企业自发进行的企业文化量化研究的尝试和部分咨询公司进行的一些小规模的企业文化调查样本的收集。

（一）北京大学光华管理学院的企业文化测评

北京大学光华管理学院在企业文化量化研究上进行了有益的尝试。沿循国外企业文化量化研究的思路，根据案例实证分析的结果，其测评量表由七个维度34道测试题组成：①人际和谐；②公平奖惩；③规范整合；④社会责任；⑤顾客导向；⑥勇于创新；⑦关心员工成长。后来，又将七个维度削减为六个，并将此套测评量表逐步应用于企业文化咨询的实践。例如，在承担中国航天集团企业文化咨询项目中，采用了此套量表对航天集团进行了有效的企业文化调查。

应该说，北京大学光华管理学院对企业文化的量化研究，尤其是将其应用于企业文化咨询的实践，对我国企业文化量化研究的发展起到了积极的推动作用。但是，受样本的数量及其他因素影响，该套量表的维度和结构还存在不少问题，尤其是对企业文化变革方面显得更加力不从心。企业对其的认可度也还不高。

（二）清华大学经济管理学院的企业文化测评

清华大学经济管理学院是国内最早涉及企业文化量化研究的商学院，并且专门成立了企业文化测评的项目科研组，对中外企业文化的量化管理进行了较为系统的研究。并在此基础上，提出了由八个维度40多道测试题组成的测评量表。分别为：客户导向、长期导向、结果导向、行动导向、控制导向、创新导向、和谐导向和员工导向。

相对而言，清华大学经济管理学院的量表显得更为详细，能较为准确地测量出企业文化的优势所在。其理论基础也是目前中国企业文化测评中心的企业文化核心价值观的维度测评量表中的来源之一。

（三）其他企业或咨询公司的企业文化测评

著名的咨询公司具有企业文化性质的测评，如盖洛普的员工敬业度测评，该测评在其三本力作（《首先打破一切常规》等）的推动下，再加上2002年在联想集团得到了较好的推广和应用，因此已经成为目前关于员工敬业度方面测评的权威量表。在其基础上，联想集团形成了颇具特色的、以员工敬业度为核心内容的企业文化测评体系。

除此之外，金融行业的北京建设银行和上海建设银行也对企业文化量化研究作出了十分有益的尝试。例如，北京建设银行开发的“工作测评”和“水平测评”，以及上海建设银行开展的“文化力”测评。

由于目前国内咨询公司对于企业文化的量化研究不够重视，因而目前尚未涉足十分有价值的企业文化测评量表的建立，多半尚停留在企业文化调查的阶段。

（四）中国企业文化测评中心的企业文化测评量表

目前，中国企业文化测评中心（CCMC）所建立的企业文化测评量表体系是自2002年起，在吸收了国外成熟的企业文化量化研究和国内著名商学院的研究成果的基础上，经过100多家中国企业的企业文化实践检验，建立的科学、权威、简单、有效的测评体系，分别由企业文化类型、企业文化理念导向、企业文化核心价值观、企业文化环境、企业文化领导力、个人价值与职业倾向性测评六大部分组成，六个部分抓住了战略、理念、价值观、领导力、个人素质、团队氛围这些因素，组成了相互关联的严密体系，从组织和员工个人的角度测评出企业文化在内部的运动、变化规律、方向，能准确地发现内在的动力点和阻力点，从而为企业文化的决策、执行和考核提供科学、精确的依据，并可以此为核心，针对企业的具体实际开发具有针对性的企业文化测评量表，如金融行业文化测评量表。最终通过企业文化雷达图将企业文化运动的方向和规律直观形象地表达出来，为企业文化的诊断、提炼、贯彻、评估乃至变革提供科学客观的基础。目前，该测量体系已经在中国金融、电力、IT、制造等行业得到了较好应用，并初步形成了目前国内最为完善的数据库系统，其中，成功案例也比比皆是。

● **本章小结**

通常在进行企业文化体系化建设或者企业文化创新过程中，最令企业文化管理者头疼的地方即在于采用何种测评工具而能够既全面评估，又能把握关键，尤其是能有效审视文化优劣性。文化的背后是理念，理念的核心是价值观。企业文化管理的关键问题始终要回到共同价值观管理的轨道上来，因此，任何评估企业文化现状的定量测量工具倘若偏离了员工价值观取向的主题，那么这样的工具就不能真正达到企业文化准确测量的目的；或者说，只能停留在组织氛围的外在层面兜圈圈，无法切中文化测量的要害。

首先，我们必须在进行企业文化测评之前对文化量化工作做一个总体的定位，这样的定位是所有工作的指导思想。从务实的角度考虑，文化匹配战略是根本的标尺。也即是说，以愿景、使命及中长期公司战略发展规划对于企业文化的诉求作为参照系，对公司文化现状以及员工总体价值理念取向的优劣性做出基本判断。进一步说，企业文化量化管理要解决如下几个主要问题：①当前公司的企业文化建设现状与总体员工价值理念的状况如何？有哪些优势？同时有哪些劣势？②当前企业文化状况与未来公司战略发展所要求匹配的文化状态之间存在什么差距？改进的方向在哪里？哪些是应当继承发扬的优势？哪些是应当抛弃纠偏的？

其次，我们必须根据上述测量目的建立一个分析框架，框架中包含了四个需要测量的变量（表示有差异的社会特征或社会因素），分别是：公司文化状况、员工社会价值观、员工企业价值观和员工行为取向。通过对这四个变量的测量来深入揭示公司目前的文化状况和员工的观念状况，进而反映出公司当前文化与未来文化的差距（见表 3-1）。

表 3-1

参照系	企业战略对企业文化的诉求		
分析变量	公司层	公司的文化状况	这里通过让公司员工对自己身边发生的各种文化现象作一个评价，从而对公司当前的文化状况有一个总体性的判断。这一变量的测量指标包括：员工凝聚力、对公司价值观的认同感、公司形象、规章制度、沟通渠道、公司民主、管理水平、人际关系、培训进修、文化娱乐生活
	员工层（员工的观念状况——社会价值观、企业价值观、行为取向）	员工社会价值观	之所以把社会价值观也作为一个测量变量，是考虑到员工在进入公司以前，作为社会人他实际上已经拥有大量根深蒂固的价值观，根据组织文化的测量，这些价值观通常是难以改变的，员工在工作场所中只是学习新的公司实践规则。所以，员工的社会价值观对他理解和接受公司文化有着重要的影响，也必须加以了解。测量员工社会价值观的指标包括：义利观、开放观、进取心、竞争意识、自我意识、理想追求、集体观念、独立性、冒险性等
		员工企业价值观	这里通过让员工对影响公司未来发展的各种内外因素作一个判断，看一下在员工心目中哪些文化因素是至关重要的，进而与公司未来的文化要求作一个对比，找出其中的差距。这一变量的测量指标包括：创新追求、服务意识、团队精神、上下有效沟通、领导水平、规章制度、经营理念、技术进步、公司形象、工作自主性、管理方式等
		员工行为取向	这里通过测量员工日常的工作行为、工作满意度及价值追求，了解员工的行为趋向及价值追求特点，摸清员工信奉什么，进而进一步认识建构新的企业文化的难度和方向。这一变量的测量指标包括：员工的工作动机、工作满意度、对公司发展的关心程度、工作投入程度、工作责任感和主动性、对公司的忠诚度及自豪感、工作价值追求等

● 思考题

1. 企业文化测量的意义是什么?
2. 企业文化测量在国外的研究中主要方法有哪些?
3. 企业文化测量有哪几大实施步骤?

● 本章案例——鸿雁理念

一、背景材料

杭州鸿雁电器公司成立于1984年，是一家生产电气装置件的国有企业。公司现有职工500多人，其中专业技术人员占60%。公司主要从事建筑电器和新型建筑材料的开发与生产，并已初步形成较为完善的产品体系。该公司在总经理杜桂福的带领下，在十多年的时间里开发了十多个系列电气装置产品。目前，公司已建立300多个营销网点、十多个办事处和分公司，市场网络已遍布全国各地，“鸿雁”已成为建筑电器行业的著名品牌。公司1999年的销售收入达1.6亿元（不含税）。公司拥有一流的CAD/CAM中心，已形成良好的产品开发环境，现正在开发包括节能电器、楼宇防盗控制系统、计算机管理软件、综合布线系统等项目。公司总经理杜桂福认为，在进行企业文化建设的同时，要注重企业形象的塑造，应当通过企业形象的塑造，通过企业理念、企业精神、经营战略、经营哲学、发展战略等方面的提炼和释义来创造具有鸿雁个性的企业文化。

二、提炼鸿雁企业理念的识别系统

（一）把企业理念明晰化、具体化

把企业理念明晰化、具体化，对于职工教育及对外传播都具有十分重要的意义。一般地说，企业理念识别系统应包括企业理念、企业精神、企业经营哲学、企业文化、经营战略、产品规划战略、市场营销战略、总体发展战略、竞争战略的提炼和释义。鸿雁结合企业自身的情况作了下述提炼和释义：

（1）企业理念：开启未来，关爱社会。

开启光明，开启未来、关爱生活、关爱社会。

鸿雁是鸿雁员工共同利益的集合体，开启光明，关爱社会的共同目标，把鸿雁员工紧紧地结合在一起。

关爱生活、关爱社会把鸿雁与用户和社会融合在一起，结成命运共同体，共同推动企业和社会经济的发展、人民生活质量的提高。

（2）企业精神：追求卓越、开创未来。

追求卓越，依靠科技进步，加大开发力度坚持质量立业，创办一流企业。

开创未来，扩大产品品种，扩大市场份额；员工知识化，产品智能化，管理科

学化。

(3) 企业经营哲学：精心开发，精心设计，精心组织，努力开拓营销市场。

为了适应日益激烈的市场竞争，鸿雁必须狠抓企业的组织结构、管理水平、资金社会化程度、资本经营的广度与深度、国际化经营程度、品牌的知名度等指标，使鸿雁发展成为具有高度竞争力的企业。

提高鸿雁专业化竞争能力是鸿雁今后发展的重中之重，从世界500强的发展规律看，企业只有狠抓自己的核心能力，突出主业，才能在市场竞争中立于不败之地。

(4) 企业文化：我爱鸿雁、鸿雁爱我，我为鸿雁多贡献，鸿雁为我创前程。

能够明确一种方向，引导员工把握发展大局，形成创业合力。

能够创造一种活力，激发员工对企业的认同感，张扬团结、发展、向上的精神。

能够建立一种机制，通过建立制度、加强培训来规范企业和员工的行为。

企业的厂房、机器设备等硬件是基础，员工素质、企业文化是软件。在计算机的应用中，硬件是基础，软件是灵魂。企业也是一样，再好的硬件条件，如果没有高素质的员工和企业文化，也不会产生有竞争力的企业。

(5) 企业经营战略：把握机遇，挑战未来。

《鸿雁电器公司发展规划纲要》及《"十五"新产品发展规划》中指出，公司的战略定位是：在进一步完善和提高现有的建筑电器产品、建材产品的基础上，向布线系统、智能建筑产品进军。

①市场需求分析。对中外市场的分析，包括现阶段的市场需求、市场发展动向、中长期市场可能的发展趋势。

②技术发展分析。研究国内外相关产品的现有技术，研究国内外相关产业新技术发展趋势，吸收国外相关新技术不断发展主导产品的可能性及相应措施。

③现实状况分析。对鸿雁现有的人力、物力、财力、销售网络及经营条件，分析优势及短处，扬长避短。

(6) 产品规划战略：加大科技含量，推出智能产品。

为楼宇、住宅小区、智能建筑生产配套建筑电器是当前电器产业的一个重要的经济增长点。随着城镇建设的不断发展，建筑智能化产品的市场需求量越来越大。据建设部1999年9月公布的《关于推进住宅产业现代化提高住宅质量的若干意见》，住宅质量的提高将达到以下目标：

到2005年解决城镇住宅的工程质量、功能质量，因此，电器产业大有可为，从御寒、调节室温、调节光线、防止噪音、节约能源、提高装饰效果等多方面都可进行新产品的开发和研制。到2010年城镇住宅应符合适用、经济、美观的要求，住宅电

器等功能质量应基本满足居民的长期居住需要，居住环境要有较大改善。到2005年城镇新建采暖住宅建筑要在1981年住宅能耗水平的基础上，达到降低50%的要求，到2010年，再在2005年的基础上降低30%。非采暖地区的住宅建筑也应贯彻节能、节电的方针。科技进步对住宅产业发展的贡献率要达到30%，到2010年，要提高到35%。根据上述意见精神和产业信息，鸿雁公司应当在这些领域有所作为。

以"十五"新产品发展规划为指针，到"十五"末期形成十大系列产品。

（7）品牌战略：实施品牌战略，力争驰名商标。

理念营销是当今社会市场营销的高招，国内外著名公司精心设计的企业理念对树立本企业的良好形象、扩大本企业产品的市场占有率发挥出极其重要的作用。

质量必须反映在公司的一切活动之中，而不仅仅反映在产品中。质量要求全体员工的承诺，只有全体员工对质量作出承诺并被激励和培训传递质量，公司才能实现质量保证。成功的公司是那些消除了部门间壁垒的公司。它们的职员像团队一样协同工作，以实现核心业务流程和期望的结果。

（8）市场营销战略：选择价值、宣传价值、交付价值（详见《鸿雁营销策略》）。

①对企业的现有体系作评价。

②设计营销体系。

③提出自己的营销战略方案。

（9）发展战略：提高科学理财能力、提高科学决策能力、提高科学管理能力。

①确定方案实施负责人；

②编制具体实施计划；

③明确分工进度；

④明确质量要求；

⑤制定验收标准；

⑥确定记录内容；

⑦进行成本核算。

（10）竞争战略。

企业内部：公正、公平、公开竞争，提供公平竞争机会。

企业外部：树鸿雁品牌，树鸿雁形象，以优质服务赢得竞争优势。

竞争策略分析：为了取得差别优势，维持和扩大市场占有率，鸿雁要从企业现在所处的竞争地位出发，找出自己的核心竞争力之所在，通过发挥核心竞争力来维持和扩大自己的优势。

合理利用竞争战略，实施扩张战略、产品更新换代战略、产品组合战略、名牌战略、市场细分战略、营销组合战略等，以期得到快速、持续、稳健的发展。

(二) 把鸿雁理念贯彻到营销战略之中

市场营销是企业竞争的关键环节，如何把产品卖出去，如何扩大企业的市场份额和产品的市场占有率，决定着企业的生存和发展。

公司总经理杜桂福要求鸿雁全体员工真诚地对待每一位客户，热情做好售后服务，以高质量的服务来赢得自己的声誉和良好的企业形象。要在复杂多变、竞争日趋激烈的环境中求得生存和发展，就必须对自身的目标、竞争策略进行全方位的谋划，制定战略规划。

战略规划是企业行动的目标与纲领。由于需求结构的变化，科技水平的提高，竞争的日益激烈，社会、政府和客户对企业的要求与限制增多，还有国内外许多突发事件的影响，使企业外部成为一种复杂的、难以预料的环境，使企业面临着许多生死攸关的挑战，企业破产和倒闭随时可能发生，企业仅靠经验的管理已经难以确保自己的生存与发展了，必须对新的情况和企业面临的环境进行深入的分析，采用新的管理方式，谋求自己的生存与发展。

企业战略规划是以企业的全局为对象，根据企业总体发展需要而制定的，它规定的是企业的总体行动纲领，因此具有全局性、长远性、纲领性的特点。

决策者应当有宏大的气魄、开拓的意识、进取的精神。

在决策之前，应对以下准则进行检验：

(1) 信息准则：内外信息是否充分可靠和高质量？

(2) 预测准则：决策是否建立在科学预测的基础上？

(3) 科学准则：决策是否依靠了科学理论和科学方法？

(4) 系统准则：决策是否与被决策的系统处于整体最佳状态并与环境保持着协调一致的关系？

(5) 可行性准则：决策是否可行？

(6) 选优准则：决策是否最佳？

(7) 时代条件准则：决策是否具有时代特征？

(8) 可调准则：决策是否具有灵活可调性？

(9) 反馈准则：决策是否能够不断通过反馈进行调整？

(10) 应变准则：决策是否进行了潜在因素（主要指不利因素）分析、应变措施、实施警报等考虑，这项决策是否具有应变性的重要标志？

(11) 法律准则：决策是否合法？

(12) 行为准则：决策是否与企业整体行为保持一贯性、统一性？

(13) 人事结构准则：决策系统的人事结构是否合理、健全？选才是否合理？配合是否协调？人才资源配置是否恰当？提供给决策者或决策辅助机构的信息是否真实、充足、及时？

(14) 渠道是否畅通？

鸿雁在实施营销时，十分注重从选择价值、宣传价值、交付价值三方面入手。

(1) 选择价值，了解用户群、用户的需要，选择目标细分市场，在细分市场上提供更有竞争力的产品。

(2) 宣传价值，如何将本企业的产品信息传达给用户，如何将本企业的形象传达给用户，这里需要做的具体工作是：明确本企业产品与竞争对手的差别优势在哪里。强化本企业的品牌意识，品牌有四个含义，即商品、名字、品牌、强劲品牌（名牌）。力争本企业的产品成为国家驰名商标，首先要增加产品的销量，为了做到这一点，又必须对经销商的区域做严格划分，如果区域划分不清，很可能发生价格战。

企业在充分重视经销商集中的同时，又划分明显的地区，培养有潜力的经销商，更重要的是把终端——零货商控制住。

利用新闻媒体，将产品信息传递到市场上去，专家组和企业可以进一步研讨。

(3) 交付价值，如何用最少的钱为用户创造最大的价值，这也是产品设计的依据。许多企业是根据企业的创造能力，而不是根据用户的实际需求来设计产品的，这就影响产品的竞争力。交付价值的关键就在于始终以选择的价值定位为导向来开展产品设计、采购和生产。销售队伍管理、营销渠道管理和售后关系各个环节的工作都要系统地做好。

鸿雁认为，需要研讨的是：企业过去10年建立的成功营销体系能否支持今后的发展，存在哪些问题？

(1) 应当对企业的现有营销体系作评价。

(2) 应当设计新的营销体系。

①对市场作严格的分析；

②建立用户管理程序；

③制定用户档案；

④建立销售员日报表；

⑤针对不同用户特点制订有针对性的销售计划；

⑥及时与用户沟通；

⑦系统化地发展与用户的联系。

(3) 应当提出自己的营销战略方案。

①提高企业的适应能力；

②提高产品质量；

③快速捕捉市场信息。

所有的销售员每天都需向公司汇报销售情况，部门经理也要把情况快速反映给老总，决策人员要快速分析和决策。

(4) 实施忠诚客户计划：培养一支忠诚的经销队伍，把客户牢牢抓住。

①看公司的产品在主要客户中的市场占有率是多少；

②该客户占本公司的比例是多少？如果这两个数都很大，就是本公司最关键的客户；

③加大对对方的牵制力；

④把注意力从单纯的量的角度转到份额的角度，一旦份额增加，量自然也就增加。

(5) 降本增效。

(6) 充分利用国外先进技术和管理经验。

(7) 建立以业绩理念为核心的管理体系。

①业绩理念先导；

②明确的目标指引；

③有效的组织机构保证；

④用及时的反馈机制来调整；

⑤建立奖罚分明的业绩奖惩管理制度进行奖惩。

三、点评

(1) 鸿雁公司在塑造企业理念的过程中，一头抓理念的可识别性、易传递性，一头抓理念的明晰化、具体化和可操纵性，在2000年到来之际，公司提出了“一、二、三计划”，即一个目标——销售收入平均每年增长15%以上，“十五”末达5亿元。二个重点——一要加强队伍建设，全面提高员工的综合素质，着眼于塑造鸿雁人的形象；二要加快技术进步，提高产品质量，扩大产品品种，从而推进品牌战略，着眼于塑造鸿雁产品形象。三个支柱产业——一是以中高档电气装置件为主体、门类品种多样的电气附件产业；二是以PVC电线管、明装塑料线槽、UPVC下水管道为主体的塑胶产业；三是以综合布线、计算机管理软件、电子镇流器、三表自动抄收仪、楼宇防盗监控设施等产品为主的电子与计算机管理产业。

(2) 企业理念确立后，需要建立维护理念、传播理念、实施理念的支持系统，它和企业总体目标是一致的，也是为企业总体目标服务的。公司为此制定了五条支撑措施：一是坚持依靠科技进步，树立以加大科研开发力度、积极培育新的经济增长点为

主要内涵的发展观念；二是坚持以市场为先导，树立以用户为中心、以扩大市场占有率为主要目标的竞争观念；三是坚持质量立业、信誉至上，树立以加快技术改造为手段、以推行国际先进的质量管理模式为要点的质量观念；四是坚持科学管理，强调管理与改革相结合，树立以人流、物流、资金流、信息流为主干，以不断创新为内在要求的管理与改革观念；五是坚持两个文明一起抓，树立以培育企业精神、推进品牌战略为核心的文化观念。

(3) 公共关系危机处理是否得当，直接影响到企业形象。公司新手册规定，鸿雁应当把影响自己企业声誉、形象、利益的突发事件作为手头最重要的事务紧急处理。处理完毕后，应写一份终结报告，阐明危机已得到控制，同时表明为避免未来出现类似突发事故所采取的步骤。这是企业处理公共关系危机和突发事件成熟的表现，它对于维护企业形象和企业的长远利益有着重要的意义。

四、思考题

1. 鸿雁是如何根据公司和行业自身的特点来确定企业理念的？它对企业生产和销售产生了什么影响？

2. 鸿雁是怎样把企业理念贯彻到销售体系中去的？在这个过程中，他们采取了哪些具体的措施？

● 参考书目

1. M. Sandel, ed., Liberalism and Its Critics, Oxford, 1984.

2. A. Arblaster, The Rise and Decline of Western Liberalism, Oxford, 1985.

3. J. N. Gray, Liberalism, Milton Keynes, 1986.

4. N. Barry, Hayeks Social and Political Philosophy, London, Macmillan, 1979—On Classical Liberalism and Libertarianism, London: Macmillan, 1986.

5. J. N. Gray, Hayek on Liberty, Oxford, 1984.

6. R. Butler, Hayek: His Contribution to the Political and Economic Thought of Our Time, London, 1983.

7. B. L. Crowley, The Self, the Individual, and the Community: Liberalism in the Political Thought of F. A. Hayek and Sidney and Beatrice Webb, Oxford, 1987.

8. 约翰·凯：《企业成功的基础》，新华出版社，2005 年版。

9. 阿马蒂亚·森：《伦理学与经济学》，商务印书馆，2000 年版。

10. 彼得·德鲁克：《创新和企业家精神》，企业管理出版社，1989 年版。

11. 加里·贝克尔：《人类行为的经济分析》，上海三联书店、上海人民出版社，1995

年版。

12. 刘光明：《商业伦理学》，人民出版社，1994 年版。

13. 陈争平、兰日旭编著：《中国近现代经济史教程》，清华大学出版社，2009 年版。

● 推荐读物

1. 刘光明：《企业信用：伦理、文化、业绩等多视角的研究》，经济管理出版社，2007 年版。

2. 刘光明：《企业文化塑造：理论，实务，案例》，经济管理出版社，2007 年版。

3. 刘光明：《企业文化》，经济管理出版社，2006 年版。

第四章 人文指标体系及量化

第一节 人文指标体系结构

一、企业文化的结构

企业文化是社会文化大系统中的一个子系统，它主要由企业物质文化、制度文化、行为文化和精神文化所构成。企业人文是企业文化的重要组成部分，企业人文指标的选择与设计应当寓于丰富的企业文化之中。

企业文化结构如图 4-1 所示。

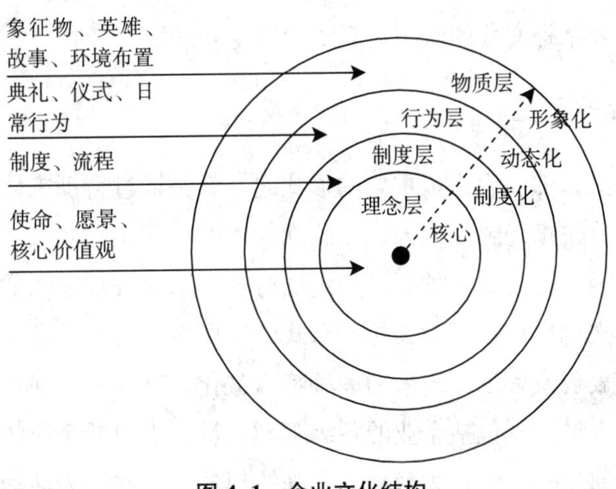

图 4-1 企业文化结构

（一）企业物质文化

物质文化是企业文化的表层部分，是形成企业文化的精神文化、制度文化和行为文化的条件。企业的物质文化就是以企业的各种物质形态所体现或者折射出一定文化含义的一种企业文化形式。

企业物质文化的主要特点是：①文化层次的表层性。企业物质文化的表现形式相对直观，容易被感知，是人们可以近距离感受到的企业文化。比如，德国宝马汽车直接表现出的是安全可靠、个性化定制的物质文化。②表现深层文化的间接性。企业物质文化并不代表企业最深层次的文化，企业物质文化与企业最深层次的精神文化之间还有一段距离，但它能间接折射出企业精神文化。比如，可以通过宝马汽车安全、关注个性化的物质文化折射出宝马公司以人为本、用户至上的企业文化价值观。③文化表现形式的多样性。物质文化，顾名思义，就是以物质形态方式体现企业文化的企业文化形式。物质形态的表层的直观的东西都是丰富多彩，具有多样性特点的。企业物质文化也是同样，它的表现形式具有多样性。④企业物质文化创造的相对容易性。企业物质文化是直接通过一定物质形态来体现（产品、标识、宣传语等），如果一定的物质形态改变了，那么物质文化也就相应发生变化。

改变一种物质形态，相对于改变一种精神形态来说是比较容易的事情。正是从这个意义上，我们说企业物质文化的创造，相对于企业精神文化的创造来讲更加容易一些。人们认识、感受和理解企业的精神文化，往往是从认识、感受和理解企业的物质文化开始的。企业物质文化是认识企业精神文化的窗口，因此，企业不能忽视了生动的实实在在的物质文化建设。甚至可以说，没有生动的实实在在的对企业物质文化的感受和理解，就不会有对企业精神文化的诚实与真实的感受和理解。

（二）企业行为文化

人们对于某一文化的认识，最重要的形式之一就是通过行动来体现。比如，英国的绅士在互相问候时要脱帽，阿拉伯人在互相问候时要互相亲吻双颊，日本人在互相问候时要鞠躬致意，等等，这就是一种通过一定的行为举动来表示互相的尊敬、友好的问候的行为文化。企业文化也存在行为文化的形式，所谓企业行为文化，是指企业人员通过一定的行为方式所表现或者创造出来的一种特殊文化。这一定义强调了三点：企业行为文化的主体是企业人员，既包括企业的各级管理人员，也包括企业的普通员工；企业行为文化顾名思义是通过一定的行为活动方式来体现的，这些行为活动方式主要包括企业生产经营行为、企业文化体育活动、企业人际关系行为、企业对外公共关系行为，等等；企业行为文化的性质是一种文化，一种特殊的企业文化。企业行为文化就是通过企

业人员一定的活动体现或者折射出来的企业经营作风、企业精神、企业价值观等企业文化。尽管企业行为文化比企业物质文化隐藏得深一些，但也比较容易观察与感知，因而也属于浅层次文化。例如，海尔的售后服务人员即时、快速、优质的售后服务行为，表现出海尔“真诚到永远”的企业文化；日本企业员工对工作的谨慎、细心、不厌其烦等，表现出忠于企业、忠于工作的忠孝文化；等等。这些都属于企业行为文化。

（三）企业制度文化

企业制度是指企业为了保证生产经营管理的秩序而制定成文的规章制度。企业制度文化是指以企业各种规章制度为载体的文化。比如，某公司规定，员工迟到一次，罚款50元，旷工一天，罚款150元。这项规定反映的是“严格纪律”的企业制度文化。企业制度文化是企业精神文化的具体体现，也是指导与约束员工行为文化和物质文化建设的纲领。关于企业制度文化，清华大学魏杰教授认为，企业制度文化在现实中应包括两层含义：第一层含义是指企业文化必须充分体现在企业的制度安排和战略选择中。虽然企业文化是企业制度安排和战略选择等因素在人的价值观念上的反映，但是要看到企业文化对企业制度安排和战略选择的能动作用，也就是说，企业文化对企业运行要有指导作用。因此，要真正使企业文化能够形成，就必须把企业文化制度化，使人的理念充分体现在企业的经济运行过程当中，而且还要形成一种制度，使得企业文化“浸透于”企业制度安排和战略选择中。第二层含义是指企业文化作为企业倡导的价值理念，必须通过制度的方式来统率企业内部全体员工的思想，任何一个员工都必须在思想上接受企业文化，认同本企业的企业文化，企业文化作为员工在思想上的制度而存在。

企业制度文化与行为文化的关系十分密切和特殊，制度的执行具有两面性，既可以看做企业的行为文化，也可以看做企业的制度文化；从制度文化的完备性来看，它应该属于制度文化，因为没有被执行的制度，只能是纸上谈兵的制度，而这种制度也不能被称为制度了；从制度时间的角度来看，它则属于行为文化，因为把制度原则落到实处就是一种行为。制度与执行是统一的，但二者又存在对立的一面。这是因为制度或者执行的客观存在都各具相对独立性，制度首先总是以规范的条文形式的规章制度形式存在，然后将原则的规章制度付诸实施产生行为现象，执行具有滞后性。从制度制定到制度付诸实施产生行为现象来看，执行具有滞后性。从制度制定到制度付诸实施的实际情况来看，看起来科学、客观的制度出台后，并不能说明企业管理就能实现制度化了。事实上，我国诸多企业缺乏的不是制度，而是制度的执行。制度与执行二者存在的相对独立性，决定了二者产生的文化现象，即企业制度文化与企业行为文化也就具有相对独立性。正是从这样一个适合观察的角度上，我们才把企业制度文化与企业行为文化区别开来。

（四）企业精神文化

企业精神文化一般是指企业在一定的社会精神文化的影响下，在长期的生产经营过程中逐渐形成的，并为企业所接受的，用以指导和支配企业行为的思想意识和观念。这一定义主要强调了三点：第一，在企业精神文化形成过程中，社会精神文化对企业的影响作用是不能忽视的；第二，企业精神文化产生的根基和环境是长期的企业生产经营活动的实践；第三，构成企业精神文化的思想意识和观念，应该是被广大企业员工尤其是企业决策者所接受和认可的，并对企业发展具有指导和支配作用。企业精神文化主要包括：企业价值观、企业家精神、企业作风、企业道德和企业宗旨。企业精神文化相对于企业物质文化来讲看不见，摸不着，却无时无刻不通过物质形态表现出来，因此也被称为“软文化”。企业精神文化是企业文化的核心和灵魂，是形成物质文化、行为文化和制度文化的基础和根本。

企业是由人组成的群体，他们有想法、有灵魂，他们所做的事情和所设计生产出来的产品或提供的服务，都会在一定程度上反映出他们的世界观、价值观和经营哲学，这就促使企业逐渐形成了自己的精神和灵魂，即企业精神文化。从现实角度看，企业精神文化可以分为以下两个层面：一是企业倡导的精神文化；二是企业现实中的精神文化。所谓企业倡导的精神文化，是指企业以条文的形式写在《企业文化手册》里的精神文化；所谓企业现实中的精神文化，只是在企业里面真正存在的精神文化。企业精神文化落实到企业实践过程中，则要做到对员工尊重与关爱，做到对消费者负责。

二、基于企业文化的人文指标体系的结构

（一）企业物质文化层面的人文指标

承载企业物质文化的物质形态的具体内容是十分丰富的，归纳起来主要包括以下诸多方面：第一，企业的识别系统，包括标识、标准色；第二，企业外貌，包括自然环境、建筑风格、办公室和车间的设计和布置方式、绿化美化形式等；第三，产品的特色、样式、外观和包装；第四，技术工艺设备的特性；第五，厂徽、厂旗、厂服等；第六，企业的体育文化生活设施；第七，企业造型和纪念性建筑，包括厂区的雕塑、纪念墙、英雄雕塑等。另外，用以宣传企业的各种企业纪念品、企业的文化传播网络等都是构成企业物质文化的载体形式，也是我们设计企业文化指标的有效资源，从中可以做出如下企业人文指标的选择。企业物质层面的人文指标如表 4–1 所示。

表 4-1　企业物质层面的人文指标

企业物质层面的人文指标	企业识别系统的人文指标	对企业名称、标识、标准色的认可程度 对企业标准色含义解释的选择 对厂旗象征意义的选择 厂歌对员工的影响程度
	企业外貌的人文指标	企业生态环境对员工和社会的影响关系 对企业生态环境的评价 企业每年用于生态环境建设的投入 企业工作场所人性化设计布置的评价
	产品的人文指标	产品的人文化评价 产品的环保程度、安全程度 产品设计、制造的个性化评价
	企业技术工艺设备的人文指标	技术工艺设备的现代化、先进化程度 技术工艺设备操作的人性化评价
	企业文化体育设施的人文指标	企业每年用于文化体育活动设施的投入 企业文化体育设施普及率 企业文化体育设施完好率
	企业纪念品、纪念性建筑中的人文指标	对企业的纪念品、纪念性建筑的认可度 企业英雄雕塑对员工的影响程度 企业纪念品的人文性评价
	企业文化网络建设的人文指标	企业每年用于文化网络的投入 对企业网络人文宣传的满意度 对企业网络宣传本企业好人好事的反响度 对企业广告的人文性评价

（二）企业行为文化层面的人文指标

行为文化是企业文化的重要方面，它体现在企业的各种活动中，主要包括：企业生产经营行为活动，有生产劳动过程中员工们的劳动或工作行为、原材料采购供应行为、节约能源和重视环保行为、产品营销各环节行为、售后服务行为等；企业人际关系行为，有管理者和普通员工之间的管理与被管理行为、员工之间和谐互助与矛盾调解行为等；企业文化体育活动；企业对外公共关系行为，有企业与大众传媒关系行为、企业参加社会公益活动、企业与消费者关系行为、企业与政府之间关系行为、企业与社区之间关系行为、企业与社会相关中介组织之间关系行为等。总之，企业活动涉及面广，形式多样，内容丰富，其行为过程中都会体现或者折射出企业文化，这是设计企业人文指标的重要资源。企业行为层面的人文指标如表 4-2 所示。

（三）企业制度文化层面的人文指标

企业制度主要包括：企业产权制度、企业组织制度、企业管理制度。企业制度层面的人文指标如表 4-3 所示。

表 4–2　企业行为层面的人文指标

<table>
<tr><td rowspan="4">企业行为层面的人文指标</td><td>企业生产经营活动的人文指标</td><td>企业税收/年
企业员工的出勤率
企业员工的劳动效率
企业工资水平、工资增长率
企业员工社会保险缴纳率
员工劳动或工作的精神状态评价
企业工作场所的环境质量
企业生产劳动安全度
消费者对企业产品、服务的投诉率
对企业商务营销人员礼仪评价
消费者对企业各项承诺的满意度</td></tr>
<tr><td>企业人际关系的人文指标</td><td>企业员工对企业管理者的综合评价
企业员工对企业管理者的支持率
企业管理者与员工之间的和谐
企业员工之间的和谐
企业员工的违纪处分率
企业决策层、管理层与广大员工之间沟通联系的方式</td></tr>
<tr><td>企业文化体育活动的人文指标</td><td>员工对企业文化体育活动的参与程度
员工对企业文化体育活动开展的满意度
企业文化体育活动对团队建设的影响力</td></tr>
<tr><td>企业对外公共关系的人文指标</td><td>企业在社会上的知名度
企业参加社会公益活动的投入
企业参加社会公益活动的主要形式
企业对消费者投诉的态度
企业对政府政策、法规的执行力
社区对企业形象的评价</td></tr>
</table>

表 4–3　企业制度层面的人文指标

<table>
<tr><td rowspan="3">企业制度层面的人文指标</td><td>企业产权制度的人文指标</td><td>对企业现行产权制度的评价
企业成员对企业产权创新的满意度
企业产权构成评价
企业产权在市场上的流动量/年
企业各产权主体年收益水平</td></tr>
<tr><td>企业组织制度的人文指标</td><td>职工代表在董事、监事中占有席位比例
获取企业重要信息主渠道的选择
对上下级之间沟通状况的评价
对企业的公司法人治理结构的评价</td></tr>
<tr><td>企业管理制度的人文指标</td><td>对企业管理制度综合体现人本化管理的评价
对企业分配制度的公平性评价
对企业劳动收入差别的合理性评价
对劳动人事制度的公正性评价
对企业奖励惩罚制度的公正性评价
对企业落实员工评议管理者制度的满意度
对企业坚持管理者与员工平等对话制度的满意度</td></tr>
</table>

（四）企业精神文化层面的人文指标

企业精神文化的主要内容包括：企业价值观、企业哲学、企业精神、企业家精神、企业作风、企业道德、企业宗旨，如表 4–4 所示。

表 4–4 企业精神文化层面的人文指标

企业精神文化层面的人文指标	企业价值观的人文指标	企业员工个人价值观判断 企业整体价值观判断 企业员工行为取向判断
	企业哲学的人文指标	创办企业的根本目的是什么 经营企业的根本之道是什么 企业在发展高涨时期主要思考的问题是什么 企业在发展困难时期主要思考的问题是什么 企业发展的根本目标是什么 把企业看做一个社会公民还是纯粹的生产性单位 把企业员工看做企业的主体还是一个完全被管理的雇佣劳动者
	企业精神的人文指标	企业精神与企业员工个人精神关系选择 企业员工在企业里实现个人价值的机会 企业对于员工参与管理的重视程度 企业员工对本企业精神的认同感 企业盈利与企业社会使命的关系 企业精神体现在哪里
	企业家精神的人文指标	企业家精神对企业员工的影响力 企业员工对企业家精神的认同感 企业家精神与企业精神的关系 现代企业家精神形成的人文要素选择
	企业作风的人文指标	企业作风在员工身上的体现 企业员工对企业作风的理解 企业作风对员工的影响力 企业作风中人文因素的选择
	企业道德的人文指标	企业员工对企业道德的认同感 企业道德对员工的影响力 企业道德的人文评价
	企业宗旨的人文指标	企业员工对企业宗旨的认同感 企业宗旨的人文评价

第二节 指标体系中重要指标的概述

一、企业和谐度

（一）企业和谐度的提出

中共中央提出了构建和谐社会的要求。这是社会发展的要求，是时代的要求。只有社会每个个体实现和谐，整个社会的和谐才有基础。企业作为社会的细胞，就应当在构建和谐社会中作出努力，也就是说，要在加强企业文化管理中，不断提升企业自身的和谐度。

2006 年党的十六大和党的十六届三中全会、四中全会通过了《中共中央关于构建社会主义和谐社会若干重大问题决定》。国内外媒体和学术界认为，这是第一次在党的正式文件中提出“建设富强民主文明和谐的社会主义现代化国家”，第一次把构建社会主义和谐社会作为一个具有全局性、前瞻性、战略性的崭新课题提到全党全国人民面前，并做出全面部署。可以认为，创建和谐社会已经成为我国社会主义现代化建设的战略任务和奋斗目标。

企业是社会、经济的重要组成单元和动力组织，创建和谐社会应该包含构建和谐企业。在一定程度上，和谐企业建设成功与否，直接关系到和谐社会建设的成效。可以认为，创建和谐企业是建设和谐社会的必然要求和必然选择。那么什么是和谐企业呢？和谐企业是指企业作为一个独立的经济体，妥善处理各种利益关系，避免短期经济行为和社会行为，积极寻求全面、协调、可持续的发展观，从而最大限度地调动广大员工的积极性、主动性和创造性，实现企业的长期和谐发展。制造业作为企业的重要组成部分，是国民经济建设的支柱性产业。它的和谐建设对创建和谐企业具有重要的意义，并关系到创建和谐社会的全局。一般来讲，和谐制造企业建设包括四个方面的内容：企业与职工的和谐、职工与职工的和谐、企业与社会的和谐、企业发展和谐。其核心内容是通过导入“关爱员工、以人为本、团结协作、循环发展、遵纪守法、诚实至上”的和谐理念，达到企业利益与职工利益、企业利益与社会利益和职工间的利益和谐统一，最终实现企业的可持续发展。

从文化、思想、社会责任的视角出发研究企业和谐化发展。有的学者曾指出，凝聚力的提高即通过企业的文化目标、关心职工、民主参与管理和领导人的非权力影响力来培育和提高表征凝聚力的归属感、亲和感、责任感和自豪感。也有学者指出，从企业集团文化建设入手，增强企业集团凝聚力，可使企业集团真正成为市场经济海洋中的航空母舰，成为各地经济的支柱和发展的龙头。部分学者认同思想因素在企业和谐度和凝聚力的改善过程中所起到的有效作用以及占据的重要地位。有些学者强调从领导行为、企业承担社会责任的角度来阐述其与企业凝聚力、企业和谐发展的关系。不少学者更倾向于选择影响企业和谐度和内部凝聚力提升的某一因素来研究。

（二）构建和谐企业的要求

(1) 关注员工的全面发展。关注员工的全面发展是构建和谐企业的首要要求，也是企业人文的基本要求。而从企业生存的角度来看，只有员工素质得到全面提升，企业经

济效益才会持续增长，企业的和谐度才会得到提升。因为企业效益的维系，和谐度的提高，最终取决于员工素质的全面优化。所以要提升企业和谐度，就必须全面提升员工素质。要全面提升员工素质，需强化两个方面的工作。首先，必须引导员工树立起符合时代发展要求的正确的价值观和人生观。企业的不和谐往往与员工未树立起正确的价值观和人生观直接相关。因此企业要通过多种方式和手段，引导员工树立起既坚持共产主义远大理想，又脚踏实地做好本职工作的思想，既为实现自身人生价值而努力奋斗，又要为社会、为企业竭诚奉献，从而使员工自觉地处理好国家、企业、个人三者之间关系。其次，必须引导员工树立起学习质量决定生存质量的观念意识。要实现员工和企业的全面发展，不仅要建立起工作学习化、学习工作化的机制，更重要的是要切实引导员工树立起学习质量决定生存质量的观念意识，从而促使员工不仅能够自觉地学习和能动地学习，而且还能够促使员工不断改进学习方法，努力提高学习效果。

（2）不断优化企业外部环境。从一般意义而言，没有整个社会的高度和谐，也就没有企业的和谐。即没有大环境的和谐，也就没有小环境的和谐。中共中央提出创建和谐社会，既是一个得人心、合民意的英明决策，又对创建和谐企业提供了前提条件和基本导向。因此，全社会都要重视和谐社会的创建，切实消除或减少社会不良因素对和谐企业创建的消极影响。首先，要大力根除腐败现象。要力争在机制上、制度上，根除党内和政府官员中存在的腐败现象对创建和谐企业的负面影响。其次，建立公平竞争的社会机制。建立科学、规范、有序和公平、公正的市场竞争机制，使企业在同一尺度上、同一平台上展开生存与发展的竞争。最后，营建良好的社会文化。社会舆论宣传要大力提倡正确的价值观、人生观、道德观，为确立正确的企业价值观和员工的人生观提供有力的导向。要大力净化网络，以减少或避免不良网络文化甚至腐朽文化和反动文化在员工中的传播和侵蚀。

（3）努力提高企业发展质量。企业和谐必须有坚实的经济基础作后盾，也就是要大力提高企业发展速度和发展质量，为创建和谐企业奠定坚实的物质基础。因为企业能否站稳市场，能否吸引更多的社会顾客，能否把全体员工凝聚起来，能否保持持续快速健康发展态势，都最终取决于企业的发展质量和发展水平。所以，提升企业和谐度，最为核心、最为重要的就是企业要加快发展速度，提高发展质量。因此不管发展的路子有多么曲折，都要始终坚持把发展放在首位，把发展作为第一要务，努力抓好、抓出成效，使员工感到企业有着光明美好的发展前景，从而聚人、聚心、聚力，实现企业和谐。

（4）力争公平决断每一件事。没有公平与正义，就没有企业的稳定与和谐。这里的公平有三个含义：就社会学角度而言，指的是企业员工之间的政治地位、经济收入、消费水平比较接近而不过分悬殊；就法学角度而言，指的是权利与义务对称，员工的获得应该与其所承担的责任以及所作出的贡献相一致；就伦理学角度而言，指的是每个员工都拥有平等的生存、发展的权利和机会。因此，企业公平地决断每一件事，是企业具有向心力、凝聚力、感召力的重要基础。企业要实现公平与正义，第一，要确立契约理念。企业制度设计要体现契约精神，也就是企业制度应是企业和员工双方认可或认同的，而企业员工又自觉地以契约精神来对待企业制度，切实践行自己的承诺，从而通过减少领导者的盲动行为和人治现象，来避免各种不平等现象的发生，进而更好地提升员工对企业、对客户、对社会的忠诚度。第二，要推行阳光决策。只有在阳光下决策，公平的实现才有可能。因为实践一再证明，任何暗箱操作，或个人的独断专行，都没有公平可言。所以应当积极在实践中探索出更多的、管用的、科学的公开载体，以搞好公开决策、民主决策，力争通过群体或集体的力量和智慧，把诱发不和谐的不公平之事减少到最低限度。第三，要坚决处罚不公平之事。在一些企业中，有些决断的不公平，并不是不能做到公平决断，而是其领导为了自身某种利益而有意为之，进而造成企业的不和谐。对于这种现象，上级应当给予当事者必要的经济与行政处罚，从而切实避免类似事件的再度发生。

（5）深化企业、地方文明共建活动。实现企业与地方间的和谐，就企业而言，必须通过多种途径加强与当地政府的沟通与合作。其基本手段是：第一，积极承担企业应当承担的社会责任与义务。坚持按规定上交应缴纳的利和税，坚决避免偷税漏税现象。这是密切企地关系的基础。第二，积极搞好社会公益活动。如积极参与地方政府开展的植树、抢险、赈灾、助残、文明小区和文明街道创建等社会公益活动。第三，加强与地方政府的沟通与联系。不定期地向当地政府汇报企业工作，宣传企业的工作目标及提出面临的困难、问题和建议，以获得地方政府的理解与支持。第四，热情参与相关比赛。踊跃参与地方政府相关部门组织开展的文艺表演、体育竞赛、技能比武、相关展览等，从而增强相互间的友谊。

（三）构建和谐企业的路径

总的来看，构建和谐企业首先要建立良好的企业文化，而良好的企业文化则是要将人文观念贯彻到文化的方方面面。

（1）营建先进的理念文化。要通过多种形式的宣传教育，讲形势、讲任务、讲发展，使员工逐步确立起先进的学习理念、市场理念、安全理念、发展理念、服务理念等。通过先进理念的确立，使员工的主人翁意识得到更好增强，奉献精神得到更好发扬，安全观念得到更好树立，服务质量得到更好提升。

（2）营建科学的行为文化。诸如在管理和质量管理两大体系的整合中，要本着科学、规范、管用的原则，进行简化、优化、固化。对涉及员工切身利益的制度，应由职代会讨论通过，并以契约的形式予以确立，以提高制度执行的可行性。同时，在制度面

前要一视同仁，认制度不认人，以维护制度的严肃性。要通过日常的教育引导和正反典型的宣传，提高员工对企业、对领导、对同事、对他人的忠诚度，从而营造出个个员工都讲诚信的良好氛围。同时，既要用制度管人，又要以情动人。治理企业要从管人开始，管人要从爱人开始。不善于济人之困、助人之难、解人之危、感人之心的团队，最终将成为一盘散沙，没有战斗力。因此，要找准制度管人、管事与以情感人、育人的最佳结合点，以营造出浓郁的领导与员工、员工与员工的情感氛围。

(3) 营建独特的视觉文化。按照标准化管理、标准化班组、标准化现场的“三标”建设要求，加强企业基础建设，强化企业的标识、旗帜、工装的个性化、醒目化和规范化，加强厂区的净化、美化、绿化建设，以给人整洁有序、文明规范和蓬勃向上之感。

二、企业员工幸福度

（一）幸福感的概念阐述

在当今社会，幸福度得到了越来越广泛的关注。对于幸福，不同的人有着不同的理解。有的人认为，幸福是不断拓展自己的财富，拥有了财富也就拥有了自己想要拥有的一切，也就得到了幸福。有的人认为，眼前所享有的一切：宁静、安逸、简单的生活，原本就是难得的幸福。而随着人文思想在企业文化中的推进，员工主观幸福度也成为企业关注的领域之一。

许多学者将幸福感界定为满意感，以确保幸福指数研究的可操作性。于是，总体生活满意感和具体生活领域满意感（例如，经济状况、工作状况、家庭生活、社会交往、休闲活动、居住环境等）成为考察幸福感的主要指标。这种研究思路明显受到了20世纪中期风头正劲的认知心理学的影响，对幸福感的考察被置于个体对自身生活需求满足程度的认知评价的基础之上。这一研究取向基本主宰了半个多世纪的幸福指数研究。另外一些研究者试图从情感体验来把握幸福感，幸福感被等同于快乐感。由于情感因素较多地与心理健康联系在一起，因而这一研究取向也被赋予了较多的心理健康色彩。还有一些研究者则将视野投向了个体潜能的发挥与价值实现，他们将个体的自我实现程度作为衡量人们幸福感的核心内容，自主、环境驾驭、个人成长、生活目的、自我接受等与个人价值密切相关的要素成为幸福感的重要成分。在他们看来，价值感是幸福感的核心。总体来看，不同的研究取向从特定的侧面揭示了幸福感的部分特征，但也都存在着各自的缺憾，这一点已经被国外的一些研究者所意识到。因此近年来出现对不同研究取向加以整合的努力，但迄今仍没有取得令人满意的结果。

尽管“主观幸福感”这个术语使用频率颇高，但对其含义的界定和理解却存在着相当大的差异。

(1) 一些研究者在认知的层面上加以理解，将主观幸福感等同于满意感。例如，美国学者雪恩和约翰逊认为主观幸福感就是生活满意感，它可以定义为“依据自己所持的准则对自身的生活质量的总体评价”。

(2) 另一些研究者则在情感层面上使用这一术语，主观幸福感很大程度上被等同于快乐感。例如，美国学者罗斯等人认为，“主观幸福感是一个人对他自己当前的幸福状况的评价，这种评价常常可以用那些情感性的术语加以表达。当你问到一个人的主观幸福感如何时，他常常会这样回答‘我感觉良好（good）’”。

(3) 还有一些研究者强调，主观幸福感这种快乐来自人们自身潜能充分发挥而获得的价值感。例如，美国学者沃特曼将人们对快乐的体验分为两种，认为除了需求得到满足而获得的享受之乐外，还存在一种个人自我展现之乐。也就是，通过全身心投入，以使自我潜能得以充分发挥，因自我实现而获得的快乐。

在上述三个维度上，国外研究者们都编制或找到了相应的测量工具对主观幸福感进行测量。我们将在下节具体论述。

（二）影响员工幸福感的因素

国内外的大量研究表明，收入的高低、公平公正和谐、个人发展愿望的满足、人性化的关怀等都是影响幸福感的重要因素。尤其是当经济发展到一定程度，工作收入能较好地满足生存需要时，人们更希望工作是能实现自我价值的阶梯和获取幸福的源泉。

如今衡量员工是否幸福不仅仅要以员工收入的多少来衡量，更要考虑到其他方面的内容。

增强员工“幸福感”就要使员工不断实现自我价值。自我价值的实现是人的最大幸福，能最大限度地激发出人的内在积极性和创造性。其主要包括两个方面：获得更丰厚的物质回报，让自己及亲人的生活质量得以提高；获得更好的晋升机会，让自己的才能得到更大的发挥空间。为实现员工自我价值，首先，应建立以业绩为主要考核指标的薪酬管理制度，“以数据说话，用制度管人”。企业应坚持“多劳多得”原则，根据不同的岗位、工作性质、工作环节等制定科学全面的薪酬管理制度，实行动态管理。这种薪酬制度必须将业绩、责任、职级、技能等予以量化，激励员工不断提升业绩，勇于承担责任。当员工的努力得到最大的薪酬回报时，他们才会觉得幸福。其次，建立畅通的干部职务晋升和员工级别晋升通道，使员工的培养——员工的培训——优秀员工的选拔——职务或级别的晋升形成一个完整的体系。一要确定员工的培养体系，根据每个员工的素质及特点与员工一起确定职业发展方向，让员工在明确努力方向的同时，感受到企业对自己的关爱，从而产生强烈的归属感和上进心；二要制定员工培训目标，开展以提高员

工业务技能为主要目的的培训，这可以增强员工的安全感，并使其更加得心应手地工作；三要明确优秀员工选拔制度，以德、能、勤、绩为主要考核指标，坚持公开、公正和不拘一格用人才的原则，杜绝暗箱操作。通过科学地组织人力资源，优化人力资源，使人才的能力得到充分发挥，要使平凡的人也能成为人才，最终为企业做出贡献。在这样的环境里，员工的工作业绩能得到客观公正的评价和回报，既有物质驱动力，又有精神激励；既有规章制度的强制执行，又有关怀备至的柔性管理，人际关系和谐，员工以企业为家。增强员工“幸福感”就要建立和谐的干群关系、和谐的同事关系、和谐的工作环境。人生最美好的时光都在工作时段，如果不能在工作中体验到快乐，人生的幸福又能从哪里来呢？首先，管理者要创造一个生机勃勃、充满活力的工作氛围，激发员工的智慧，让员工快乐地工作，激情地创造，从工作中感受到人生的意义，并使员工时时感受到领导的关怀，从而从心理上产生一种受到尊重的幸福感。其次，管理者要不断地肯定员工的工作业绩，尊重员工的劳动，对员工工作提出褒奖。每位员工都希望把工作做好，都希望自己的劳动价值得到别人的肯定，因此，企业应该关注员工的业绩，不吝啬鼓励之词。比如，对“忍辱负重、埋头苦干”的群体心理，就应该充分重视其无私奉献的精神内核，鼓励“负重”、“苦干”的人；不鼓励，就会“鞭打快牛”，让老实人吃亏，使现存的老实人变得不再老实，最终导致人文环境荒漠化。如果企业对员工的成绩视而不见，却对员工缺点大加挑剔，员工的积极性就容易被挫伤，从而否定自己，工作消极，职业幸福感便无从谈起。最后，要创造和谐的工作环境。和谐的工作环境包括外在环境和内在环境，外在环境如舒适的办公室、功能齐全的健身房等，内在环境如工作分配的合理化程度、员工之间工作关系的和谐程度等。

增强员工“幸福感”就要充分发挥企业文化的导向作用。比如，不定期地举办一些岗位技能竞赛、拓展训练、文化培训、演讲比赛等活动，一方面可以丰富企业员工的业余文化生活，另一方面也陶冶了员工的情操，增强了凝聚力。当个人的需要能在企业内得到满足，感觉在企业工作很“幸福”，员工就会充分发挥积极主动性，充分发挥创造潜力，就会成为企业和谐发展的创造者和维护者。

三、企业社会责任履行度

（一）企业社会责任

企业社会责任（Corporate Social Responsibility，CSR）是指企业在创造利润、对股东承担法律责任的同时，还要承担对员工、消费者、社区和环境的责任。企业的社会责任要求企业必须超越把利润作为唯一目标的传统理念，强调在生产过程中对人的价值的关注，强调对消费者、环境、社会的贡献。

（二）企业社会责任的作用

企业履行社会责任有助于解决就业问题。除通过增加投资，新增项目，扩大就业外，最重要的是提倡各企业科学安排劳动力，扩大就业门路，创造不减员而能增效的经验，尽量减少把人员推向社会增大就业压力。过去只有 ISO9000 和 ISO140000 国际认证，现在对企业社会责任也有了一个旨在解决劳动力问题、保证工人工作条件和工作环境的国际认证标准体系。这一标准明确规定了企业需保证工人工作的环境干净卫生，消除工作安全隐患，不得使用童工等，切实保障了工人的切身利益。现在众多企业积极履行社会责任，努力获得 ISO8000 国际认证，不仅可以吸引劳动力资源，激励他们创造更多的价值，更重要的是，通过这种管理可以树立良好的企业形象，获得美誉度和信任度，从而实现企业长远的经营目标。从这个意义上说，企业履行社会责任，有助于解决就业问题。

企业履行社会责任有助于保护资源和环境，实现可持续发展。企业作为社会公民对资源和环境的可持续发展负有不可推卸的责任，而企业履行社会责任，通过技术革新可首先减少生产活动各个环节对环境可能造成的污染，同时也可以降低能耗，节约资源，降低企业生产成本，从而使产品价格更具竞争力。企业还可通过公益事业与社区共同建设环保设施，以净化环境，保护社区及其他公民的利益。这将有助于缓解城市尤其是工业企业集中的城市经济发展与环境污染严重、人居环境恶化间的矛盾。

企业履行社会责任有助于缓解贫富差距，消除社会不安定的隐患。一方面，大中型企业可集中资本优势、管理优势和人力资源优势对贫困地区的资源进行开发，既可扩展自己的生产和经营，获得新的增长点，又可弥补贫困地区资金的不足，解决当地劳动力和资源闲置的问题，帮助当地脱贫致富。另一方面，企业也可通过慈善公益行为帮助落后地区的人民发展教育、社会保障和医疗卫生事业，既解决当地政府因资金困难而无力投资的问题，帮助落后地区逐步发展社会事业，又通过公益事业达到无与伦比的广告效应，提升企业的形象和消费者的认可程度，提高市场占有率。

（三）企业社会责任指数的人文特征

（1）企业社会责任是企业对大众、对人类的责任，这是企业在更广范围上尊重人、关心人、以人为本的体现。前面已经谈到企业社会责任的含义，是指企业在创造利润，对股东利益负责的同时，还要承担对企业利益相关者的责任，保护其权益，以获得在经济、社会、环境等多个领域的可持续发展能力。定义中的企业利益相关，其外延很大、很广泛。

（2）企业经济利益的价值目标提升为企业社会责任的价值目标，是企业人文价值的充分体现。首先是社会责任指数的评估和发布可以激发企业的荣誉感，让上市公司履行它的社会责任才能正面激励它。其次是通过社会责任投资，通过将社会资本投资到那些摒弃一味追求股东经济利益最大化的目标，使企业做大做强，使资本市场发挥最大的配置作用。

（3）强调企业社会责任是现代企业人文管理的必然要求。人文管理力图塑造协调的人际关系。评价一个企业社会责任的好坏、是否履行社会责任有两个方面的原则：第一是社会责任的管理。一个企业是不是有相关的理念、相关的战略、相应的组织体系，在人力资源、采购各个方面能不能把这些社会责任的观念落实下去，我们叫做社会责任管理。第二是社会责任信息的披露。

四、企业文化的健康度

（一）企业文化健康度概念

世界卫生组织 1946 年成立时，在其宪章中对健康的涵义做了科学的界定："健康乃是一种在身体上、心理上和社会适应方面的完好状态，而不仅仅是没有疾病和虚弱的状态。"就是说，健康这一概念的基本内涵包括生理健康、心理健康和社会适应良好三个方面，表现为个体生理和心理上的一种良好的机能状态，亦即生理和心理上没有缺陷和疾病，能充分发挥心理对机体和环境因素的调节功能，保持与环境相适应的、良好的效能状态和动态的相对平衡状态。其中，社会适应性归根结底取决于生理和心理的素质状况。心理健康是身体健康的精神支柱，身体健康又是心理健康的物质基础。良好的情绪状态可以使生理功能处于最佳状态，反之，则会降低或破坏某种生理功能而引起疾病。身体状况的改变可能带来相应的心理问题，生理上的缺陷、疾病特别是痼疾，往往会使人产生烦恼、焦躁、忧虑、抑郁等不良情绪，导致各种不正常的心理状态。

（1）企业文化健康度是将企业进行人格化处理，并借用"健康"的原意诠注企业文化的状态而形成的一种概念，用以反映企业文化的优劣及其对环境的调适能力，并进而反映其对企业发展的贡献以及对企业发展趋势的影响。从企业文化健康度与人体健康度的对比来看，企业文化的内容体系和结构框架相当于人生理层面的健康，企业文化的价值观念和价值导向相当于人心理层面的健康，企业文化的功能及其对于企业经营业绩的影响相当于人社会适应性层面的健康，而企业文化自身的创新演化则相当于人的长期身体健康以及可持续性。从生理健康角度来说，企业文化的内容体系和结构框架必须健全，符合企业发展的需要；从心理健康角度来说，企业文化的价值观念必须正确，并对

员工形成正确的价值导向；从适应性角度来说，企业文化必须发挥其多方面的功能，并对企业的经营业绩产生积极的影响；从长期健康来说，企业文化应具有可持续发展的态势和不断创新的动力。

（2）企业文化健康度高，说明企业文化适应企业的发展，能调动各方面的积极性，对企业的发展起正向促进作用；相反，企业文化健康度低则说明企业文化已不适应企业发展的需求，甚至成为企业进一步发展的障碍，需要改进甚至重构。具体来说，企业文化健康度能客观地反映企业在精神文化、制度文化和行为文化三个层面的整体状况，是价值观、制度导向、忠诚度、认同感和工作氛围等诸要素的综合。定期对企业文化健康度进行检测、评估，可以及时发现并解决问题，增强企业的生命力和发展活力。

（二）企业健康标准

随着竞争的加剧，企业经营也渐渐以多种多样的嚷名来赚取消费者的偏好，到头来企业团队（尤其是企业家）已经分不清真真假假，最终导致企业行为的追求丧失本质。一个健康的企业应是怎样的状况，检验企业是否健康和健康程度如何的“企业健康标准”是什么呢?

但正如人无完人的哲理一样，一个100%完美健康的企业是不存在的，按照80/20法则，一个企业在主要的“健康指标”——那些能产生80%企业优良效益的20%核心工作上做好了，那么这个企业就可认定为是一个健康的企业。这20%的核心工作就构成了企业健康的核心检验指标。企业健康的核心指标有六个：优势产品线（或行业）、扁平化高效组织、持续的人力资源结构、优异的成本链管理、能促使企业创新发展的企业文化、基于自身能力范围的企业行为。

原则上，我们可以把以上六个核心指标与健康人体的主要指标进行对照：

指标一：优势产品线（或行业）。

产品线就如人体的水分。水分占人体组成物质的70%，人一天中需要最多的就是水。产品对于企业犹如水分对于人体，产品缺乏竞争力，不能及时更新补充，售前售后服务不足等，均是企业的头等大事。

通过优势产品线原则即走路原理，会发现如果在地图上寻找从广州到上海最快到达的道路，那往往不是直线道路，而是阻力最小的那条路！事实上，产品是否具有优势，就看它是否在同类产品竞争中到达顾客面前、让顾客埋单时阻力最小。花多一点时间和精力在你的产品上，比花更多的精力在做广告、促销、降价套现、豪华装修等上面要赚更多的钱，而且是持续良性地赚钱。诺基亚手机除了几年前掀起销量全球第一的5110、8210款式具有外形上的创新设计外，这几年几乎没有一个款式有较大改变，但为什么仍能在竞争激烈的手机市场上占有主导地位？核心原因只有两个：功能方便实用，质量持

续保障。

那些着力于优势产品投资的企业在市场竞争中，往往会获得低成本高回报的效益、良性发展的优势和稳步健康的成长，而热衷于“把梳子卖给和尚”的公司将很难持续发展。

指标二：扁平化高效组织。

组织就如人体的钙。钙是人体骨头的核心物质，组织也是企业的“核心物质”。而这里强调的是“扁平化高效组织”：精干、团结、高效、集思广益、沟通充分、不断创新、没有官僚习气、远离办公室政治、不做表面文章、杜绝浪费和虚肿。组织低效正如人体缺钙，必然疲软。组织唯有高效才能发挥效果。世界上第一家公司成立时，唯一参考与学习的对象只有军队。著名的“金字塔”组织形式目前仍被90%以上的公司广泛使用，军事化管理的身影在企业中随处可见，然而由于企业经营不可能以军队的铁腕手段来进行，因而现代企业的组织问题成了企业家最头痛的一道难题；一个优秀的组织产生了良好的业绩，但很快越来越多的问题就会相继而来，比如人员老化、利益冲突、合作障碍、丧失竞争力，等等。组织优化的主要方向有四点：①合理的扁平化。②勿使管理人员陷入会议海洋中，要让他们把主要精力用在工作上。③克服组织使命危机，避免只把业绩挂在嘴上，搞形式主义，推卸责任。④基于更有利于业绩而进行创建沟通型组织的重组。

指标三：持续的人力资源结构。

人力资源结构就如人体的蛋白质。蛋白质是人体最重要的营养（从数量需求来算），除了水分，蛋白质占人体构成的20%~22%，人体的免疫力下降主要是蛋白质不足导致。人力资源是维持、推动企业组织运作的基本“营养”，而健康的企业不仅拥有充足的人力资源，而且拥有可持续的人力资源，能够维持企业的正常运作。

健康企业在用好人的基础上，一定会培养人，并具有培养优秀员工的能力。优秀员工的培养需要做好以下安排：培养人才的专项费用预算；培养所用的“种子选手”；供种子选手历练的临时工作岗位或工作项目；一个主管培养工作的高层管理人员；适用人才选拔的机制和绩效考核体系。此外，培养人才的工作还必须成为各部门经理的重要职责之一，要促使下级员工的成长。

指标四：优异的成本链管理。

成本链管理就如人体血液中的红血球。红血球是主要的杀毒功臣，所以血液除供人体各组织的细胞所需养分外，还具有重要的“清洁工”作用。企业的成本链管理不仅供企业经营正常运作所需，相对于企业健康而言，还需发挥另一重要功能：监督成本运用，优化利润率，控制企业的最佳效益状态。这就是成本管理的精髓所在。

怪现象一：时下诸多企业陷入了微利（而且是微毛利）局面，利润到哪里去了？

怪现象二：无视成本管理，拼命挣钱，同时拼命花钱。这就需要企业树立成本链管理的意识和体制。优秀的成本链管理对于健康企业来说，不仅要有勇气向浪费宣战，更艰巨、更具意义的是，对隐性成本的控制：工厂的生产不饱和、员工效益不高、新员工的增加等是成本流失的主要原因。这就需要企业建立成本链条，把显性成本和隐性成本纳入成本链体系，并进行分析和控制，或者干脆成立成本链部门专门来管。

指标五：能促使企业创新发展的企业文化。

企业文化就如人体的维生素。维生素种类众多，每种都有其独特功效，但总体而言，维生素对人体健康的关系可以概括成一句话：维持人体各组织的正常运作，并使其运作趋向最佳状态。企业文化最核心的目的也只有一个：使企业的员工更齐心地、更热情地发挥更大潜力为企业服务，使企业的组织更加良性地运转。

而现今很多公司的企业文化都被员工认为是骗局。尽管以人为本、重视人才、唯才是举等被众多企业老板挂在嘴边，但所作所为却背道而驰。究竟什么是优质的企业文化？它至少应具备以下四个特征：

（1）它是企业团队中大多数员工所公认的一些价值观念。

（2）它被企业的大多数员工使用于实际工作中，并由此产生优良的效益。

（3）众多优秀员工之所以留在公司继续服务的主要动力，是公司高效、人性的企业文化。

（4）促使企业管理（或产品）创新的主要动力在于优秀的企业文化。

指标六：基于自身能力范围的企业行为。

基于能力的行为就如人体的脂肪。当前的人体向着两个极端发展：瘦身或者肥胖。企业的健康对照人体，较多的是患有肥胖病：虚肿。企业在经历了创业后，创业家往往自我崇拜起来，磨刀霍霍，意图横扫天下，创建“商业王国”。然而又有多少企业能认清自己的实力，只做力所能及的事情，健康快乐地成长？

健康行为一：消灭“神童”式老板，消灭企业家崇拜。

健康行为二：企业需要重新学习“肥大”与“壮大”的本质区别。

健康行为三：把优势做强、做精、做专。

健康行为四：基于执行力的战略执行。

企业是否健康无法感觉，事实上，大多数并不健康的企业都自我感觉良好。用六个企业健康的核心指标进行检验，你就会知道自己的企业健康程度如何，哪里出了毛病，毛病有多严重。这个世界并不缺医生，也不缺药品，所缺的是你要“定期体检”而已。

（三）企业文化健康度评价的意义

评价反馈是现代管理过程的重要环节，主要通过对管理活动和管理任务进行评价，然后依据评价结果对管理决策和管理计划做出动态修正，以期更好地达到目标。对企业文化进行科学评价是现代企业文化建设的重要策略之一。通过科学的评价不仅可以对企

业文化成果做出客观公正的评价，进而总结推广成功经验，营造良好的企业文化建设氛围，激发广大员工参与企业文化建设的热情，更为重要的是，企业文化健康度测评就像人的定期体检一样，可及时发现身体的异常，从而避免病情加重。具体来说，企业文化健康度评价对企业发展的积极意义有以下几个方面：

（1）加强企业文化健康度评价是提高企业核心竞争力的内在要求。现代企业的维系和发展需要两个纽带：一个是物质、利益、产权的纽带，类似企业的“硬件”；另一个是文化、精神、理念的纽带，类似企业的“软件”，两者互相支撑，缺一不可。从“软件”方面来说，企业文化健康度评价就是要在实践中逐步树立、形成正确的企业价值观念、独特的企业精神、合理的经营之道、崇高的经营境界以及为广大员工所认同并自觉遵守的道德规范和行为准则。企业“软件”搞好了，同时配以企业的“硬件”建设，才具有双重动力，企业的核心竞争力才会提高。

（2）企业文化健康度评价是企业战略取得成功的重要保障。优秀的文化能够突出企业的特色，形成企业成员共同的价值观念，有利于企业制定出与众不同的、能克敌制胜的战略。企业战略制定以后，需要全体成员积极有效地贯彻实施，而企业文化具有导向、约束、凝聚、激励及辐射等功能，有利于激发员工的热情，促使全体员工为实现企业的目标而努力奋斗。评价企业文化健康度正是为了找出企业文化存在的问题，从而为企业战略的制定和实施打下良好的基础。

（3）企业文化健康度评价是企业人力资源管理成功的基础。企业人力资源管理，从招聘、培训、薪酬福利、绩效考核、晋升通道、任职资格体系到战略规划，每一个环节都与企业文化息息相关。企业文化通过导向功能影响企业的人力资源管理过程，而人力资源管理需要在一定的企业文化基础上进行，服从于企业文化这个软环境，这是人力资源管理发展到今天的必然要求，也是企业管理所追求的最高管理境界。企业文化健康度评价，有利于找出企业人力资源管理问题的根源所在，营造愉悦的工作氛围，增强企业凝聚力，激发和保持员工的自觉执行力，从而促进企业的进一步发展壮大。

第三节　指标体系中重要指标的量化

一、企业和谐度量化——企业和谐指数

我们从企业与社会和谐、企业与职工和谐、职工与职工和谐、企业发展和谐四大方

面，建立了和谐制造企业评价指标结构体系，包括 4 个一级指标、12 个二级指标、34 个三级指标（见表 4-5）。

表 4-5 和谐制造企业评价指标结构体系

一级指标	二级指标	三级指标
企业与社会和谐	企业与顾客	产品销售额
		顾客满意度
		顾客投诉率
	企业与供应商	生产资料采购便利性与稳定性
		生产资料采购价格
		制造设备采购价格
		制造设备采购质量
	企业与政府	政府支持
		企业税金增长率
企业与职工和谐	企业激励与待遇	人事制度安排
		工作责任及效率
		合理意见处理率
		职工工资及其他福利水平
	企业保障机制	养老计划
		医疗计划
		公积金和住房计划
	人机和谐	安全文化建设
		安全监督体系
		安全质量体系保障
		技能考核及培训计划
职工与职工和谐	职工素质	职工技能
		大专以上职工比重
		中级以上职称职工比重
	职工结构	男女比率
		退休人员比重
		行政人员与技术人员比重
		职工年龄分布
	职工责任	职工忠诚度
		职工诚信度
企业发展和谐	增长指数	主营业务年利润率增长率
	制造设备折旧	主要制造设备更新服务年限
	可持续发展	人才引进
		研发投入
		职工培训计划

（1）企业与社会和谐。社会是企业存在和发展的基础，和谐企业应建立在企业与社会和谐共生、互利协调发展的基础之上，包括企业与顾客、企业与供应商、企业与政府

的和谐三个方面。每一个方面可以分解到更加明晰的方面。例如，企业与顾客和谐指标可以分解为产品销售额、顾客满意度和顾客投诉率三个方面；企业与供应商和谐指标可以从生产资料采购便利性与稳定性、生产资料采购价格、制造设备采购价格、制造设备采购质量四个方面来描述；而企业与政府和谐指标可以从政府支持、企业税金增长率来刻画。

（2）企业与职工和谐。职工是企业生产的主体和依托，这种主体和依托从企业激励与待遇、企业保障机制、人机关系等方面表现出来。因此，对于企业与职工和谐我们从企业激励与待遇、企业保障机制、人机和谐 3 个维度来考虑。而每一个维度可以从更加明细的指标来刻画。例如：企业激励与待遇可以从人事制度安排、工作责任及效率、合理意见处理率和职工工资及其他福利水平 4 个明细指标来刻画；企业保障机制可以从养老计划、医疗计划、公积金和住房计划 3 个明细指标来刻画；人机和谐可以从安全文化建设、安全监督体系、安全质量体系保障、技能考核及培训计划 4 个明细方面来刻画。

（3）职工与职工和谐。和谐企业拥有一种负责的、有较高素质和结构合理的职工和谐体系。在这个和谐职工体系下，人力资源真正成为企业的最重要的生产因素。基于此，职工与职工和谐指标下设置了职工素质、职工结构和职工责任 3 个二级指标，并在每一个二级指标下面设了若干三级指标。例如，职工素质下设置了职工技能、大专以上职工比重和中级以上职称职工比重 3 个三级指标；职工结构下设置了男女比率、退休人员比重、行政人员与技术人员比重和职工年龄分布 4 个三级指标；职工责任下设置了职工忠诚度和职工诚信度 2 个三级指标。

（4）企业发展和谐。构建和谐企业最终是为了促进企业的长期持续发展，因此企业发展和谐指标也应该是企业和谐建设的重要方面，它包括增长指数、制造设备折旧和可持续发展 3 个维度。这其中，增长指数用主营业务、年利润增长率来刻画；制造设备折旧用主要制造设备更新服务年限来刻画；可持续发展用人才引进、研发投入和职工培训计划等来刻画。

二、企业员工幸福度量化——员工幸福指数

（一）幸福指数

幸福指数所评价的幸福，并非形而上学以及简单生活形态层面所指向的“幸福”，而是科学层面所评价的“幸福感”，它是反映民众主观生活质量的一种核心指标。

主观生活质量研究中最常用的一个术语是 Subjective Well-being（简称 SWB），国内研究者一般将其译作“主观幸福感”，国外主观生活质量研究者将其视为体现生活质量

的核心内容，在许多场合下可以与“主观生活质量”混用。较早从主观幸福感意义上对生活质量明确加以阐述的是美国社会心理学家 Campbell。在 20 世纪 70 年代中期的一篇论文中，他这样写道，生活质量是“源于一个人对自己整体生活的当前体验而产生的主观的幸福感受”。

在考察员工的幸福指数时，最经济、最有效的方法，便是让他们对自己的主观幸福状况做出直接的评价。这种思路和做法，对考察个体幸福体验可能有一定的意义，但对于揭示隐含在幸福感之中的具有普遍意义的社会心理现象则没有多大帮助。因为，幸福体验的个体特征决定了不同个体的幸福感具有不同的含义，幸福体验的文化差异特征则决定了不同文化背景下群体的幸福感含义也不尽相同。在歧义丛生的幸福概念下考察幸福指数，也就失去了对幸福感进行描述和比较研究的基础，因而也就失去了研究的可操作性和现实价值。国外早期的幸福指数研究者，从一开始就对这一“陷阱”保持了足够的警惕。

幸福指数的研究首先应当超越“幸福”这个概念，从研究渊源和研究目的出发，可以将幸福指数视为反映民众主观生活质量的核心指标。在主观生活质量的层面上，我们对以往的幸福感研究加以整合，提出了体验论幸福感的观点。根据这一观点，幸福感是由人们所具备的客观条件以及人们的需求价值等因素共同作用而产生的个体对自身存在与发展状况的一种积极的心理体验。体验论幸福感的含义可以从形式和内容两个方面来加以理解。从形式方面讲，幸福感是一种心理体验。这种体验并不是某种转瞬即逝的情绪状态，而是基于主体自觉或不自觉的自我反省而获得的某种切实的、比较稳定的正向心理感受。从内容来讲，幸福感是人们所体验到的一种积极的存在状态。这种体验到的存在状态，不仅受到个体所处社会发展程度的影响，而且具有鲜明的文化特征。幸福感是一种个体的心理体验，但幸福指数反映的则是一种社会事实，或者说社会现象，它体现的是一般民众或特定的社会群体在特定时期主观生活质量的变化程度。按照这样一种研究思路，我们采取逻辑分析与因素分析相结合的方法，通过访谈与问卷调查编制了适合当前我国民众幸福体验的测量工具及评价指标体系，这个评价体系包含知足充裕体验、心理健康体验、成长发展体验、社会信心体验、目标价值体验、自我接受体验、人际适应体验、身体健康体验、心态平衡体验、家庭氛围体验等维度。每个维度可以根据一定的准则赋值，在此基础上加和汇总可以得到反映特定时段民众幸福感水平的分数。如果我们以某一年对民众幸福体验抽样调查所得的平均分数作为基点值，将其他年份抽样调查的平均分数与之相比，就可以得到体现民众主观生活质量变化程度的幸福指数。

（二）编制员工幸福指数的意义

编制员工幸福指数具有很重要的现实意义。第一，可以衡量群众主观生活质量。在衡

量人们物质生活上有了人均可支配收入等一系列指标体系，而在衡量人们精神生活质量的方面则无据可循。员工幸福感量表，可以作为一种供选择的工具。第二，相比于其他各种统计数据，员工幸福指数更能鲜活地反映一个企业或者公司发展的成就与不足，因此可以作为体现和谐企业精神的完整的指标体系的重要组成部分。第三，员工幸福指数以员工作为对象，以人的幸福感作为内容，具有显著的人文关怀、人文情感等人文特征，通过员工幸福指数可以观察到企业或公司人文环境、人文关系的发展建设情况。第四，有益于动态地把握民意走向，既可以为我国城市在政治经济社会等方面的重大改革和决策中提供事前咨询和事后反馈，也可以为建立城市安全与稳定的预警系统提供帮助。

（三）企业员工幸福感量化指标

根据邢占军提出的体验论主观幸福感测量的观点，幸福感是由人们所拥有的客观条件以及人们的需求价值等因素共同作用而产生的个体对自身存在与发展状况的一种积极的心理体验，它是满意感、快乐感和价值感的有机统一。从我国的企业文化背景和当前的社会实际出发，我们类似地提出了由八个次级指标构成的我国民众幸福指数指标体系：知足充裕体验指数、心理健康体验指数、成长进步体验指数、企业信心体验指数、目标价值体验指数、自我接受体验指数、人际适应体验指数、心态平衡体验指数。以下是八项次级指标的具体含义：

（1）知足充裕体验指数：反映的是人们在企业里所能获得的客观物质条件的心理体验。高分者的显著特征是：对企业客观物质条件感到满意，不会因经济条件而感受到某种压力。

（2）心理健康体验指数：反映的是人们在适应企业方面的心理体验。高分者的显著特征是：精力充沛，能够处理好日常工作方面的事情；心胸开阔，性格开朗；轻松自如，遇到困难能够从容应对。

（3）企业信心体验指数：反映的是人们对企业发展态势的心理体验。高分者的显著特征是：对企业的发展充满信心，相信企业的发展趋势对人们有利。

（4）成长进步体验指数：反映的是人们对自身职业发展方面的心理体验。高分者的显著特征是：能够积极地面对工作，把工作作为一个不断学习提高的过程；能够经常感受到自身在工作中所取得的进步；清楚自身前进的目标，并克服各种困难实现目标。

（5）目标价值体验指数：反映的是人们对人生目标和发展方向的心理体验。高分者的显著特征是：有充实感，感到手头做着的事情充满乐趣，清楚自己的长期职业规划，并理解当前所做事情的意义。

（6）自我接受体验指数：反映的是人们对自我悦纳方面的心理体验。高分者的显著特征是：充满自信，认可自己的工作质量；承认和容忍自身在很多方面的优缺点，对过

去的经历持肯定的态度。

（7）心态平衡体验指数：反映的是人们在心态调适方面的心理体验。高分者的显著特征是：能够坦然接受自己的工作和生活现状，并坦然面对工作中带来的压力；不怨天尤人，对别人的生活能够持一种平稳的心态。

（8）人际适应体验指数：反映的是企业人际关系的和谐程度。高分者的显著特征是：认为在企业里容易建立融洽、真诚的人际关系网；同事之间能够相互理解、互谅互让。

三、企业社会责任履行度量化——企业社会责任指数

（一）企业社会责任的内容

（1）承担明礼诚信确保产品货真价实的责任。由于种种原因造成的诚信缺失正在破坏着社会主义市场经济的正常运营，由于企业的不守信，造成假冒商品随时可见，消费者因此而造成的福利损失每年在2500亿~2700亿元，占GDP比重的3%~3.5%。很多企业因商品造假的干扰和打假难度过大，导致企业难以为继，岌岌可危。为了维护市场的秩序，保障人民群众的利益，企业必须承担起明礼诚信确保产品货真价实的社会责任。

（2）承担科学发展与交纳税款的责任。企业的任务是发展和赢利，并担负着增加税收和国家发展的使命。企业必须承担起发展的责任，搞好经济发展，要以发展为中心，以发展为前提，不断扩大企业规模，扩大纳税份额，完成纳税任务，为国家发展做出更大贡献。但是这个发展观必须是科学的，任何企业都不能只顾眼前，不顾长远，也不能只顾局部，不顾全局，更不能只顾自身，而不顾友邻。所以无论哪个企业，都要高度重视在“五个统筹”的科学发展观指导下的发展。

（3）承担可持续发展与节约资源的责任。中国是一个人均资源特别紧缺的国家，企业的发展一定要与节约资源相适应。企业不能顾此失彼，不顾全局。作为企业家，一定要站在全局立场上，坚持可持续发展，高度关注节约资源，并要下决心改变经济增长方式，发展循环经济，调整产业结构。尤其要响应中共中央的号召，实施“走出去”的战略，用好两种资源和两个市场，以保证经济的运行安全。这样，我们的发展才能持续，再翻两番的目标才能实现。

（4）承担保护环境和维护自然和谐的责任。随着全球和我国的经济发展，环境日益恶化，特别是大气、水、海洋的污染日益严重。野生动植物的生存面临危机，森林与矿产过度开采，给人类的生存和发展带来了很大威胁，环境问题成了经济发展的瓶颈。为了人类的生存和经济持续发展，企业一定要担当起保护环境维护自然和谐的重任。

（5）承担公共产品与文化建设的责任。医疗卫生、公共教育与文化建设，对一个国

家的发展极为重要。特别是公共教育，对一个国家的消除贫困、走向富强就更具有不可低估的作用。医疗卫生工作不仅影响全民族的身体健康，也影响社会劳力资源的供应保障。文化建设则可以通过休闲娱乐，陶冶人的情操，提高人的素质。我们的国家，由于前一个时期对这些方面投入较少、欠债较多，存在问题比较严重。而公共产品和文化事业的发展固然是国家的责任，但在国家对这些方面的扶植困难、财力不足的情况下，企业应当分出一些财力和精力担当起发展医疗卫生、教育和文化建设的责任。

（6）承担扶贫济困和发展慈善事业的责任。虽然我们的经济取得了巨大发展，但是作为一个有 13 亿人口的大国还存在很多困难。特别是农村的困难就更为繁重，更有一些穷人需要扶贫济困。这些责任固然需要政府去努力，但也需要企业为国分忧，参与社会的扶贫济困。为了社会的发展，也是为企业自身的发展，我们的广大企业，更应该重视扶贫济困，更好地承担起扶贫济困的责任。

（7）承担保护职工健康和确保职工待遇的责任。人力资源是社会的宝贵财富，也是企业发展的支撑力量。保护企业职工的生命、健康和确保职工的工作与收入待遇，这不仅关系到企业的持续健康发展，而且也关系到社会的发展与稳定。为了应对国际上对企业社会责任标准的要求，也为了使中共中央关于“以人为本”和构建和谐社会的目标落到实处，我们的企业必须承担起保护职工生命、健康和确保职工待遇的责任。作为企业要坚决做好遵纪守法，爱护企业的员工，搞好劳动保护，不断提高工人工资水平和保证工资按时发放。企业要多与员工沟通，多为员工着想。

（8）承担发展科技和创自主知识产权的责任。当前，就总的情况看，我国企业的经济效益是较差的，资源投入产出率也十分低。为解决效益低下问题，必须要重视科技创新。通过科技创新，降低煤、电、油、运的消耗，进一步提高企业效益。改革开放以来，我国为了尽快改变技术落后状况，实行了拿来主义，使经济发展走了捷径。但时至今日，我们的引进风依然越刮越大，越刮越严重，很多工厂几乎都成了外国生产线的博览会，而对引进技术的消化吸收却没有引起注意。因此，企业要高度重视引进技术的消化吸收和科技研发，加大资金与人员的投入，努力做到创新以企业为主体。

（二）基于企业社会责任履行度的企业社会责任综合指数

企业社会责任指标分解为：经济关系责任指标、社会关系责任指标和自然关系责任指标三个二级指标；以下再分解为若干三级指标和若干四级指标（见表 4–6）。

（1）经济关系责任指标。企业作为一个经营单位，其存在的目的是要吸引各种资源，为社会创造财富，满足人民群众的物质和文化生活需要，同时要促进企业资产的保值与增值，为投资者提供较高的利润，确保投资者在企业中的基本利益的实现。在经济责任方面，企业应该合法诚信地进行企业的经营活动，诚信纳税；尽可能地促进就业，

表 4-6 企业社会责任指标

二级指标	三级指标	四级指标
经济关系责任指标	股东权益责任指标	净资产收益率
		主营业务收入增长率
		企业研发投入比例
	社会经济责任指标	企业每元总资产纳税额
		企业创造就业岗位年增长率
		新产品收入占总销售收入比例
社会关系责任指标	员工权益责任指标	劳动合同签订率
		员工对公平、公正、平等、民主环境的满意度
		员工工资保障
		员工社会福利保障
		员工工作环境
	法律责任指标	企业罚款支出比例
		企业诉讼与仲裁事项
	诚信经营责任指标	顾客满意度
		商业伙伴满意度
		融资机构满意度
	公益责任指标	福利就业
		扶贫支持
		慈善捐助与特定事业支持
自然关系责任指标	环保责任指标	环境保护投入占当期销售额比重
		企业环保满意度
		企业能源使用效率指标

为社会，为所在地区减少就业压力，在不损害其他利益相关者合法利益的情况下，应该保障广大股东和投资者的合法收益权。企业经济责任的实现也是企业实现其环境责任和社会责任的基本保障和前提。

企业经济关系指标具体包括：股东权益责任指标和社会经济责任指标。再往下分解，股东权益责任指标具体又包括净资产收益率、主营业务收入增长率、企业研发投入比例三个四级指标；社会经济责任指标具体又包括企业每元总资产纳税额、企业创造就业岗位年增长率、新产品收入占总销售收入比例三个四级指标。

(2) 社会关系责任指标。企业社会关系责任指标主要从企业内外部利益相关者的利益保障出发来考察企业在社会层面上所承担的责任大小。在企业内部，员工是企业财富的创造者，企业的发展离不开员工的贡献。一个富有社会责任感的企业应该善待自己的员工，充分尊重员工的人身价值，发挥员工的创造性，增强企业的凝聚力。企业经营同样离不开良好的外部环境，而在很大程度上，外部环境是由企业通过自身的经营行为所塑造的社会形象来营建的。这意味着企业需要对自身经营活动所涉及的外部利益相关者承担起法律责任、诚信经营责任以及公益责任。企业承担和履行社会责任不仅是企业作

为社会公民应尽的义务，而且通过对社会义务的完成，能为企业经营营造和谐的外部环境，有助于塑造良好的企业形象，对企业的生存发展产生正的外部性。

企业社会关系责任指标具体包括：员工权益责任指标、法律责任指标、诚信经营责任指标和公益责任指标四个三级指标。再往下分解，员工权益责任指标具体包括劳动合同签订率，员工对公平、公正、平等、民主环境满意度，员工工资保障，员工社会福利保障，员工工作环境五个四级指标；公益责任指标具体包括福利就业、扶贫支持、慈善捐助与特定事业支持三项四级指标。

（3）自然关系责任指标。随着人类社会的不断发展，导致了环境的巨大破坏。环境的污染、土壤的沙化、稀缺物种的减少引起了世界各国科学家的广泛关注和重视，环境保护成为人类面临的迫切而严峻的问题。我国的社会和经济能否保持可持续发展，很大程度上取决于我们对环境保护重要性的认识以及如何进行资源的可持续利用和保护良好的生态环境上。企业在环境污染中扮演了多重角色，因此，企业在消除环境污染、保护环境中肩负不可推卸的责任。企业承担环境责任要求企业在发展经济的同时，一定要高度重视环境保护工作，严格遵守政府政策法规，建立健全有效的环境保护工作，严格遵守政府政策和法律法规，建立健全有效的环境管理体系，加强对职工的宣传教育，提高企业全员环境意识，走与自然环境相协调的可持续发展道路。

企业自然关系责任指标主要包括环保责任指标一个三级指标。再往下分解，环保责任指标具体包括环境保护投入占当期销售额比重、企业环保满意度、企业能源使用效率指标三项四级指标。

四、企业文化健康度量化——企业文化健康指数

（一）企业文化健康度国外研究情况

国外企业文化研究已比较成熟，大量关于企业文化定量研究的成果为企业文化健康度的测量奠定了方法论基础。1992 年，Roger Harrison 和 Herb Stokes 出版了《诊断企业文化——量表和训练者手册》，确定了大部分组织共同具有的四种文化以及存在的问题，在此基础上，针对不同企业提出相应的变化建议，这种诊断可用于团队建设、组织发展、提高产量等。1996 年，德尼森通过对关键文化特性的分解，把文化特性与企业经营管理的核心要素、企业管理行为及员工的行为联系起来，并把这种联系安排在一个科学的象数体系中，为人们从量和质的角度考察企业文化与企业经营管理以及企业经营业绩之间的关系，提供了直观的测量模型和工具。运用德尼森的企业文化模型，可以把某一企业的文化分别与经营业绩较好和较差的企业的文化进行对比，以明确该企业在文化

方面的优势和不足；还可以测量企业现存的文化以及考察该企业文化如何在提高经营业绩方面发挥更好的作用，并提出改进企业文化建设的方案。

（1）1998 年，Kim S. Cameraon 和 Robert E.Quinn 出版了《诊断和改变企业文化：基于竞争价值理论模型》，为诊断组织文化状态和管理能力提供了有效的测量工具，为理解企业文化提供了理论框架，同时也为改变组织文化和个人行为方式提供了系统的策略和方法。

（2）在组织文化定性测量研究方面，埃德加·H.沙因（Edgar H. Schein）主张，评测组织文化的步骤包括：其一，组建一个包括组织成员和专家的小组；其二，提出组织的问题，聚焦于可以改善的具体领域（问题）；其三，确保小组成员理解文化的层次模型；其四，确定组织文化的表象，确定组织外显价值观；其五，研究价值观与组织表象的匹配度，从不匹配处探查深层次的潜在假设；其六，如果探查效果不理想，重复以上步骤，直到理想为止；其七，评测最深层的共享假设，发现哪些假设有助于或阻碍目标问题的改善。可以看出，虽然国外学者并没有明确提出企业文化健康度的概念，但已为企业文化健康度的测评提供了多种方法，并已在实践中广泛运用。不过，一方面，这些方法主要基于发达国家的经济发展背景，若直接用于中国企业文化健康度的测评可能会产生诸多不适应症；另一方面，不少理论偏重于某一方面的测评，如企业文化特质、企业文化对经营业绩的贡献等，尚不能适应全面测评企业文化健康度的要求。因此，必须博采众长，构建切合中国实际的企业文化健康度测评体系。

（二）企业文化健康度评价指标体系

围绕企业文化健康度评价的总目标，科学构建能够标定企业文化健康水平因素的综合评价指标体系，才能对企业文化健康度做出科学评价。本书从我国企业的实际情况出发，结合企业文化的基本内容，根据企业文化健康度评价的指导思想，设计了一个由 3 个层次、5 大因素、25 个基本指标构成的企业文化健康度评价指标体系（见表 4-7）。第一层次为精神文化，包括价值观（含责任感、执行力、身份认知、企业存在理由、民意）和认同感（含战略目标、领导人格、管理风格、对企业依赖感、员工态度）；第二层次为制度文化，主要是制度导向（含考核体系、日常管理、形象规范、个性化管理、决策制度）；第三层次为行为文化，包括忠诚度（含诚信、员工离职、企业对人重视程度、职业匹配、薪酬满意）和工作氛围（含文化生活、学习培训、团队、矛盾及解决、沟通）。

表 4-7 企业文化健康度评价指标体系

一级指标	二级指标	三级指标
精神文化	价值观	责任感
		执行力
		身份认知
		企业存在理由
		民意
	认同感	战略目标
		领导人格
		管理风格
		对企业依赖感
		员工态度
制度文化	制度导向	考核体系
		日常管理
		形象规范
		个性化管理
		决策制度
行为文化	忠诚度	诚信
		员工离职
		企业对人重视程度
		职业匹配
		薪酬满意
	工作氛围	文化生活
		学习培训
		团队
		矛盾及解决
		沟通

● 本章小结

采用企业人文指标体系是为了更好地对企业人文发展进行系统管理和量化评价。我们从企业文化的四个层次着手构建企业人文指标体系。从企业和谐度、企业员工幸福度、企业社会责任履行度、企业文化的健康度出发来衡量企业人文的发展程度，最后可以诊断出企业人文发展过程中表现优异的部分和仍然存在的问题。避免人文主义在企业文化中浮于表面，仅仅成为一种概念，一种口号。

（一）企业物质文化

物质文化是企业文化的表层部分，是形成企业文化的精神文化、制度文化和行为文化的条件。企业的物质文化就是以企业的各种物质形态所体现或者折射出一定文化含义的一种企业文化形式。

改变一种物质形态，相对于改变一种精神形态来说是比较容易的事情。正是从这个意义上，我们说企业物质文化的创造，相对于企业精神文化的创造来讲更加容易一些。人们认识、感受和理解企业的精神文化，往往是从认识、感受和理解企业的物质文化开始的。企业物质文化是认识企业精神文化的窗口，因此，企业不能忽视了生动的实实在在的物质文化建设。甚至可以说，没有生动的实实在在的对企业物质文化的感受和理解，就不会有对企业精神文化的诚实与真实的感受和理解。

（二）企业行为文化

人们对于某一文化的认识，最重要的形式之一就是通过行动来体现。比如，英国的绅士在互相问候时要脱帽，阿拉伯人在互相问候时要互相亲吻双颊，日本人在互相问候时要鞠躬致意，等等，这就是一种行为文化，通过一定的行为举动来表示互相的尊敬、友好的问候。企业文化也存在行为文化的形式，所谓企业行为文化，是指企业人员通过一定的行为方式所表现或者创造出来的一种特殊文化。这一定义强调了三点：企业行为文化的主体是企业人员，既包括企业的各级管理人员，也包括企业的普通员工；企业行为文化顾名思义是通过一定的行为活动方式来体现的，这些行为活动方式主要包括企业生产经营行为、企业文化体育活动、企业人际关系行为、企业对外公共关系行为，等等；企业行为文化的性质是一种文化，一种特殊的企业文化。企业行为文化就是通过企业人员一定的活动体现或者折射出来的企业经营作风、企业精神、企业价值观等企业文化。尽管企业行为文化比企业物质文化隐藏得深一些，但也比较容易观察与感知，因而也属于浅层次文化。例如，海尔的售后服务人员即时、快速、优质的售后服务行为，表现出了海尔“真诚到永远”的企业文化；日本企业员工对工作的谨慎、细心、不厌其烦等，表现出忠于企业、忠于工作的忠孝文化；等等。

（三）企业制度文化

企业制度是指企业为了保证生产经营管理的秩序而制定成文的规章制度。企业制度文化是指以企业各种规章制度为载体的文化。比如，某公司规定，员工迟到一次，罚款50元，旷工一天，罚款150元。这项规定反映的是“严格纪律”的企业制度文化。企业制度文化是企业精神文化的具体体现，也是指导与约束员工行为文化和物质文化建设的纲领。关于企业制度文化，清华大学魏杰教授认为，企业制度文化在现实中应包括两层含义。第一层含义是指企业文化必须充分体现在企业的制度安排和战略选择中。虽然企业文化是企业制度安排和战略选择等因素在人的价值观念上的反映，但是要看到企业文化对企业制度安排和战略选择的能动作用，也就是说，企业文化对企业运行要有指导作用。因此，要真正使企业文化能够形成，就必须把企业文化制度化，使人的理念充分体

现在企业的经济运行过程当中，而且还要形成一种制度，使得企业文化“浸透于”企业制度安排和战略选择中。第二层含义是指企业文化作为企业倡导的价值理念，必须通过制度的方式来统率企业内部全体员工的思想，任何一个员工都必须在思想上接受企业文化，认同本企业的企业文化，企业文化作为员工在思想上的制度而存在。

（四）企业精神文化

企业精神文化一般是指企业在一定的社会精神文化的影响下，在长期的生产经营过程中逐渐形成的，并为企业所接受的，用以指导和支配企业行为的思想意识和观念。这一定义主要强调了三点：第一，在企业精神文化形成过程中，社会精神文化对企业的影响作用是不能忽视的；第二，企业精神文化产生的根基和环境是长期的企业生产经营活动的实践；第三，构成企业精神文化的思想意识和观念，应该是被广大企业员工尤其是企业决策者所接受和认可的，并对企业发展具有指导和支配作用。企业精神文化主要包括：企业价值观、企业家精神、企业作风、企业道德和企业宗旨。企业精神文化相对于企业物质文化来讲看不见，摸不着，却无时无刻不通过物质形态表现出来，因此也被称为“软文化”。企业精神文化是企业文化的核心和灵魂，是形成物质文化、行为文化和制度文化的基础和根本。

● 思考题

1. 基于企业文化的人文指标体系分为几个维度？分别是什么？
2. 员工幸福感与员工幸福指数反映了企业文化的哪个方面？
3. 企业社会责任指数的量化指标从哪几个二级指标对企业社会责任进行量化？

● 本章案例——沃尔玛的企业文化与核心竞争力

一、背景资料

沃尔玛公司是由山姆·沃尔顿创立的，1945 年沃尔顿在美国小镇维尔顿开设了第一家杂货店创业，1962 年正式起用“沃尔玛公司”的企业名称。经过 40 年的艰苦奋斗，山姆以其独特的发展战略以及出色的组织、激励机制，终于建立起全球最大的零售业王国（参见图 4-2）。它以物美价廉、对顾客的优质服务著称于天下。1985 年，山姆·沃尔顿被《福布斯》杂志评为美国第一富豪；1991 年，山姆因其卓越的创业精神、冒险精神和辛勤劳动被布什总统授予“总统自由勋章”。这是美国公民的最高荣誉。1999 年《财富》杂志全球 500 强排行榜上，沃尔玛公司排名第四，营业收入额 1392.08 亿美元，利润 56.56 亿美元。

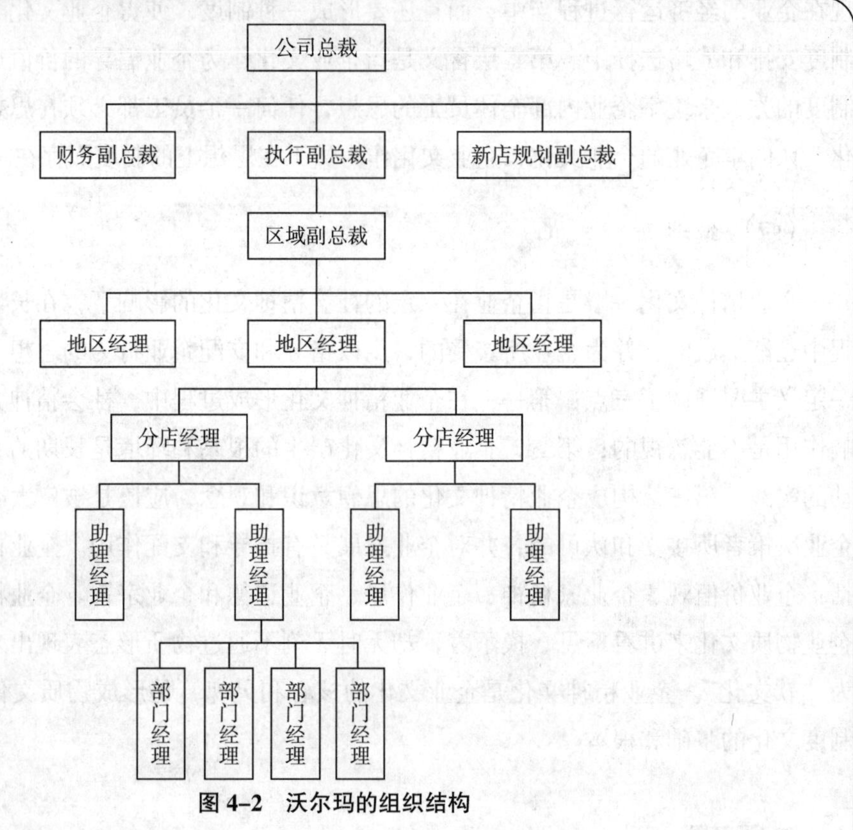

图 4–2　沃尔玛的组织结构

二、沃尔玛的企业理念

(一) 以顾客为中心，“低价销售、保证满意”的宗旨

沃尔玛创业之初，零售业市场上已经存在了像凯玛特、吉布森等一大批颇具规模的公司，这些企业将目标市场瞄准大城镇。像凯玛特商店是绝对不会到 5 万人以下的小镇去开店的，他们认为那里没有零售业市场，就是地方性连锁的吉布森商店开店标准也要有 10000~12000 人以上的城镇。

山姆·沃尔顿敏锐地把握住了这一有利商机，他认为在美国的小镇里同样存在着许多商业机会。当时随着城市的发展，市区日渐拥挤，市中心的人口开始向市郊转移，而且这一趋势将继续下去，这给小镇的零售业发展带来了良好的契机；同时，汽车走入普通家庭增加了消费者的流动能力，突破了地区性人口的限制。用山姆的话说就是“如果他们（消费者）想购买大件，只要能便宜 100 美元，他们就会毫不犹豫地驱车到 50 公里以外的商店去购买”。小镇上的这种强烈需求为沃尔玛奠定了创立与发展的基础，同时，竞争对手对该市场的忽视进一步加速了沃尔玛的繁荣。

山姆采取的策略就是首先进军小镇，占领小镇市场，再逐渐向全国推进，以形成星火燎原之势，具体实施时则以州为单位，抢占几个小镇“据点”，然后一县一县地

填满，直到整个州的市场饱和，再向另一个州扩展。就这样，从一个县到一个州，从一个州到一个地区，再从一个地区推进到全国。在这个过程中，山姆坚持即使少于5000人的小镇也照开不误，这就为沃尔玛的扩展提供了更多的机会，而这些机会正是凯玛特这样的大型廉价商店拱手让给竞争对手——沃尔玛的。

这样，山姆成功地利用了小城镇这个被其他零售商店所遗忘的细分市场，同时又避开了其他零售商的激烈竞争，在山姆采用该战略之初，许多零售业同行将沃尔玛描绘成一群偶发奇想而进军小镇的“乡巴佬儿”，然而正是这群“乡巴佬儿”迅速发展成燎原之势，在潜移默化中占领了全国市场。山姆的战略大获全胜。

为顾客节省每一分钱，山姆·沃尔顿将“低价销售、保证满意”作为企业的经营宗旨，并将这条原则写在Wal-Mart的招牌两边。山姆认为，低价销售代表着零售业未来发展的方向，只有实行“真正的低价”，才能赢得顾客。这是沃尔玛在零售业市场中战胜强大竞争对手，迅速脱颖而出的另一重要原因。

在沃尔玛的经营中，山姆坚持每一种商品都要比其他商店便宜，他提倡低成本、低费用结构、低价格，让利给消费者的经营思想。为了实现这一经营思想，山姆付出了艰辛的努力。在创业之初缺少资金的情况下，山姆带领员工自己动手改造租来的旧厂房，研究降低存货的方法，尽己所能降低费用，为实行真正的折价销售奠定成本基础。山姆将沃尔玛的目标利润定在30%，现在则进一步降到22%，而其他竞争对手仍维持45%的利润。他们不愿把一件原价8美元的罩衫卖到5美元，但沃尔玛就这样做了。这就为山姆争取了大批的顾客。

另外，山姆在1983年又开办了山姆俱乐部，这是实行会员制的商店，每个顾客只要交纳25美元就可以拥有会员资格，以批发价格获得大批高质量商品。可以说，山姆俱乐部的商品销售利润微乎其微，仅为5%~7%，但这一超低价的实施带来的却是销售额的大幅增加。目前，山姆俱乐部的销售额已达100亿美元，拥有217家分店和巨大的发展潜力。

当然，山姆的最低价原则并不意味着商品质量或服务上存在任何偷工减料的情况。山姆对其员工的满意服务极为自豪：“只要顾客一开口，他们马上就去做任何事。”他认为顾客应当从沃尔玛获得低价高质的服务，这是沃尔玛创立与发展之本。

山姆坚持把“低价销售，保证满意”作为沃尔玛的经营宗旨，而要做到低价，就必须降低成本。当时，多数折价商的货源完全来自中间商、批发商或分销商，他们要从中收取15%的佣金。山姆绕开这些中间商，直接从工厂进货，大大减少了进货的中间环节，将价格压至最低。同时，在商品采购中，山姆放弃系列化的原则，仅采购几个优质品牌。因为他发现，一个商店80%的销售额通常是由20%的商品创造的，山姆称为“80/20 原则”。这一原则的实施不仅有利于价格折扣，而且降低了管理难度。

山姆实行进销分离的体制，实行“统一订货、统一分配”的分销方式，由总部负责所有分店商品的统一订货，而各分店只是一个纯粹的卖场。在美国的各个销售区域，山姆设立了 20 多个分销中心，他们离所服务的商店的距离以一天的路为限。同时，山姆又建立起自己的车队，购买了 6000 多辆卡车。现在，沃尔玛商店中 85%以上的货物都是由公司的分销中心供应的，而其竞争对手仅能达到 50%~60%的水平，这样，沃尔玛分店从在计算机上开出订单到得到进货的时间间隔平均只有两天左右，而其竞争者则需要五天以上。后来，山姆又对分销系统做了一些改进，培养分销中心按分店要求调整进货的能力，因为每天送货并不适合所有的分店。他制定了四种不同的送货方案，由分店自行选择，另外还有一种加急运送方案，根据这一方案，一家商店可以在前一天晚上订货，第二天晚上就能收到急需的货品。山姆的这一分销系统不仅实现了货物的及时补充，更大大降低了沃尔玛的进货成本。沃尔玛商品运往商店的成本不到 3%，而其竞争者则需要 4.5%~5%。显而易见，如果沃尔玛以竞争者同样的价格出售同样的产品，就能获得比竞争者多 2.5%的利润。这就保证了沃尔玛能以较低的价格销售商品而获得与竞争者相同的利润。可以说，山姆的分销系统中所实现的效率与规模是他最大的竞争优势之一。

山姆积极采用先进的信息技术为其高效的分销系统提供保证，他将电脑用于分销系统和存货管理。公司总部有一台高速电脑，同 20 个发货中心及 1000 多家商店相连。通过商店付款柜台扫描器售出的每一件商品，都会自动记入电脑。当某一商品数量降低到一定程度时，电脑就会发出信号，向总部要求进货。总部安排货源后，将货物送往离商店最近的分销中心，再由分销中心的电脑安排发送时间和路线。这一高效的自动化控制使公司能够全面掌握销售情况，合理安排进货结构，及时补充库存的不足，降低存货水平，大大减少了资金成本和库存费用。

山姆还在沃尔玛建立了一个卫星交互式通信系统。凭借该系统，能与所有的商店的分销系统进行通信。如果有什么重要或紧急的事情需要与商店和分销系统交流，山姆就会走进他的演播室并打开卫星传输设备，把消息送到那里。这一系统用掉了山姆 7 亿美元，是世界上最大的民用数据库，甚至比美国的电报电话公司的还要大。山姆认为卫星系统的建立是完全值得的，“它成为我们的另一项重要竞争”。

(二) 以员工为基本点，提出“员工是合伙人”的企业口号

山姆非常重视人的作用，他说：“这些高技术的设备离开了我们合适的管理人员，以及为整个系统尽心尽力的员工都是完全没有价值的。”他一直致力于建立与员工的合伙关系，并使沃尔玛的 40 万名员工团结起来，将整体利益置于个人利益之上，共

同推动沃尔玛向前发展。

山姆将“员工是合伙人”这一概念具体化的策略是三个计划：利润分享计划、雇员购股计划、损耗奖励计划。1971 年，山姆开始实施第一个计划，保证每个在沃尔玛公司工作了一年以上，以及每年至少工作 1000 个小时的员工都有资格分享公司利润。山姆运用一个与利润增长相关的公式，把每个够格的员工工资的一定百分比归入这个计划，员工们离开公司时可以取走这个份额——或以现金方式，或以沃尔玛股票方式。雇员购股计划的内容就是让员工通过工资扣除的方式，以低于市值 15%的价格购买股票，现在，沃尔玛已有 80%以上的员工借助这两个计划拥有了沃尔玛公司的股票，而其他的 20%的员工基本上都是不够资格参与利润分享。损耗奖励计划的目的就是通过与员工共享公司因减少损耗而获得的盈利来控制偷窃的发生。损耗，或者说偷窃是零售业的大敌，山姆对有效控制损耗的分店进行奖励，使得沃尔玛的损耗率降至零售业平均水平的一半。

三、点评

(一) 精确的管理是沃尔玛的文化特色

当阿肯色州罗杰斯市的沃尔玛第一分店里，店员往手提电脑里输入鸡肉销售情况时，沃尔玛的总部电脑总机就获得了这样一组数据：罗杰斯商店已经销售多少鸡肉，还剩下多少库存，有多少还在路上，在 150 英里范围内还有但是仍在摆卖。对所销售的全部商品、会员与普通客户的购买倾向、供应商中还有多少商品，公司了如指掌，经理清楚地知道如何利用这些信息来协调供货商、零售商和客户之间的供求。沃尔玛公司是世界上首屈一指的零售业霸主，1968~1978 年 10 年间，公司纯收入增长了 600%以上，而在 1987~1997 年 10 年间，其业绩平均增长速度高达 26%，这一速度在世界大公司实属罕见，它无疑是全球增长最快的公司之一，而在这一增长过程中，沃尔玛的企业文化起了相当大的作用。约翰·科特在进行企业文化与企业业绩关系的研究中，惊奇地发现，沃尔玛这家服务性公司在企业文化力量平均得分值排名表中以最高分值排名第一，而与此同期的企业经营业绩增长指数排名也高居前列，排名第二，这一排名甚至比惠普的还要高，惠普公司在两表中的排名分别为第 40 位和第 18 位。对于这一结果，约翰·科特认为，沃尔玛注重创新，提倡创业者勤俭及全心全意为顾客服务的企业文化是促使公司成绩斐然的重要原因。与其他强有力的企业文化体系一样，沃尔玛的企业文化体系内容繁杂，但主要包括日落原则、十步服务原则、薄利多销原则，仔细研究这些企业文化原则，对深刻理解沃尔玛企业文化大有裨益。日落原则是沃尔玛公司的标准准则，它是指今日的工作必须在今日日落之前完成，对于顾客的服务要求在当天予以满足，做到日清日结，绝不延迟，不管要求是来自小乡镇的普通顾客，还是来自于繁华商业区的阔佬。日落原则起源于公司创始人山姆·沃尔顿的名言："如果你今天能够完成的工作为什么要把它拖到明天呢?"今天，日落原则已成为沃尔玛公司企业文化的重要部分，也是沃尔玛公司在服务顾客方面备受赞赏的重要原因。

（二）对于一个企业来说，最重要的是战略决策和理念定位

1993年山姆因患骨癌去世，现任总裁格拉斯意识到，要保持高利润，必须开拓新市场，于是在海外市场投资200亿美元，同时开设平价超市。公司当时宣称，在2000年之前实现山姆的宏愿，年营业额达到1000亿美元，但是包括《财富》杂志专家在内的观察家都对此表示怀疑，然而出乎他们的预料，沃尔玛当年的营业额为1370亿美元，惊人的业绩拉动了公司股价，1998年购买沃尔玛股票的投资者获得了107.6%的回报。《财富》杂志评论员文章指出，沃尔玛致力于精确管理、快速反应和为客户着想，他们的创新精神、高超管理、善用资产、服务极佳、财务稳健使公司获得了骄人的业绩。

（三）人文性的企业文化造就了沃尔玛

是什么造就了沃尔玛这类全明星企业?《财富》杂志和国际管理咨询公司的副总裁布鲁斯说，反映这些公司整体成就的最好的一个指标是这个公司吸引、鼓励和保持杰出员工的能力。公司的首席执行官都认为企业文化是他们吸引和保持优秀员工的最重要的因素。一流公司的企业文化与普通公司的企业文化有着显著的不同，对于最受推崇的公司，他们最注重的是团队协作精神、客户中心策略、对员工公平对待、激励和创新，而在普通公司中人们最关心的是降低风险、遵守上下等级协作上级和制作预算。最受推崇的公司胜出其他企业的原因还在于他们更善于给自己的企业文化注入活力。最受推崇的公司在将愿望变为现实这一点上比其他公司做得更成功，但是他们却不会沾沾自喜，而是对自己的工作极为苛刻，并且开诚布公地承认他们仍不能达到他们预定的目标。他们最关心的是更果断地决策、更好地培训和对新的机遇做出迅速的反应。当一个公司有一个强大的企业文化时，上述的目标就很容易达到；克服自满，对自满形成一种戒心，就有助于一个公司不断走向繁荣。

● 参考书目

1. H. Gissurarson, Hayek's Conservative Liberalism, New York: Garland, 1987.

2. C. Kukathas, Hayek and Modern Liberalism, Oxford, 1989.

3. J. Tomlinson, Hayek and the Market, London: Pluto, 1990.

4. J. C. Wood and R. N. Woods, ed., F.A. Hayek: Critical Assessments, London and

New York：Routledge，1991.

5. J. Birner and R. van Zijp，ed.，Hayek，Coordination and Evolution，London：Routledge，1994.

6. R. Kley，Hayeks Social and Political Thought，Oxford：Clarendon Press，1994.

7. M. Colona and H. Hageman，The Economics of Hayek，Vol. 1：Money and Business Cycles，Hants：Edward Elgar，1994.

8. 上海财经大学课题组：《中国经济发展史 1949~2005》（上、下），上海财经大学出版社，2007 年版。

9. 李占祥：《现代企业管理学》，中国人民大学出版社，1990 年版。

10. 帕斯卡尔·阿索斯：《日本企业管理艺术》，北京科学技术出版社，1984 年版。

11. 威廉·A.哈维兰：《当代人类学》，上海人民出版社，1987 年版。

12. 盛田昭夫：《日本造》，生活·读书·新知三联书店，1988 年版。

13. 维克多·埃尔：《文化概念》，上海人民出版社，1988 年版。

14. 柳田邦男：《企业活力的奥秘》，国际文化出版公司，1989 年版。

15. 威廉·大内：《Z 理论——美国企业界怎样迎接日本的挑战》，中国社会科学出版社，1984 年版。

16. 沙因：《企业文化与领导》，中国友谊出版公司，1989 年版。

● 推荐读物

1. 刘光明：《现代企业文化》，经济管理出版社，2005 年版。

2. 刘光明：《集团公司文化》，经济管理出版社，2005 年版。

3. 刘光明：《现代企业家与企业文化》，经济管理出版社，1997 年版。

第五章 人文指标体系与企业可持续发展

可持续发展的要求有：企业要构建自己的核心竞争力，企业具有良好的声誉并且是和谐企业，保持平稳发展，这样才是可持续的。很多企业有“百年企业计划”甚至是要做几百年的企业，这就需要企业具备以上要求才能不断地变强变大，并长久地运行下去。

第一节 实施人文指标提高企业竞争力

一、实施企业人文指标提高企业凝聚力

（一）企业凝聚力的概念

企业凝聚力是指企业全体员工团结的状况，全体员工对于共同的企业目标或企业领导的认同程度，是企业基本思想在每个人心目中的体现。企业凝聚力包括以下几个因素：职工对经营者的满意程度；全体人员积极性、主动性及创造性发挥程度；职工公平感及工作满意度；企业内部和谐程度等。企业凝聚力属于企业文化范畴，它的大小决定着企业员工的士气，影响着员工工作的精神状态。

企业凝聚力的高低，决定着员工是否能主动、积极、有效地进行创造性的工作，相互间是否能很好地配合提高工作效率，以及企业目标是否能够得以实现。

增强企业凝聚力的措施主要有：

(1) 加强企业收入分配的公正性、合理性和激励性，要与员工的工作岗位、绩效、能力、贡献等联系起来，拉开收入档次，用量化的经济指标来衡量员工不同的能力和价值，在企业内部建立能力优先机制。

(2) 体贴细致的福利待遇能使员工深深感受到企业给予的家庭般的温暖，增强员工对企业的心理依赖和情感依恋，这对于增强公司凝聚力起着强大的基础性作用。

(3) 企业的内外环境也是影响企业凝聚力的重要因素。企业的内外环境主要包括三个方面：

①企业所处的自然环境，主要是指企业的地理位置、自然条件等。

②企业的社会环境，包括企业所在地的经济状况、市场发育程度等。

③企业内部的人文环境，主要是指企业内部的人际关系、办公环境、工作氛围等。可以想象，一个地处偏远小镇，交通不便，市场不成熟，社会秩序恶劣的企业与一个地处大都市，交通便捷，市场发育完善，社会秩序好的企业相比，其吸引力的大小是显而易见的。当然，企业的外部环境不能由企业自身所决定，但一个谋求长远发展的企业应尽可能选择地理位置、社会环境及市场条件较好的地方。

(二) 实施企业人文指标对企业凝聚力的提升作用

企业文化应包括企业管理、企业主体精神、企业行为规范、企业文体活动、企业环境面貌等内容，以人为本的企业文化对于企业凝聚力的提升作用表现在如下几个方面：

(1) 企业管理思想的融合力。随着科学技术进一步发展，企业生产过程自动化程度日益提高，劳动者的主动性和创造性在生产过程中的作用越来越重要，因而在当代企业管理中出现了由管事、管物为主向以对人的管理为中心，管事、管物与管人相结合的方向发展的新趋向。强调要培养和塑造企业文化，在企业形成员工自我约束、自我控制、自我管理和自我实现的内在机制，于是企业文化就成为以人为中心的现代管理科学新发展的主要标志。相信职工、依靠职工，尊重职工的创造精神，注意提高职工的心理素质，提高职工的觉悟，为职工创造一个能够掌握自己命运、充分发挥自己的能力和才华的环境，正是我们企业管理的优势。

(2) 企业主体精神的鼓舞力。企业要发展，必须有两种动力，一种是物质的，即经济效益和经济利益的需要；另一种是精神的，即企业发展的共同目标和共同行为准则。企业主体精神就是这种共同目标和共同行为准则的集合点。企业主体精神的培育光大，使广大职工对企业目标产生认同感、责任感、使命感和集体荣誉感，由此产生一种强大的动力和压力，以激起个人的自觉行动，鼓舞和鞭策人们去努力工作，以高昂的情绪、坚强的意志、冲天的干劲，最大限度地发挥个人的潜能，使个人为实现目标而产生的行为经常处于积极的状态，从而创造出更大的价值，成为促进企业生产发展的巨大力量。

(3) 企业行为规范的约束力。企业的行为规范对职工的约束力，并不意味着会泯灭人的个性。但是为了实现共同的目标，每个人的确也要多多少少地放弃一些自我，对个性加以适当的约束。如果人们之间没有一定的妥协、让步、谅解，就没有一定的内在或

外在的约束力，那么由人构成的社会或群体就是一盘散沙，软弱无力。只有一定的约束，才能有统一的指挥，才能显示集体的力量，赢得集体的声誉。

(4) 企业文体活动的向心力。随着经济的不断发展，物质生活水平不同程度的提高，职工的观念、意识、文化心理乃至兴趣爱好也发生了显著的位移，呈现出多层次、多类型、多元化的丰富多彩的局面。职工文体活动，不仅对于造成一种团结向上、和谐、融和的优秀企业风尚，有着十分重要的作用，作为自我教育、自我修养、自我熏陶的有效形式和载体，其本身就具备教育、陶冶功能。文体活动提供了密切干群关系、沟通上下级感情、增强思想交流的良好条件，易于造成一种团结向上的协作意识，使职工在放松的精神生活和和睦热烈的气氛中，得以调节思想情绪，活跃乐趣格调，淡化矛盾冲突，训练团结意识，增强集体主义精神，从而形成企业的向心力。

(5) 企业优美环境的吸引力。企业环境面貌，也是企业文化的重要组成部分。它不仅体现着企业的精神风貌和管理水平，而且直观地反映着企业的整体美，由此给人以强烈的吸引力。创造良好的工作环境和优美的生活环境，可以激发职工对岗位的热爱，焕发职工精神，提高企业声誉，美化企业形象，增强企业吸引力。

二、实施企业人文指标构建企业核心竞争力

(一) 核心竞争力的概念

按照普拉哈拉德和哈默尔的说法，核心竞争力是指“组织中的积累性学识，特别是如何协调不同的生产技能和整合多种技术流的学识”，并认为：“短期来看，一个公司的竞争力来源于当前产品的价格、性能特性……长远来看，竞争力来源于能够比竞争者以更低成本和更快速度建立核心能力，这种核心能力能够开发出预想不到的产品。”也就是说，核心能力的关键在于“核心”二字，即它是一种长期发展的，比竞争对手所具有的更低成本和更快发展速度的优势，而这种优势的取得取决于企业如何整合各种不同生产技能和不同技术的能力。从短期来看，任何企业都有可能具有成本领先的竞争优势或产品性能优越的技术领先优势，但是，如果企业缺乏整合各种资源和多种技术的能力，则该类企业很少能够将其成本领先优势或技术优势进一步运用，以开发出其他的新产品或服务，也就不可能以更低的价格和更快的速度获得长期的发展。因此，笔者认为，企业核心竞争力的本质在于整合，即是否具有整合企业的多种技术和资源的能力，有了整合的能力，企业才能够有效地配置资源，并使其在企业的价值链上得以凸显，从而确立企业的核心竞争力。

（二）企业文化与企业核心竞争力

（1）企业文化符合核心竞争力的判断标准。企业所拥有的资源可分为有形资源和无形资源。有形资源是指那些可见的、能量化的资产；无形资源是指根植于企业历史、长期以来积累下来的资产，知识、经理及员工之间的信任和联系、他们的思想、创新能力、管理能力、管理惯例、企业产品和服务的声誉、与人交往的方式等都是无形资产。而企业文化是在一个核心价值观、诚信基础上形成的，具有延续性、共同的认知系统和习惯性的行为方式，从这点看，企业文化属于无形资产。一种资源越不可见，在它之上建立起来的竞争优势就越具有持久性。企业文化的实质是社会文化的亚文化，它根植于社会、民族，始创于企业初期，当你置身其中时，并不能感觉到它的存在，但当你违背“文化”那约定俗成的行为方式或试图改变它时，方觉得文化的存在，由此可以说，企业文化是企业的核心竞争力，因为它无法让竞争者了解、购买、模仿或替代，是真实的核心能力。这也印证了美国人的预言“对 21 世纪市场而言，假如有一天我们的原料枯竭了，美国工人不愿意工作了，但是只要有人向往美国文化，我们在市场上仍然是不可战胜的”。

（2）企业文化具有解决管理问题的能力。公平和效率一直是经济学和管理学关注的焦点。传统的经济学认为，平均分配、机会均等、分配的合理差距是公平。然而，在现实经济生活中，很难做到机会均等和合理差距，为此，有的学者又提出了公平来自认同，当群体中的成员对群体是认同的，公平感就产生了。而企业文化正是在协同企业目标和员工个人目标的基础上，形成了共同的价值观，“正是员工对组织的认同，而不是其他的东西赋予了组织强大的力量，以保证众多成员协调行为，完成组织目标”。由此可见，公平感一旦产生，就会形成强大的凝聚力，对企业绩效有着神奇的功效，有利于公司创造价值和实现价值。

（三）企业人文指标一定程度上反映企业的核心竞争力

核心竞争力的要素。21 世纪是全球经济时代，全球化引起了经济与社会力量的结合、利益与责任的结合、价值观与体验的结合、挑战与机会的结合，使得人类具有了全球化的特征，因为，我们共享了许多的全球价值观和国际惯例，而这些价值观和国际惯例极大地改变了人们的生活方式，使得消费者的价值观有趋同的倾向。为此，全球企业的生存方式和彼此的竞争方式均受到了前所未有的冲击，企业要想在全球化的市场进程中立于不败之地，必须建立自己的竞争优势，形成核心能力。有学者在对全球国际一流的企业进行调查后，提出了应对全球化的措施，并就 15 种制胜的资源或“武器”进行了探讨，更为重要的是提出了国际一流企业的六个成功维度，即全球公司文化、全球人

力资源、全球战略、全球经营、全球结构和全球学习。

全球公司文化。它包括全球愿景，是企业对未来的希望、目标和方向，是企业内外广为传播的形象和梦想；全球思维倾向，是从全球的视角来思考和看待世界，对跨界交换观念和想法持开放的态度，并且能够超越个体的狭隘思维方式的一种思维方法；全球价值观，价值观是下意识的，会从一个群体目前的成员传递给新成员的一种价值取向，帮助人们判断什么是有意义的，为成员所作所为提供了目的和理由；全球活动，包括仪式、事件、行动和规范，强调了价值观、思维倾向和基本假定；全球英雄和领导者，文化鼓励群体的成员效仿英雄，因为这些英雄具有高尚的品质并且取得了成功。

全球人力资源。在全球范围内发现、招聘、培训最优秀的人才，并从他们的能力和学习中获益，推出更好的产品、更好的服务，取得更好的成功。

全球战略。全球战略是整体的，并且能够给企业带来世界范围的业务和竞争优势，它包括全球使命和哲学、寻找全球机会，避免威胁、全球目标和业绩标准、识别全球机会并做出战略选择、制定全球不确定性战略和计划、执行全球战略、评价、修正和再应用全球战略。

全球经营。它包括全球研究与开发、全球制造、全球产品、全球质量、全球金融、全球材料和库存管理、全球营销、广告和定价、全球分销、全球销售与服务、全球技术系统、全球通信与信息系统、全球行政管理。

全球结构。它包括全球空间，柔性组织，进行功能经营和单位的全球整合，全球知识管理、工厂的全球规划和布局。

全球学习。提升员工的学习速度和品质，持续改进产品和服务，向学习型组织方向发展，采取全球化培训、课程设置全球化、培训项目全球化。关于核心竞争力要素的构成，除了上述六个成功的维度外，迄今还没有形成一致的看法。可归纳为：其一，两类竞争论，即软核心竞争力和硬核心竞争力；其二，由能力和能力构架及层次组成的两维系统论；其三，技术、体现这一技术的新产品、新服务方式的三要素论；其四，十要素、三层次，即核心层、制度层和产品层的三层次论；其五，五要素论，即研究开发能力、创新能力、将技术和发明创造成果转化为产品或现实生产力的能力、组织协调各生产要素进行有效生产的能力以及应变能力；其六，市场预测、研究开发、市场营销、加工制作、经营决策、人力资源开发、品牌战略、企业文化、战略管理、产业创新、制度创新全要素论；其七，制度要素论，认为制度是基础的核心竞争力，先进的企业体制与制度是企业最基础的核心竞争力，是企业竞争力系统的平台。体制与制度，以及在此平台上延伸的人才、技术创新、管理、品牌、专业化等共同构成了核心竞争力系统。

根据前述国际一流企业的六个成功维度以及目前较公认的核心竞争力理论，三个层次，即核心层、制度层、产品层，10 个要素，即人力资源、企业创新、企业文化、组织结构、经营战略、品牌、制度、产品质量、营销能力、技术能力。从这些要素所起的作用和作用边界来看，笔者认为，制度、经营战略和组织结构属于公司治理范畴；营销能力、质量、人力资源和技术能力属于组织能力范围；企业创新、企业文化、品牌则属于企业文化范畴。从研究的逻辑性考虑，笔者将核心竞争力要素归纳为三大类，也就是治理结构、组织能力和企业文化。因此，企业人文指标在很大程度可以反映企业的核心竞争力。

三、实施企业人文指标与文化战略

（一）企业文化战略及其地位

企业文化战略就是指在正确理解和把握企业现有文化的基础上，结合企业任务和总体战略，分析现有企业文化的差距，提出并建立企业文化的目标模式。我们可以从两个方面加以界定。

20 世纪 80 年代，美国企业在研究企业文化过程中把企业文化战略作为企业整体发展战略的重要组成部分来认识和实施，使其企业扭转败局，从而得到快速发展。

（1）企业文化战略是企业发展战略的基础。企业发展战略，是企业发展的整体战略，是以某一阶段的效益为衡量标准的。企业的发展目标一旦确定，就需要去实施，在实施过程中会遇到各种困难和问题，如技术问题、管理问题等，要解决这些问题，仅靠物质刺激和惩罚手段是不够的，还需要一种动力、一种精神、一种文化，这就是企业文化战略。一种优良的文化一旦确立，它就会逐渐成为企业的优良传统，成为企业实现长期发展战略的保证。

（2）企业文化战略是建立良好企业文化的前提。一个企业要想建立自己的企业文化，必须要有一个目标，即企业文化战略。这是因为，企业文化是随企业的产生而产生的，但这种企业文化仅仅是企业自发产生的一种文化现象，还不是现代管理学意义上的企业文化，它只是管理过程中的一种副产品，是一种良好的风气。而现代管理学意义上的企业文化是一种管理理论，是在原有企业文化的基础上建立起来的。

（二）企业文化战略的人文特征

企业文化战略制定是企业文化战略的重要环节和关键步骤，也是战略决策的主要内容，一般而言，企业文化战略制定包括以下几个相互衔接的环节：

（1）树立正确的企业文化战略思想。由于企业文化体现了企业的共同价值准则和精神观念，对企业职工有着强烈的内聚力、向心力和持久力，具有无形的导向、凝聚和约

束功能，因而，正确、健康、向上的企业文化战略思想对于创建优秀的企业文化具有重要的指导作用。尤其是对于当前我国的企业来说，弘扬时代精神，振奋民族意识，体现职工主人翁思想，坚持集体主义价值标准，将是中国企业文化战略思想的主旋律。

（2）划分企业文化战略阶段。由于不同的企业发展具有不平衡性，企业文化的进程有先有后，就是同一个企业的发展也有不同阶段，企业文化战略的实施进程有快有慢，因而应当实事求是地认真分析自己企业所处的战略阶段，以利于企业文化战略的持续进行。

（3）制定企业文化战略方案。为了达到企业文化战略的目标，应当依据对企业内部和外部条件的分析与预测，制定出科学、最优和满意的企业文化战略方案。方案的制定可以根据企业不同时期的不同重点，划分为总体战略方案和各部门、各单位、各下属的分体战略，或者是全领域战略和局部领域战略。制定方案要贯彻可行性准则，既要把握方案的时机是否成熟，又要注意该方案在实践中能否行得通，同时还要兼顾必要的应变方案。最后通过一定的评估方案，选出理想的最佳方案或理想的综合方案。

（4）明确企业文化战略重点。所谓企业文化战略重点是指那些对于实现战略目标具有关键作用而又有发展优势或者自身发展薄弱而需要着重加强的方面、环节和部分。对于不同的企业来说，战略重点的侧重点有所不同，有的重点在于培养企业精神、企业意识、企业道德；有的重点在于塑造企业形象、规范企业制度；有的重点在于树立厂风厂貌、端正经营风尚、提高企业素质；等等。因此，抓准了战略重点，不仅有助于企业文化战略的重点突破，而且也会由此而找到企业走上振兴之路的关键。

（5）选择卓有成效的企业文化战略策略。企业文化战略策略是为实现战略指导思想和战略目标而采取的重要措施、手段和技巧。企业应当根据战略环境的不同情况，选择别具一格和新颖独特的战略策略，以达成战略目标和推行战略行动。

综上所述，企业文化战略的制定都体现了企业人文性的特征。

（三）实施企业人文指标是文化战略的一部分

企业在选择了正确的企业文化战略之后，就应当转入有效的战略实施，以保证战略的成功和实效。一般而言，企业文化战略实施包括以下几种措施：

（1）建立战略实施的计划体系。即通过把战略方案的长期目标分解为各种短期计划、行动方案和操作程序，使各级管理人员和职工明确各自的责任体系和任务网络，以保证各种实施活动与企业文化战略指导思想和战略重点的相互一致。

（2）通过一定的组织机构实施。企业文化战略的实施，要求建立一个高效率的组织机构，通过相互协调、相互信任和合理授权，以保证企业文化战略的顺利实施。

（3）提供必要的物质条件、硬件设施和财务支持。这既是塑造企业形象的内在要求，也是企业文化战略实施的物质基础。

（4）努力创造有利于实施企业文化战略的文化氛围和环境。通过一定的教育和灌输方式，大力宣传企业文化战略的具体内容和要求，使之家喻户晓，人人明白，使全体职工深刻理解企业文化战略的实质。

（5）设定相关指标，使得企业文化战略的实施有章可循，从各个指标的得分情况来监测企业文化战略的实施状况，有针对性地进行改进。

第二节 实施人文指标创造良好企业声誉

一、实施企业人文指标提高企业社会责任感

（一）实施人文指标体现了企业对利益相关者的责任意识的提升

利益相关者理论的核心思想可以归结为：企业应是利益相关者的企业，企业是所有利益相关者相互关系的联结体，它通过各种显性和隐性契约来规范所有利益相关者的权利和义务，并将企业的剩余索取权和剩余控制权在利益相关者之间进行分配，并为其利益相关者和社会有效地创造财富。利益相关者理论的思想从根本上改变了企业存在的理由，它使人们对企业的目标认识将发生革命性的改变。

“利益相关者理论”对企业承担社会责任提出了要求。利益相关者理论认为，企业是所有的利益相关者的一系列多边契约的联结体，企业与各种利益相关者之间存在着各种各样的显性契约和隐性契约。

利益相关者理论还认为，企业需要为所有的利益相关者服务，其根本原因在于，随着时代的变化，现代企业的生存和发展并不只是股东的资本投入的贡献最大，也并非股东承担了企业经营的全部风险。事实上，离开了利益相关者的持续性投入，企业的经营活动就可能停止；在企业的经营活动中“下注”的所有利益相关者其实都承担了风险，有的利益相关者承担的风险比股东还大。而且，科技的发展特别是知识经济时代的来临，使得物质资本显得相对不再稀缺，而人力资本显示出越来越重要的作用。

美国管理学家多纳德逊和邓菲（Donaldson & Dunfee，1994）将企业与其利益相关者之间所遵循的所有契约形式总称为综合性社会契约（Hitegrative Social Contract）。他们认为，企业对利益相关者的利益要求必须做出反应，这是因为，“企业是社会系统中不

可分割的一部分，是利益相关者显性契约和隐性契约的载体”。倘若企业对其利益相关者的合理利益要求不做慎重考虑且尽量满足的话，那么这种企业的长久生存和持续发展就很成问题了（多纳德逊、邓非，1999）。他们认为，企业必须考虑利益相关者利益要求的，既不是企业目的，也不是企业为达成某种目的而采取的手段。企业与利益相关者之间的契约关系，是企业与其利益相关者的契约性质使然。虽然许多利益相关者的利益要求是无法显化的，或是显化的成本极高以致双方都愿意放弃这种显化的努力，但这并不意味着当某些事前没有在契约中明示的或然事件发生时，企业可能以“契约中没有这一规定”为由而推卸责任，因为这既不符合规范性的道德伦理，也会对企业的生存发展产生不利的影响。当然，有一些利益相关者的利益要求是合理的，有一些利益相关者的利益要求则是不合理的，这需要企业建立起一套严格的审计程序和规范的决策过程来加以甄别，但这是一个技术层面的问题，并不能否定企业的根本责任（Quinn & Jones，1995）。总而言之，企业之所以需要慎重考虑其利益相关者的利益要求，根源就在于企业必须履行其综合社会契约。

企业应该对其利益相关者的利益要求负责，即企业必须兑现与其利益相关者所签订的各种显性契约和隐性契约。企业除了负有经济责任以外，还负有包括法律责任、道德责任和慈善责任在内的多种社会责任。

（二）人文指标从人文角度对社会责任进行量化评估

“企业社会责任”这个概念最早于1924年由美国的谢尔顿提出，但在传统经济模式下，企业的社会责任主要是善举与社区服务。

从20世纪50年代至今的这一时期，企业社会责任概念得到广泛认同，其内涵也扩大了。这一时期中，企业社会责任由对社会和道德的一般性的关注转为对一些特殊问题的重视，比如，产品安全、广告中的诚信、雇员权利、赞助性行为、环境保护和伦理行为。现在，人们不仅仅关注问题导向的企业社会责任，而且关注社会回应和社会表现的企业社会责任。

企业社会责任概念在国际上已被广泛接受，但始终没有一个统一的定义。据已有文献来看，定义有近百种，侧重点有较大不同，联合国全球契约十项原则，世界银行、欧盟、世界可持续发展工商理事会、国际标准化组织等对社会责任的定义有一定的代表性。

联合国全球契约十项原则为：①尊重和维护国际公约规定的人权。②绝不参与任何漠视与践踏人权的行为。③维护结社自由，承认劳资集体谈判权利。④消除各种形式的强迫劳动。⑤消除童工。⑥杜绝用工歧视与职业歧视。⑦对环境挑战未雨绸缪。⑧主动承担更多的环保责任。⑨鼓励无害环境技术的发展和推广。⑩反对任何形式的贪污、勒索和行贿受贿。这个定义强调企业社会责任在人权、劳工、环保及反贪污等方面的具体内容，体现联合国的价值观和新千年目标。世界银行的定义为：企业的社会责任是企业与关键利益相关方的关系、价值观、遵纪守法以及尊重人、与社区和环境有关的政策和实践的集合。它是企业为改善利益相关方的生活质量而贡献于可持续发展的一种承诺。

二、实施企业人文指标提高企业品牌度

（一）品牌管理

品牌管理需要诸多方面的努力，首先需要企业树立以下理念：

（1）建立卓越的信誉。良好的信誉是品牌的基础。没有信誉的品牌几乎没有办法去竞争。中国加入世界贸易组织以后，很多“洋”品牌同中国本土品牌竞争的热点就是信誉。由于“洋”品牌多年来在全球形成的规范的管理和经营体系使得消费者对其品牌的信誉度的肯定远超过本土的品牌。本土的企业同跨国品牌竞争的起点是开始树立信誉，不是依靠炒作，而要依靠提升管理的水平。质量控制的能力，提高客户满意度的机制和提升团队的素质来建立信誉。中国企业必须马上开始研究客户需求的变化并不断创新出可以满足他们不同需求的有个性化功能的产品或服务。未来的品牌竞争将是靠速度决定胜负的。只有在第一时间了解到市场变化和客户消费习惯变化的品牌才可能以最快的速度调整战略来适应变化的环境并最终占领市场。

（2）争取广泛的支持。因为没有企业价值链上所有层面的全力支持，品牌是不容易维持的。除了客户的支持外，来自政府、媒体、专家、权威人士及经销商等的支持也是同样重要。有时候，我们还需要名人的支持并利用他们的效应增加我们品牌的信誉。

（3）建立亲密的关系。由于客户需求的动态变化和取得信息的机会不断增加，为客户提供个性化和多元化的服务已成为唯一的途径。只有那些同客户建立了紧密的长期关系的品牌才会是最后的胜利者。所以国内外的品牌现在都不遗余力地想办法同客户建立直接的联系并保持客户的忠诚度。

（4）增加亲身体验的机会。客户购买的习惯发生着巨大的变化。光靠广告上的信息就决定购买的机会已经越来越少了。消费者需要在购买前首先尝试或体验后再决定自己是否购买。所以品牌的维持和推广的挑战就变成了如何让客户在最方便的环境下，不需要花费太多时间、精力就可以充分了解产品或服务的质量和功能。这种让客户满意的体验可以增加客户对品牌的信任并产生购买的欲望。

对于任何品牌而言，衡量品牌四要素的指数均可量身裁定，成为专项指数。这些指数可成为品牌评估的基准线，提供“跟踪”衡量品牌形象变化的依据。品牌管理指数包括信誉指数、关系指数、支持指数和亲身体验指数。

（二）品牌管理的价值法则

（1）最优化的管理。遵循这一法则的企业追求的是优化的管理和运营，它提供中等好的产品和服务并以最好的价钱和最方便的手段和客户见面。这样的企业不是靠产品的发明或创新或是同客户建立的亲密关系来争取市场的领袖地位的，相反地，它是靠低廉的价钱和简单的服务来赢得市场的。例如，美国的 Wal-Mart 公司就是这类公司的成功典范。Wal-Mart 现在仍然不断寻求新的途径来降低成本并为客户提供更加全面和简单的服务。Wal-Mart 和 Yahoo 的合作将使 Wal-Mart 在全球日用消费品零售中继续保持领袖的地位。

（2）最优化的产品。如果一个企业能够集中精力于产品研发上并不断推出新一代的产品，它就可能成为产品市场领袖。他们对客户的承诺是不断地为客户提供最好的产品。当然，并不是靠一个新产品就可以成为产品的领袖，而是要年复一年地有新产品或新功能来满足客户对产品新性能的要求。例如，Intel 就是电脑芯片领域的产品市场领袖；Nike 是运动鞋业中的产品市场领袖。这些产品市场领袖的竞争优势并不在于他们的产品价格，而是在于产品的实际使用效果即产品的“表现行为”。

（3）亲密的客户关系。遵循这一法则的企业把精力放在如何为特定客户提供所需的服务上而不是放在满足整个市场的需求上。他们不是追求一次性的交易而是为了和选择性的客户建立长期、稳定的业务关系。只有在建立了长期、稳定的关系的情况下才可以了解客户独特的需要，也才可以满足客户的这种特殊需求。这些企业的信念是：我们了解客户要什么，我们为客户提供全方位的解决方案和售后支持来实现客户的远景目标。例如，Airborne Express 就是这样一个靠密切的客户关系而成为行业领袖的公司。这个企业从客户入手并为客户提供超过他们的期望值的服务，从而使 Airborne Express 在很短的时间内就成为备受瞩目的快递公司。

中国加入世界贸易组织了，企业家们已经没有太多的时间去思考和犹豫。无论企业家们愿意不愿意，中国的企业都面临着全球的竞争，就是在家门口也同样面临着来自全球的对手。所以说，选择能使企业脱颖而出的品牌管理战略和价值法则决定了企业能不能在加入世界贸易组织后的大经济环境下实现目标并持续增长。

第三节 实施人文指标提高企业和谐度

企业的和谐反映在员工与员工之间，上级与下级之间，企业与外部环境之间的和谐，而企业人文指标主要能反映出企业内部的和谐，也就是员工与员工之间的和谐。

一、企业人文指标与人力资源管理

（一）人文性是现代人力资源管理的基本特征

现代人力资源管理都致力于开发企业能力，倡导“以人为本”的价值观。企业能力包括硬性能力（即技术能力）和软性能力（即组织能力）。相比较而言，软性能力更难获取或模仿。人力资源管理人员要想使企业拥有并维持这些能力，尤其是软性能力，就必须通过人力资源的政策和实践培养企业的能力。一个企业要成功，关键取决于企业的价值观。未来的企业，“人高于一切”的价值观更为流行，人力资源管理将是价值导向的。重要的是建立“以人为本”的业绩辅导流程。它的含义是把人当成企业中最具活力、能动性和创造性的要素，把提高人的素质和激励水平作为人力资源管理的基本职能，开创一种积极的协调沟通关系，然后要求人力资源经理对员工进行培训、职业辅导，并努力培养员工的自尊、开发人的潜能，最后还要建立各种奖励政策作为配套机制，以鼓励员工增加其责任感并取得成果。

（二）企业人文与企业人力资源管理的关系

企业人文与人力资源管理是相互影响、相互作用的。

（1）人力资源管理，是指采用现代化的科学方法，对人的思想、心理、行为进行有效的管理（包括对个体和群体的思想、心理、行为的协调控制与管理），充分发挥人的潜能、主观能动性，使人尽其才，人事相宜达到企业目标。而企业人文运用于企业管理，确立的是以人为本、以价值观的塑造为核心的文化管理模式，主要是通过企业文化来引导、调控和凝聚人的积极性和创造性，并把人看做生产管理的中心，看做企业的主人、管理的主人而非机器附属物。由此可见，企业人文与人力资源管理都是基于对人的管理，企业人文强调以人为本，基于对人的崭新认识，认为人是企业的核心，是企业真正的资源，企业的管理工作必须以人为中心，把管理的视角放在激发人的潜能与创造精神上等，以此促进人与企业的发展。只不过，人力资源管理采取的具体制度、措施与方法是一种有形硬管理，而企业文化则是实施无形软管理。

（2）现代社会，企业人文是人力资源管理的向导。众所周知，任何管理都有其特定的文化背景。人力资源管理基于以人为核心的管理，强调方法与制度措施，人是活跃的因素，因而人力资源管理的文化背景尤为重要。其实，管理上的差异更主要的细分表现在不同的企业文化之中。从总体上看，任何企业都有自己的企业文化，而且它是个较为

复杂的价值观念体系，行业特征、发展历史、领导风格、人员素质和观念都是影响这一价值体系的变量。这就意味着，一种管理理念或管理方法，比如人力资源管理，在这一企业可以获得极大的管理成效，而在另一企业，可能是完全行不通的。因而，不去研究适应人力资源管理的条件和环境，就会导致人力资源管理以人为本的措施与方法不符合处于该种条件和环境（如企业文化就是一种软环境）下的员工的价值观念与思维方式，势必将行不通，受到员工的对抗，人力资源管理结果也就不会达到预期的效果。这一点，企业兼并时，因为人力资源管理的措施与方法和企业文化的价值观念与思维方式存在差异而导致失败的例子比比皆是。因此，人力资源管理需要在一定的企业文化基础上进行，服从于企业文化这个软环境，使人力资源管理更加有效率。

（3）人力资源管理是企业人文的完善手段。企业人文的贯彻执行是企业文化的中心环节，尽管任何企业都有自己的文化，然而这些文化却并不一定能得到落实、完善，有效地激励员工，以有利于企业经营业绩的不断提高。人力资源管理是基于以人为核心的管理，它的措施、方法都是有目的地针对员工的，亦即与员工密切相关带有一定强制性，那么，如果抽象的企业文化的核心内容价值观融入人力资源管理活动、实践，如企业文化融入员工的绩效考核，员工就会日复一日地受到企业文化的熏陶并对其作出反应。这样，不认同企业文化的员工就会不断地修正自己原有的价值观与思维方式，使自己属于该企业文化的一员，认同企业文化的员工就会加强认同感。由此可见，人力资源管理体系是企业文化推广与完善的重要手段之一。

（4）两者是一种互相促进的管理活动关系。不难看出，企业人文主要通过价值观的塑造激发员工，使企业员工具有共同的价值标准思维方式；人力资源管理则主要通过具体的措施与方法作用于员工。当这些措施方法符合员工基于企业人文发展过程中所形成的价值观与思维方式时，就会行之有效，易于执行，从而有效地促进企业的人力资源管理与企业发展；反之，便会受到员工对抗，效果就会大打折扣。同样，当企业人文观、人本主义的价值观融入人力资源管理的具体措施与方法，就会与员工自有的价值观念发生反应磨合，从而巩固与加强原有的企业文化，完善新建的企业文化；而一旦企业文化内化于员工身上，企业处于稳定环境时，人力资源管理就应以企业文化为向导。因此，两者之间通过员工为纽带，彼此促进。

综上所述，人力资源管理和企业人文两者有着互相依赖、互相依存、密不可分的关系。企业的发展离不开人才，再好的人才也需要在特定的企业环境和文化氛围中施展才能。反过来，一个企业如果要创建自己的文化，如果离开有效的人力资源管理体系做后盾也很难成功。企业的成功，依赖于两者的有效结合。

（三）企业人文指标与企业人力资源管理的融合

杰出而成功的企业都有强有力的人文文化，人文文化就是各种文化基因相互竞争的积累结果，从经济效益角度分析，企业文化的质量与企业的现实经济效益、动力效益以及人力资源的全面效益都呈正相关发展态势。

（1）企业文化对人力资源管理的渗透和融合。在人力资源管理中，人力资源的获取、控制和激励、培训与开发、整合等各项功能的实现都受到企业文化直接或潜在的影响；同时，这些功能的实现又反作用于企业文化的形成、维持及发展。

1）人力资源的获取。人力资源管理的获取职能主要指的是人才的招聘。传统的人才招聘往往只重视学历与品德而忽略文化价值因素，完全不考虑他们的兴趣爱好、工作态度、激励方式、价值取向、个人成功标准等因素，把这些所谓的"标准件"吸纳进企业后，再通过各种途径向这些人灌输公司的企业文化。国外成功企业的经验表明，企业在招聘人才时往往对应聘人进行三方面的测试：知识和技能（看有无能力）、动机和态度（看有无意愿）、工作偏好（看价值观是否契合）。凡是通过这几个方面测试的求职者聘用后都会有较高的成功率。

2）人力资源的控制和激励。当今时代是一个人力资源决定企业成败的时代。人才竞争加剧，如何吸引和留住企业的核心人才，培养他们对公司的忠诚度，激励他们不断创新奋斗，与企业共同成长，已成为大多数企业面临的一大挑战。企业必须通过制定合理的绩效管理制度并将其与薪酬管理以及人员的升迁、选拔相结合，来增加员工满意感，使其安心和积极工作。它一方面是企业文化的体现，另一方面又对企业文化的形成起到一定的强化作用。

3）人力资源的培训与开发。这一职能指的是对职工实施培训，并给他们提供发展的机会，指导他们明确自己的长短处与今后的发展方向。组织理论学家路易斯提出，相对于民族的和种族的文化来说，个人参与一定组织文化只是暂时的，而且是自愿选择的。他认为，一个人在进入一个新的组织之后，只有迅速地掌握了该组织文化中的核心思想和价值观念，并喜欢多数人赞同的信条时，才能在组织中发挥作用。

4）人力资源整合。企业文化的实质是以人为本，人力资源管理中一定要建立畅通的沟通渠道，不仅保证信息从上往下流动，而且从下往上的渠道也必须畅通无阻。这样才能了解员工的真实想法，才能管理好员工，激发员工的工作热情。无处不在、畅通无阻、安全有效的对话通道是员工贴近企业的最佳通道，给员工一种心理上的安全感和随和感，进而有助于形成健康活泼的企业文化。人力资源的这一文化整合功能贯穿于企业发展的全过程，尤其在发生兼并和重组阶段更为明显。为了加强员工对不同文化传统的反应与适应能力，促进不同文化背景的员工之间的沟通和理解，必须进行跨文化培训，

根据环境与企业的战略发展要求，建立起企业强有力的独特文化及共同的经营观，而不是简单地套用企业原有的文化模式。

（2）人力资源管理对企业文化变革的促进。在企业文化变革过程中，对人力资源系统进行相应的调整可以促进新的企业文化的形成。企业的人力资源政策直接影响着员工的行为，当人力资源政策发生变化时，员工的行为也会发生变化。企业新的文化内涵重新定义之后，根据新的文化内涵对企业的人力资源系统进行相应调整，可以确保企业的人力资源政策、系统、关键指标等能有效地支持和强化新的企业核心价值观和企业原则，即新的企业文化。具体的影响可以从以下几个方面来实施。

1）员工调动。通过人力资源管理过程中的人员外部招聘和内部流动，将新的思想观念和新的行为带到组织中来，影响组织文化。

2）人员培训。当组织需要建立并巩固一种新的文化时，可以通过人力资源管理过程中的员工培训让员工了解企业的新文化，学习如何在企业的新文化基础上改变自己的行为。

3）绩效评估和激励。为了建立和推行组织的新文化，组织可以修改绩效评估的标准和奖励的标准，以此形成对员工行为的新规范。

4）沟通。组织可以通过人力资源管理中的沟通过程来向员工阐明组织文化改变的重要性及其对员工本身的影响，这种沟通过程可以是正式的，如会议、报告、演讲，等等，也可以是非正式的员工谈话、小范围交流等。

总之，企业人文指标所提供的企业价值标准、道德规范和行为准则，不仅成为企业人力资源管理运作中的精神和行为依据，同时又为企业培育高素质的员工队伍创造了一个良好的环境和氛围。通过人文指标的实施可以建立良好的人本位企业文化和良好的人力资源管理机制。

二、企业人文指标与跨文化管理

（一）全球化的特征

跨国公司在全球范围内利用资金、技术、管理等资源进行经营，不仅跨越了国界，同时也跨越了文化。但是不同文化之间，价值观念、思维方式、行为准则、语言、习惯和信仰等都存在着明显差异，不同文化背景的人，其思维方式和管理模式都往往大相径庭，从而导致了文化摩擦和冲突，给跨国公司的经营带来了相当大的困难。因此，如何适应跨文化管理的新趋势，促进文化融合成为跨国公司面临的重要课题。

正如管理大师彼得·德鲁克所言，跨国经营企业是一种“多文化的机构”，其经营管理基本上是把政治的、文化的多样性结合起来进行统一管理的问题。概括地说，所谓的“文化差异”主要体现在以下几个方面：价值观的差异、传统文化的差异、宗教信仰的差异、种族优越感、语言和沟通障碍。

（1）跨国企业中文化差异导致的困难。第一，文化差异使国际企业的管理变得更为复杂。由于文化差异，国际企业的组织成员有着不同的价值观、信念和文化传统，由此决定了他们有着不同的需要和期望，以及与此相一致的为满足需要和期望所具有的不同的行为规范和行为表现。因而，国际企业中职员们相同的行为表现并不一定意味着它们具有一致的意义。管理人员与职工的社会距离加大，自然会影响彼此间的沟通。当这个距离大到一定的程度，自上而下的沟通就会中断。为使全体职员不同文化基础上的需要和期望得到满足，要求国际企业的管理活动能够针对不同文化的特点进行沟通、激励、领导和控制，这就使管理活动变得更加复杂。

第二，文化差异使国际企业中的决策活动变得更为困难。由于文化差异，国际企业中经常出现沟通和交流的失误与误解。为使决策能体现职工们的希望和要求，作为决策的重要一环，往往在决定之前要征求和听取职工们对于决策方案的意见和建议，而源于文化差异的交流失误使得这一点很难做到。

第三，文化差异使国际企业中的决策实施和统一行动变得更加困难。对于企业的决策方案和管理制度，不同文化的职工往往有着不同的理解，因而在工作中有着不同的行为表现；即使对决策和管理制度的理解是相似的，也有可能导致不同的工作行为。由此可见，文化差异使国际企业中决策实施和统一行动的难度加大了。

（2）跨国企业中文化差异的优势。文化差异给国际企业带来的困难主要是在集中过程中，而它带来的主要优势是在分散过程中。当国际企业需要发展，如开发新项目、提出新观点、发展新的市场计划、采用新的经营方式时，国际企业中的文化差异，即多元文化变得十分有利。

首先，多元文化使国际企业易于产生新观点、新思想。国际企业在对所处的政治、社会、经济、法律和文化环境进行分析时，在对本行业、本企业的发展前景、发展趋势进行预测和评价时，在考虑本企业究竟采用怎样的竞争战略与竞争对手进行竞争时，在考虑怎样对本企业进行组织变革以适应变化了的环境时，可以利用多元文化带来的优势，国际企业中的多元文化使这一切变得更为容易。多元文化使国际企业更易于对某一问题从多个角度进行分析，从多个方面进行理解，从多种层次进行认识。多元文化下的多种观点使国际企业对某一问题的把握更为深刻、全面、透彻，这显然是单一文化下的企业所难以获得的优势。更重要的是，多元文化使国际企业易于产生新观点、新主意、新思想。一种文化下对某一问题的认识和理解，运用另一种文化下的思维方式对它进行加工处理，得出的自然是新观点、新主意、新思想。

其次，多元文化使国际企业具有了更多的选择：由于每一种文化对某一特定问题都有其独特的认识和解决方法，因而多元文化使国际企业在解决某一特定问题时具有了更多的选择。更多的选择一方面使国际企业管理增加了弹性，同时也使国际企业增加了解决问题的技巧，使国际企业的管理活动变得具有艺术性和高效率。

最后，多元文化使国际企业更易于在国际市场取得发展。国际企业中的多元文化使管理者们懂得了文化对国际企业生存和发展的重要意义。从而，他们能够自觉地进行角色转换，更恰当地理解具有另一种文化的消费者的需求和期望，制定出针对企业顾客的具有其民族特点的市场战略，开发出受顾客欢迎的具有其文化特色的产品和服务。正是多元文化，使国际企业的经理们在与有截然不同文化的顾客打交道时变得富有信心、效率和成果。

如上所述，文化差异、多元文化既能给国际企业带来不利影响，同时也存在着潜在优势。使潜在优势变成国际企业的现实优势，清除文化差异带来的不利影响，正是研究国际企业的跨文化管理的内涵所在。

（二）跨文化管理与企业人文指标

所谓跨文化管理（Trans-culture Management）又称为交叉文化管理（Cross-culture Management），是指涉及不同文化背景的人、物、事的管理。跨文化管理学研究的是在跨文化条件下如何克服异质文化的冲突，进行卓有成效的管理。其目的在于如何在不同形态的文化氛围中，设计出切实可行的组织机构和管理机制，最合理地配置企业资源，特别是最大限度地挖掘和利用企业的潜力和价值，从而最大化地提高企业的综合效益。

跨文化管理的目的在于发挥文化差异带来的优势，克服文化差异带来的障碍。本书的观点是采取文化融合创新型跨文化管理模式，即跨国公司在充分研究东道国和本国文化的基础上，结合公司的发展特点，创造其独特的企业文化，并以这种文化为准则，自觉规范自己的行为并以此作为公司发展的动力。在这种文化模式下，企业文化的创新和贯彻就显得尤为重要。事实证明，很多著名的跨国企业都是成功地把握了跨文化管理的企业。比如，摩托罗拉与杭州东方通信从谈判到合作成功，实际上就是文化的碰撞和交融的结果，这就是一个很好的例子。然而，企业文化的创新很多情况下是以企业组织创新和制度创新为依托来营造新的组织文化环境，所以，下文将阐述如何实施企业管理创新。

不管是跨文化管理还是企业管理创新，都需要在量化的过程中，利用结果反馈来提升管理效率，而企业人文指标正好成为这样的杠杆。

三、实施企业人文指标是科学发展观的要求

党中央提出了树立科学发展观、构建社会主义和谐社会的理念，以人为本是其本质、核心和灵魂。其体现在企业工作的指导思想、基本思路、工作方法上，就是要努力做到领导班子团结清廉，同时相信依靠职工、培养教育职工、关爱善待职工，让职工得到温暖，提高工作积极性，建设和谐企业。

党的十六届四中全会通过的《中共中央关于加强党的执政能力建设的决定》明确提出："坚持最广泛最充分地调动一切积极因素，不断提高构建社会主义和谐社会的能力"，"形成全体人民各尽其能、各得其所而又和谐相处的社会，是巩固党执政的社会基础、实现党执政的历史任务的必然要求。要适应我国社会的深刻变化，把和谐社会建设摆在重要位置，注重激发社会活力，促进社会公平和正义，增强全社会的法律意识和诚信意识，维护社会安定团结。"把不断提高构建社会主义和谐社会的能力作为党的执政能力之一，是党的十六届四中全会提出的重大战略任务。党的十六届五中全会通过的《中共中央关于制定国民经济和社会发展第十一个五年规划的建议》也提出："必须加强和谐社会建设。促进社会和谐是我国发展的重要目标和必要条件。要按照以人为本的要求，从解决关系人民群众切身利益的现实问题入手，更加注重经济社会协调发展，加快发展社会事业，促进人的全面发展；更加注重社会公平，使全体人民共享改革发展成果；更加注重民主法制建设，正确处理改革发展稳定的关系，保持社会安定团结。"更是指明了如何构建和谐社会的途径。在庆祝中国共产党成立 85 周年大会上，胡锦涛同志说："构建社会主义和谐社会，是我们党从中国特色社会主义事业四位一体（即政治、经济、文化、社会建设，要建立起文明政治、市场经济、先进文化、和谐社会）的总体布局和全面建设小康社会的全局出发提出的重大战略任务。"由此可见，党中央非常重视和谐社会的建设，并提出了许多相关要求。将这些要求与我们的实际工作相联系，就是要建设和谐企业。建设和谐企业是构建和谐社会的重要基础。因为从整个社会来看，企业是社会的细胞，社会是企业的生存和发展环境。企业要立足和发展，要与国家和地方的发展战略、法律和制度相一致，要与国家和地方的文化相适应，而且离不开"人"这一决定因素。否则，企业很难有大的发展。同时，企业是由诸多群体构成的，这些群体内部和群体之间和谐既体现在人际关系上，也体现在工作关系上。

● **本章小结**

企业当今文化强调"以人为本"的管理文化，企业文化建设的重点是，充分调动人的积极性和创造性。意味着企业要关心职工、爱护职工，从而使职工个人目标与企业总

目标保持协调，将人本管理与企业的目标管理相统一是企业文化建设的关键。要将人本管理纳入企业事业导向的框架，倡导团队精神、团队文化。建立企业社会互利的价值观，在确定企业目标时，综合考虑到员工、企业、社会各方面的利益。企业要积极为职工创造良好的工作与生活条件和环境，主动为他们排忧解难促进其安心工作、奋发工作，职工也要充分体谅企业的难处，自觉为企业分忧，担当重任，多做贡献，多创效益。

企业经营者在经营管理过程中要营造一种全员参与的机制，创造一种无拘无束、畅所欲言的文化氛围。树立员工的工作是与企业的发展紧密融合的观念，促使员工养成勤俭敬业、守纪、惜时的意识。重视加强企业基层班组、科室建设，培养团队精神、集体精神、合作精神，建立职工个人与企业更直接、更密切的联系。而企业人文指标作为企业人文发展的量化工具和企业文化的评测工具，它有以下促进作用：

（1）促进企业形成关注利益相关者权益的价值观与经营理念，以适应不断变化的经营环境，着力形成关注利益相关者利益的企业价值观和经营理念。具体包括：

在新的竞争环境下，做诚实守信、谦让合作、回馈社会的企业组织典范。

发展企业与顾客、投资人、合作者、供应商的互利、“双赢”关系，在创造共同价值中实现自我价值。

不断学习现代管理技术，建立规范、科学的管理风格，保证企业经济的持续健康发展。

鼓励敬业、协作和创新精神，强调对人的信任、尊重和关怀，创造健康和谐、文明向上的人文环境。

以开放、包容的心态从一切积极进步的事物中吸收营养，不断自我更新和发展壮大。

（2）促进企业塑造有优良企业品行的企业形象。企业应根据企业的性质和特点树立新的企业形象。具体包括：生产优良产品，提高优质服务，树立质量可靠的企业形象；同用户、合作者真诚合作，诚信履约，无欺诈行为，不回避责任，塑造诚实可信的企业形象；满足职工和管理者物质和精神需求，提供和谐、温暖、向上的工作环境，让职工从工作中不断得到满足和成就感，实现个人和企业的共同发展，塑造建功立业的企业形象；企业目标符合国家和社会发展的要求，企业成果能够推进国家和社会的进步，企业行为得到国家和社会的认可和赞誉，树立不断回报社会的企业形象。

（3）树立创新合作的企业精神。在市场经济条件下，企业精神必须能够凝聚人心，形成合力；必须能够利于各方交流，利于市场竞争；必须能够推动企业的发展。在企业精神建设方面应当充分体现以下内涵：一是市场观念与改革创新的精神，按照市场经济的要求，积极稳妥地进行企业改革，树立敢为人先、锐意改革的精神；二是企业内外的有机结合，在企业内部人与人之间、上级与下级之间、企业成员之间培养协作、互助的精神，在企业外部同地方政府、竞争对手、顾客打交道中树立合作精神，在调动一切积

极因素的基础上，追求企业的进步与发展。

● 思考题

1. 实施企业人文指标能从哪些方面促进企业竞争力的提高？
2. 实施企业人文指标如何为企业创造良好的声誉？
3. 企业人文指标与人力资源管理之间的关系如何？

● 本章案例——通用汽车伦理危机及其解决

一、案例背景

通用汽车公司成立于1908年，是美国最大的制造商。截至1996年，通用公司拥有员工64.7万，在50多个国家设有生产工厂，其产品已进入190多个国家，除了汽车外还涉足电讯、空间、太空、国防、电器、金融、保险业等领域。在1999年《财富》杂志全球500强排行榜上，通用汽车公司排名第一，营业收入额为1613.15亿美元，利润为29.56亿美元，资产额为2573.89亿美元。它是许多工业组织通过管理获得组织发展和成功的最主要的典范。

二、危机的产生、诊断及其解决

1971年12月通用汽车公司所属的洛兹敦厂，其管理部门对装配线上装配的维加车出现异乎寻常的不合格率极为担心。前几周，在可容2000辆汽车的存车场里放满了发送给全国汽车商之前需要返修的维加车。

管理部门感到特别恼火的是，许多毛病是一般汽车装配生产中不应出现的质量缺陷。有数不清的维加车挡风玻璃碎了，内饰割伤，点火开关坏了，转向灯操作杆弯了，后视镜打碎了，或者汽化器里塞满垫圈。该厂经理说，在有些情况下，“整个发动机装置经过40个人，可是谁也没有为它们做什么工作！”

从那以后，有关洛兹敦厂的这件事有许多新闻报道，引起公众的兴趣。学校的教室里和学术界也常常对此进行讨论。有些人把这件事看做是“年轻工人的反抗”，有些人对这件事的反应是“纯系劳动问题”，也有人认为是“工人的破坏”，另有人则称其为“工业伍德斯托克”(Industrial Wood-stock，“伍德斯托克”原意为美国嬉皮士以摇摆舞来发泄对现实生活的不满，这里是指青年工人对工厂管理制度的不满和抵制)。总之，公司在分厂一级的管理中遇到了危机：工人缺勤、质量下降、成本增加，甚至出现罢工等严重问题。

企业伦理涉及企业与雇员、企业与消费者、企业与政府、企业与环境等方面的相互关系，通用汽车公司的企业伦理危机发生在企业与雇员、企业与工会之间的相互关系上，以及因公司改革或重组所产生的裁员等问题上。从表面上看，通用汽车公司的

危机产生于GMAD（通用汽车公司装配改革计划）——为了提高产品质量和劳动生产率，对汽车生产装配技术操作加强控制。

三、GMAD改革之后的危机和影响

在实施GMAD改革后，虽然企业的管理部门声称改革不会给装配工人带来太大的压力，但是工人们把这种变革视为“绷紧”装配线，工会也指责说GMAD的改革又恢复了20世纪30年代“血汗工厂式”的管理，要工人以同样的工资做更多的工作。一个工人抱怨说，“那是世界上最快的生产线，它置我们于死地，我们无法在规定的时间内完成工作，平均每一辆汽车的装配时间是36秒，每小时从这条装配线上传送出去的汽车达100多辆，每天两班倒，而公司还要埋怨我们低质量、低效率”。

工人的不满大大增加。在GMAD改革以前，厂里的不满指责大约有100个，自改革后，增至5000个，其中1000个是指责工作岗位上加了太多的活。工人们对“输送器”装配区和座位装配区尤其不满。“输送器”装配区是装配发动机和变速器的地方，它像座位装配区一样，工人高度集中，大家紧挨着进行劳动。此外，这些工作主要靠新的装配工操作，这两个区的工人的平均年龄更低，受教育更多。

这个厂的工人们对公司在实行变革后的严格政策特别不满意。他们说，公司越强硬，即使他们的新产品在市场上脱销，他们也越要加强抵制。一个工人说：“GMAD改革同时也贯彻于别的工厂，但由于这些工厂的工人年龄较大，他们容忍了，可是我还要在这个工厂工作25年呢!”另一个工人说：“我看见一个女工跑着去跟上这条快速装配线。可是我不愿意为任何人跑，那个厂里也没有人会叫我去跑。”一个工长说：“这儿工人的问题，倒不是他们不想工作，而是他们不愿意接受命令，他们不相信任何权威。”

当工人们抵制管理部门命令时，一些迹象表明，第一线的管理人员并没有受过适当的训练，不能很好地执行管理人员的任务，当时管理人员的平均工作经验不到3年，其中20%还不到1年。一般地说，他们都很年轻，对工会合同的条款和管理人员的其他职责缺乏了解，同时，对如何处理正在发展的工人的抱怨和敌对情绪缺乏经验，从前没有这方面的训练。

另一个重要事实是，工人的强烈反应并不完全由于GMAD的组织和工作的变革。管理部门发现，大量的工人反应出现在各个装配区。他们认为这种强烈的不满主要归因于洛兹敦厂劳动力的性质。这个工厂不仅由年轻人组成，而且公司没有对他们进行必要的企业伦理、规章制度、知识技能方面的教育和培训。管理部门还发现，洛兹敦厂工人的反抗比进行同样变革的其他厂要大得多。

看来，年轻工人的大部分不满也和他们对装配工作的不熟练及其重复性有关。一

个高级管理人员承认，公司没有采取有效的手段使工人对工作发生兴趣。许多工人受益于公司补助学费支持他们上夜大学的计划。但受了这种教育后，装配工作显然就不能满足他们的要求及做高级工作的期望。此外，当时的劳工市场很困难，他们在别处找不到有意义的工作，同时，他们也不愿意放弃在装配线上挣得的优厚工资的优惠待遇。公司的高级职员们说，这使工人感到困惑和灰心丧气。

许多管理者和工程师都在问，不知管理部门所采用的这种管理模式能否继续下去。随着作业越来越容易、简单和重复，体力劳动越少，对工人的技能要求更低，但工作却更单调了。工人的反抗表明他们不仅希望回到"增速"之前的工作速度，而且希望公司对这种烦人的、无意思的装配工作想点办法。有一个工人说："公司必须对改革作业想点办法，使一个小伙子能对所干的活感兴趣。一个小伙子总不能一天8小时年复一年地干同一个活呀！公司也不能仅限于对小伙子说：'好，原来你有6个点要焊，现在你只要焊5个了。'"

由于工人的不满增长，汽车工人工会1112地方分会于1972年1月初决定举行一次罢工，抗议洛兹敦厂的作业改革。与此同时，工会和管理谈判小组尽力设法解决工人的不满，管理部门甚至表示，他们准备恢复那些在GMAD改革中被裁减的员工的工作。但是，谈判在资历权利和选择轮班等问题上未能取得一致意见，而这两个问题是同作业变革和暂时解雇等更大的问题有关的。

1972年2月初进行了一次投票，有将近90%的工人参加了投票，这是当地历史上出动人数最多的一次。由于97%的票数赞成，工人们于3月初开始罢工。1972年3月罢工正在进行时，洛兹敦厂的管理部门对GMAD的影响以及由此引起的本厂的罢工进行了估计，他们估计由于工人不满和怠工造成的对工作的破坏已使公司损失12000辆维加车和4000辆载重货车，损失总额达4500万美元。

雪佛莱商人对发运给他们的维加车的质量也有许许多多的不满。仅11月份就有6000次，超过了其他装配厂对维加车不满的总和。事实证明洛兹敦厂的罢工也影响了其他厂。此后，公司设法提高洛兹敦厂的生产效率，管理部门考虑对GMAD的改革中某些不合理的地方进行修正。洛兹敦厂的危机于1972年3月结束，重新雇用被解雇了的工人，企业与工会、企业与员工之间的一些矛盾得到了缓和。

四、对危机事件的诊断及今后的措施

在危机事件解决以后的几个月中，通用汽车公司发动了一次深入的恢复正常工作环境的活动。因为工人们回去工作后，许多思想问题并没有很好解决，还存在不安的情绪。在公司总部办公室的协助下，洛兹敦厂的管理部门制订了企业伦理建设计划，首先从诊断上一次发生的危机开始。他们对全厂工人进行了问卷调查，与各级领导管

理人员一起举行了一系列会议，并征求了工会的意见，最后得出了以下结论：

工人对管理部门普遍不满意，甚至对抗，工人们认为管理部门不关心他们的需要、情感等问题。

工人的工作无保障，他们认为管理部门不事先通知或进行协商就改变他们的工作计划，增加或取消加班时间，随意通知他们停工，工人们不知怎样同公司合作。

工人们认为管理部门对他们改进工作方法和工厂业务的意见不感兴趣。

有些工人对装配工作中的劳动环境提出了种种意见但迟迟得不到改善，对繁重的、机械的、重复劳动感到厌倦和不满。

许多工人对公司的目标和计划不了解，企业和员工之间缺乏共同的目标，公司想干什么，为什么要这样干，工人无从知道，因此未能形成凝聚力。

第一线的管理人员认为，他们也不十分了解整个管理部门的目标和计划，因此未能把这些目标和计划同他们每天对工人的管理工作结合起来。

通过上述诊断，公司认为产生危机的主要根源是管理部门和工人之间缺乏及时的沟通，缺乏必要的交往。于是，从1972年开始实施“交流计划”，该交流计划的内容是：

工厂每天的无线电广播：管理部门每天用5分钟在工厂公众讲话网广播与汽车工业、公司和工厂有关的新闻。这些新闻主要涉及销售、库存和生产计划的状况，使工人对汽车工业、公司和工厂的情况有大体的了解。其内容也张贴在工厂各处布告栏里。

消息公报：作为工厂经理和工人之间一种直接交流的方法，所有有关工厂业务的主要消息都直接传给工人，并贴在全厂各处的布告栏里，它包括洛兹敦厂和其他厂的新产品、轮班、生产计划、每周生产和新来订单等的变化。工厂经理还告诉大家该厂存在的问题，并征求工人对解决这些问题的意见。

管理训练：为了加强管理人员在工作中对个人之间交往起积极作用，所有管理人员，从工厂经理到基层的管理人员，以及职员都要经过人际关系和交往的训练。这个计划的目的在于提高管理人员同他们的部下进行组织联络和交往的自觉性。训练计划由富有组织装配线经验的公共关系协调员和质量控制主任来设计和指导。

管理部门任命公共关系协调员担任工厂交往协调员，负责厂内外计划。此外，管理部门还发展了一种作业轮换计划，给对轮换工作有兴趣的工人以必要的训练，帮助他们扩大在同一装配工作组内的工作能力，其中包括大约30种各不相同的但基本上又属同一技术水平的工作。

1973年10月查尔斯·艾伯内西接管洛兹敦厂工作，任该厂新经理。这个新经理被认为是GMAD组织中最能干的经理之一，他在这次被新任命为通用汽车公司最大的洛兹敦装配厂主管之前是加州范奈斯厂的经理。在范奈斯厂工作期间，由于他使这个厂成为通用汽车公司效率最高的装配厂之一而受到称赞。新经理对交往计划热烈赞成并继续支持，他自己也参加了培训计划，并亲自出席所有的管理人员培训会议。

洛兹敦厂的管理部门经过一段时间才看到了交往计划的效果。该厂不仅恢复到1974年的正常情况，而且在1975年一年中，出现了争取成为效率最高的装配厂之一这种受鼓舞的迹象。旷工稳步下降，不满率下降到1971~1972年的1/3。据该厂估量，生产效率也有明显提高。

有人认为1975年组织风气和工人态度的进步同经济衰退及汽车工业中的失业人数增加有关。但是洛兹敦厂管理部门深信，齐心协力改善管理部门和工人之间的关系是取得积极成果的主要因素。正如工厂经理所说："我们的最终目的是形成这样一种组织风气，在这种组织风气中，经理和工人都共同感到我们是在这里一起工作，要忘记过去的隔阂，相互自由交往。现在我们这里相互之间分得太清楚，管理部门、工人和工会之间都人为地分开了，我看不出有什么理由不能通过直接交往加强管理部门和工人之间的关系。"

"由于汽车装配业中有许多限制，因此工人不能意识到自己是该组织的一分子。我们必须用现有的技术生产一定数量的汽车，以便在该行业中站住脚。只要我们很好地解释，相信大多数工人是能够理解的。他们可能并不喜欢这样做，但是他们肯定能理解，而且愿意同我们合作。不理解的只是极少数。我们必须对他们做特别的解释工作，相信多数时间是会成功的。当然，最后仍然还会有一些人不准备搞装配工作。"

"我认为工作多样化和组织发展这两个计划是对的，但是我们必须承认装配厂的技术局限性和这个厂的具体情况。在洛兹敦厂我们有一支年轻而且受过相当教育的劳动力队伍，他们希望知道正在进行的每件事，不希望有事情漏掉不告诉他们。令人意外的是，如果你诚恳地同他们交往，你告诉他们什么，他们就会接受什么。他们希望知道一切，但是要从你那里得到第一手情况，而不是通过第二手的传闻。因此，必须根据洛兹敦厂的具体情况设计这两个计划，而且相互交往正是把每天的生产连贯在一起的最合适的办法。"

洛兹敦厂的管理部门就是根据这种管理哲学和企业伦理，考虑于1975年夏在原有的几个交往计划上增加一个新的交往计划。他们对原有计划所取得的进步感到满意，但是认为，如果正式把这些计划联结在一起，使工人和管理人员进行人与人的直接交往，可以进一步达到交往的目的。由于认识到第一线的管理人员太忙，对人与人的交往，特别是对他们的部下，无法给予足够的关心，因而管理部门发展了一个计划，以促进和加强高级管理人员和其他管理人员在交往中的作用。建议的计划有以下

特点：

建立称为通讯员和训练员的新职务，主要目的是把管理人员、工人和职能人员的工作结合在一起。要在11个生产部门中各委派一个通讯员和训练员，由他们向工厂经理直接汇报情况。通讯员和训练员起“解决人的问题”的作用。

通讯员和训练员的作用，对于装配线工人来说是一种“催化剂”、“综合者”或“促进者”，因而可以加强工人和管理人员之间，装配线工人和职能人员之间的交往联系。

由于通讯员和训练员大部分时间在工厂，因此他们能搞清楚工人和第一线管理人员之间，和上级管理人员之间是否进行了合适交往。在需要促进生产部门和职能部门交往时，在设法使职能部门的服务及时满足生产线的需要时，他们还可以起“中间作用”。

通讯员和训练员每天要和工厂经理及交往协调员见面，检查和讨论工厂中存在的“人的问题”。

大家认为，选择并训练通讯员和训练员对于这个新计划能否成功至关紧要，通讯员和训练员应该有相当的工作经验，要当过总厂长，并在工作中显示出具有组织和处理人与人关系的才能。

工厂经理和交往协调员正在作一个预算，以便把这个新交往计划提交总部，但他们不知这个新计划对公司组织会产生什么影响。洛兹敦厂是第一个用通讯员和训练员的装配厂，其他厂都还没有试用类似的办法。工厂经理和交往协调员曾同几个管理人员和职能人员谈话，后者的初步反应是好的，但是，这项新的计划和通讯员、训练员的作用确实会影响工长、总厂长、车间主任和职能人员的工作和工作关系。工会和工人的关系也可能会发生变化。

这个有11个新通讯员、训练员的新交往计划，加上小额优惠，估计每年要花费洛兹敦厂40多万美元。工厂经理和交往协调员正在完成此项建议，但他们不知工人、工会、管理人员和职能人员会有什么反应。但有一点是可以肯定的，即企业必须以对员工负责、对社会负责为前提，企业应当具有社会责任感和对员工的责任感，企业应该对所有的利益相关者，包括公司的客户、供应商、雇员、所在社区以及股东负责。

五、点评

企业伦理包括正确处理企业的环境保护问题、公司改革重组引发的裁员和冲突问题，企业内部种族、民族、性别冲突问题，企业内部性骚扰问题，员工隐私（艾滋病、吸毒）问题、跨国经营中的贿赂问题，掠夺性不公平、不正当竞争问题，知情者内部交易问题，反托拉斯法问题，等等。本案例所涉及的是公司改革和重组中出现的

员工与企业、工会与企业的矛盾冲突问题。要解决此类问题，首先要列出利益相关者各方，然后分析某一项企业行为会对各方产生什么样的影响，接着是研究被影响各方的权利和责任，受影响各方通常包括决策者、执行官员、董事会、顾客、股东、供应商、雇员、政府、特殊利益群体、竞争对手等。

在分析阶段，将上述对象做不同情况下的具体分析，最终做出决定，分析的先后顺序是：确定对每一方的利弊影响；确定各自的权利和责任；考虑各自的相对权力；判断做出各种决策方案的短期和长期后果；制定应付突发事件的对策。

企业应当重视提高员工的士气，这是没有疑义的，但是一些公司不知道用企业伦理的力量来提高员工士气和提高工作效率。从通用汽车公司的上述案例可以看出，过分僵化的体制、管理手段会抑制个人积极性。激发工人的积极性，从根本上讲，企业要使他们树立强烈的责任感，光靠金钱的刺激是不能产生持久的和真正的积极性的，培养员工的积极性应当注意四个问题：一是根据工人的技术、兴趣爱好，给他们以最合适的工作岗位；二是向工人提出高标准的劳动要求；三是使工人充分了解自己的工作价值，培养员工的成就感；四是让工人有参与生产管理的机会。

通用汽车公司用“交流计划”来沟通企业和员工的相互关系，以防止危机的再度出现。从某种意义上说，管理就是各个部门、各个层次的相互沟通，管理人员必须不断地去寻找部属的需求，了解员工对企业的意见，还要使部属知道他们正在进行哪些活动，要让他们参与管理决策活动。MBA 教程指出，通常每个人除了睡眠以外，必须花费 70%的时间用于人际关系的沟通方面，越是高层管理者，与员工的沟通时间应当越多。人际沟通，目前的问题是，对实际的沟通技巧并不能做当场的示范和训练，至少不可能采用像学数理化那样的教学方法；沟通技巧涉及人性，它来源于人际交往的实际经验。

● 参考书目

1. Chris M. Sciabarra，Marx，Hayek，and Utopia，State University of New York Press，1995.

2. S. Frowen，ed.，Hayek the Economist and Social Philosopher：A Critical Retrospect，London：Macmillan，1995.

3. S. Fleetwood，Hayeks Political Economy：The socio-economics of order，London and New York：Routledge，1995.

4. J. Shearmur，Hayek and After：Hayekian Liberalism as a research programme，London and New York：Routledge，1996.

5. Andrew Gamble, Hayek: The Iron Cage of Liberty, Westview Press, 1996.

6. Gerald P. O'Driscoll, Jr. And Mario J. Rizzo, The Economics of Time and Ignorance, London and New York: Routledge, 1996.

7. 约翰·科特:《新规则》,华夏出版社,1997 年版。

8. 约翰·科特:《企业文化与经营业绩》,华夏出版社,1997 年版。

9. 哈耶克:《不幸的观念:社会主义的谬误》,刘戟锋等译,东方出版社,1991 年版。

10. 黄河涛:《现代市场的美学冲击》,人民出版社,1996 年版。

11. 杨金德:《CI 基本原理》,中国经济出版社,1996 年版。

12. 周祖城等:《企业伦理》,天津人民出版社,1996 年版。

13. 哈罗德·孔茨:《管理学》,经济科学出版社,1993 年版。

14. 张福墀等:《企业家精神》,企业管理出版社,1997 年版。

15. 万力:《名牌:CI 策划》,中国人民大学出版社,1997 年版。

16. 斯塔夫里阿诺斯:《远古以来的人类生命线》,中国社会科学出版社,2002 年版。

17. 邓正来:《布莱克维尔政治学百科全书》(中译本),中国政法大学出版社,1992 年版。

18. 牛汝辰等:《无形的资本》,中国城市出版社,1995 年版。

● 推荐读物

1. 刘光明:《中外企业文化案例》,经济管理出版社,2000 年版。

2. 刘光明:《企业形象导入》,经济管理出版社,2002 年版。

第六章　企业人文指标体系的构建

第一节　建立企业人文指标的原则

企业人文指标体系是从人文性的角度来审度企业文化，那么建立该体系就应该遵循以下原则：

一、以人为本的原则

在评价指标体系建设中，要充分体现以人为本的原则，将与和谐制造企业相关的内容充分体现出来。

以人为本是管理者的一种领导方式或理念。“以人为本”的管理，指在管理过程中以人为出发点和中心，围绕着激发和调动人的主动性、积极性、创造性展开的，以实现人与企业共同发展的一系列管理活动。其具有下列三个特点：

（1）以人为本的管理主要是指在企业管理过程中以人为出发点和中心的指导思想。

（2）以人为本的管理活动围绕着激发和调动人的主动性、积极性和创造性来展开。

（3）以人为本的管理致力于个人与团队的共同发展。以人为本管理的重要性在于它是提高企业知识生产力的重要条件。企业的知识生产力指企业利用其知识资源创造财富的能力，是适应企业国际化经营的基本管理方式，是建立企业中人与其他要素良好关系的必要条件，是企业持续发展的基石。

二、主观指标与客观指标相结合的原则

对企业的人文指标的评价需要坚持主观指标和客观指标相互结合，这有利于使评价

体系更加准确、客观和科学。要坚持以客观的、科学的态度来设计指标体系，最大限度地限制人为因素，保证评价结果客观公正，符合指标与实际保持一致的原则。但同时，企业人文指标又是从人的角度出发来衡量企业，所以也将涉及到一部分主观意义上的指标。这就需要主客观之间的协调一致。

三、科学性与准确性原则

评价指标体系要全面而准确地反映出每个指标的含义，同时全面地涵盖企业的和谐度和内部凝聚力的范围，客观地描述企业的和谐化发展程度。

四、应用性与可操作性原则

企业人文指标的选取应当建立在充分认识、系统研究的基础之上；评价指标应有明确的内涵，必须客观、准确、全面地反映被评价对象的基本特征；评价的口径范围和计算方法应有明确统一的规定。另外，在遵从上述科学性原则指导下，指标体系具有很强的可操作性，即可取性（具有一定的现实统计基础）、可比性（不同特征的企业或部门应该有一个基本统一的指标体系来统一衡量、对比、评价）、可测性（所选的指标变量必须在现实生活中是可以测量得到，或可通过科学方法聚合生成的）和可控性（研究制造企业和谐发展的指标体系最终目的是调控和谐发展方向、模式等，故其评价指标必须能够根据构建和谐制造企业发展需要来理性调控）等。建立企业人文评价指标体系，既要设计科学合理，又要容易进行评估测算，防止过于复杂，要突出指标体系的应用性，使其具备可操作性，在评价层次上给予明确界定。

五、动态性与静态性原则

任何事物都是发展变化的，衡量企业人文建设水平的有关指标评价目标值或标准应具有动态性，能综合反映和谐制造企业建设的现状和未来趋势，便于为预测和决策服务。同时，在一定时期内，评价指标体系内容不宜频繁地变动，应保持其相对的稳定性与连贯性。也就是说，制造企业和谐度评价指标体系应是动态与静态的统一，既有静态指标，又有动态指标，这两者是相辅相成的。

六、整体性与层次性原则

企业人文建设是一项复杂的系统工程，它由不同层次、不同要素共同组成。因此，评价指标体系作为一个整体，应能够比较全面地反映制造企业和谐建设的特征，既要有反映企业整体和谐发展的主要特征和状态的指标，又要有反映系统内子系统间相互协调的动态变化和发展趋势的指标。同时，制造企业和谐建设的正常运行依赖于不同层次的功能团，因此选择指标也要具有层次性，即高层次的指标是低层次指标的综合，低层次的指标是高层次指标的分解，也是高层次指标建立的基础。

七、简洁与聚合原则

简洁与聚合原则常常被作为评价指标体系设计的主要原则。简洁使指标容易使用，聚合有助于指标全面反映问题。但它们往往又是相悖的，其中难度最大、争议最多的是指标的聚合或合成，合成的指标便于高层决策和公众了解。因此，对指标进行科学处理，以合成数量不多的高聚合度指标是构建和谐制造企业指标体系研究的关键。

第二节　构建企业人文指标体系的流程

一、评价指标体系选取

在 20 世纪 90 年代，我国关于企业文化的研究进入高速发展期，但在企业文化的度量指标规范性上，还远远落后于西方国家。企业文化是一个多元、动态、综合的概念，要评价企业文化建设，应从企业文化要素构成的整体性和相关性等方面把握企业文化的现状与发展趋势。企业文化贯穿于企业内外部因素、生产经营活动的全过程，不仅取决于物质资源的积累，而且还取决于精神资源、信息资源积累在内的全过程。在现代企业制度的条件下，一个充满企业文化活力的状态是企业步入自我发展良性循环轨迹的保证。西方学者在解释东亚经济发展的特征时，大多以儒家理论为基础。后儒家学说中指出了儒家文化的四种特质，认为在设计企业文化评价指标时应把儒家思想与现代企业管理思想相结合。但是企业文化评价指标设计数量有度的限制，不是越多越好，越细越

好，而是服从边际效益递减的规律。在此，我们把工作氛围、领导风格、人际和谐、科学创新、组织学习、使命战略、市场导向、团队精神、价值认同度等相对应的12个维度作为企业文化评价的指标。例如，有关工作环境和人的工作效率或生产率之间的关系已经有很多研究，并且其成果已得到应用。良好的工作环境能促进工作效率的提高，优化企业工作环境是企业文化建设的重要任务之一，所以，我们把工作环境作为企业文化的衡量指标之一。该维度主要考察公司环境的和谐程度以及员工对同事的认可程度，分为工作气氛和同事关系两个要素指标。组织制度维度主要考察员工对部门职责的了解情况、公司制度的完备情况以及公司制度顺利贯彻执行的情况，分为部门职责、制度完备状况和制度执行三个要素指标。管理方式维度主要考察公司领导的结果过程导向性和人员任务导向性、员工间的协作以及员工发展机制，分为结果导向或过程导向、人员导向或任务导向、团队建设、用人体制四个要素指标。内部沟通维度主要考察公司是否激励员工进行沟通以及公司沟通现状，分为沟通保障和沟通现状两个要素指标。员工激励维度主要考察公司采取的激励员工的方式、绩效反馈是否及时，以及员工绩效考核的效果，可以分为激励形式、绩效反馈和绩效考核三个要素指标。领导和决策维度主要考察公司领导目标是否明确，能否领导变革，公司决策是否民主化以及公司领导能否授权，可以分为领导行为、决策民主化和授权三个要素指标。培训与发展维度主要考察员工接受的学习和培训、上司培养下属的能力和员工晋升状况。员工工作动机维度主要考核员工关注事业发展的倾向或物质条件的倾向。满意度维度主要考察员工对个人发展空间、个人收入、公司发展和工作条件的满意程度。忠诚度维度主要考察员工对公司是否忠诚。企业文化建设维度主要考察公司愿景设定是否合理、是否深入人心，企业文化建设的行为是否积极。理念与价值观维度主要考察公司的形象建设、创新理念、质量理念、行为理念、市场观念和顾客理念。

二、测评过程设定

（一）调查问卷

调查问卷能够较为系统和细致地呈现行业企业文化现状的信息，是量化分析的重要渠道。

调查问卷共分两个部分：

第一部分是参与调查的员工的基本信息收集，如员工的年龄、性别、职位等。

第二部分是选择性问题，也是问卷的主体部分。问卷主体通过图评价尺度法测评员工在企业文化各个方面的态度和看法。通过对员工背景的分析，反映员工构成状况、员

工基本社会背景，了解员工个人价值观和行为习惯的社会环境与物质基础。问卷主体部分设计 94 道问题，全部是以开放式的深度访谈中收集的资料作为基础设置的，多数问题测量的是人们对在其工作单位中实践活动的感受。这些问题的代表形式是："我所在的公司领导能够不断改进工作方法。"回答者的评分：①同意；②基本同意；③不好说；④基本不同意；⑤完全不同意。在进行分析时，采用利克特 5 点计分法，每个题目的统计得分越高，说明被调查者对该问题所持态度越积极，其中，3 分为中间状态。因此，若某要素（问题）得分在 3 分以上，说明被调查者对该要素（问题）持积极态度；若得分在 3 分或 3 分以下，说明被调查者对该要素（问题）持消极态度。为了增强调查效果，可在问卷中设计一些反向计分题目，在统计分析的过程中，分别对这些题目的得分进行处理，全部改为正向计分，从而与问卷整体分析保持一致。

（二）深度访谈

访谈分为三个层次：高层、中层和基层。通过不同层次的访谈与员工座谈会，广泛了解信息，达到以下的目标：

（1）高层访谈：了解高层管理者对企业发展、企业文化建设的设想和规划，辨识高层管理者的领导风格，发现他们对基层员工的基本看法和假设。

（2）中层访谈：了解中层管理者管理和领导下属的能力和特点，看其能否贯彻执行上层的决定和方针，了解他们对员工的基本看法和假设、与基层员工的关系、制度和规章的执行情况以及管理中的问题。

（3）基层访谈：了解员工的需求现状，了解他们对公司及上级领导的看法和认知，自身的价值取向和闪光点。

（三）文件回顾和分析

收集企业以及其所处行业发展的各项资料进行整理分析，包括企业中的各项规章制度，国家、行业政策及资料，国内外相关企业的发展资料等。这些资料是分析企业价值取向的重要素材。

（四）现场调查

现场调查是对问卷调查、深度访谈和文件回顾与分析的信息补充。现场调查一般需要半天到一天的时间，项目小组和客户项目负责人约好现场调查的时间与行程安排，项目组成员根据设计好的企业文化现场调查表单进行一一的评判，必要时，可对现场人员进行采访，以获得更为本质的理解。

（五）模糊综合评判体系

模糊综合评价是借助模糊数学的一些概念，对实际的综合评价问题提供一些评价方法。对于一些需要用多指标刻画本质的事物的评价，不能用简单的好与坏来合理评价，而模糊综合评价方法正是以模糊数学为基础，应用模糊关系合成的原理，将那些边界不清、难以定量的因素定量化，从多重因素对被评价对象隶属等级状况进行综合性评价。

三、综合评价方法选取

综合评价方法有多种。一些新兴的科学方法如模糊数学、人工神经网络技术、灰色系统理论等也都引入综合评价的研究中来。现在关于传统的综合评价方法以及统计的综合评价方法已经有学者进行了比较系统的研究，但对于现代的、系统的评价方法，像层次分析法、数据包络分析法等只是散见于一些期刊和书籍中，现代综合评价在经济管理方面的应用研究更少。

（1）层次分析法是一种实用的多准则决策方法。它是一种测度难于量化的复杂问题的手段，在复杂的决策过程中引入定量分析，充分利用两两比较给出偏好分析与决策支持，既有效地吸收定性分析的结果，又发挥了定量分析的优势。但是层次分析法一般不超过 9 个因素，对于因素众多的问题，进行两两比较的难度很大，它一般仅用于方案优选，并要求评价者对问题的本质把握得非常透彻。另外，决策者的主观影响很大，若判断失误，可能造成无法弥补的后果。

（2）模糊评价是利用模糊集理论进行评价的一种方法。它是利用模糊关系合成的原理，从多个因素对被评价事物隶属等级状况进行综合性评判的一种方法。它克服了传统数学方法结果的单一性缺陷，包含丰富的信息，并且方法简单易用，符合东方人的思维习惯，比较适用于经济系统问题评价。它的缺点是不能解决评价指标简单重复问题，隶属函数没有系统的方法确定，并且不可避免地带有人的主观性。评价的准确性依赖于合理选择因素、权重和综合评价的算子。对于因素过多、权重过小的问题采用多级模糊综合评判的方法加以克服。

（3）数据包络分析方法是根据输入和输出数据对同类决策单元进行相对效率与效益的评价。该方法剔除了人为因素的干扰，只对客观信息进行评价。它的优点是利用窗口技术找出单元薄弱环节加以改进，可以评价多输入、多输出的大系统。它的缺点是只反映相对效率，无法反映实际的情况。

（4）人工神经网络评价是一种交互式的评价方法，可以根据用户的要求不断修改指标权重，降低了专家评判的主观性，能对多指标综合评价问题给予客观评价。它能够处

理非线性、非局域性的大型复杂系统。它的缺点是需要大量的训练样本，精度不高，应用范围较窄，并且模型隐含、计算复杂，影响效率。

(5) 灰色综合评价法是一种定性、定量分析相结合的分析方法。它是采用某一指标为标准，以其他指标相对应标准指标之间的距离来评判。可以很好地解决评价指标难以量化和统计的问题，可以排除人为因素的影响。计算过程简单，样本量少时仍可使用。但要求样本具有时序特性，和数据包络方法相同，只反映因素的相对优劣，不反映实际水平。另外，该方法仍然需要权重分配，权重的选取会给分析结果带来很大影响。

● 本章小结

由于企业人文指标体系是从人文性的角度来审度企业文化，那么构建该体系就应该遵循以下原则：

第一，以人为本原则。在评价指标体系建设中，要充分体现以人为本的原则，将与和谐制造企业相关的内容充分体现出来。

第二，主观指标与客观指标相结合的原则。这样才能使评估体系更加准确、客观和科学，进而保证评价结果客观公正，符合指标与实际保持一致的原则。

第三，科学性与准确性原则。也就是说，评价指标体系要全面而准确地反映出每个指标的含义，同时全面地涵盖企业的和谐度和内部凝聚力的范围，客观描述企业的和谐化发展程度。

第四，应用性与可操作性原则。企业人文指标的选取应当建立在充分认识、系统研究的基础之上；评价指标应有明确的内涵，必须客观、准确、全面地反映被评价对象的基本特征；评价的口径、范围和计算方法应有明确统一的规定。在遵从上述科学性原则指导下，指标体系应具有很强的操作性。

第五，动态性与静态性原则。因为任何事物都是发展变化的，衡量企业人文建设水平的有关指标评价目标值或标准应具有动态性，能综合反映和谐制造企业建设的现状和未来趋势，同时，在一定时期内，评价指标体系内容不宜频繁地变动，应保持其相对的稳定性与连贯性。

第六，整体性与层次性原则。评价指标体系作为一个整体，应能够比较全面地反映制造企业和谐建设的特征，既要有反映企业整体和谐发展的主要特征和状态的指标，又要有反映系统内子系统间相互协调的动态变化和发展趋势的指标。

第七，简洁与聚合原则。简洁与聚合原则常常被作为评价指标体系设计的主要原则，对指标进行科学处理，以合成数量不多的高聚合度指标是构建和谐制造企业指标体系研究的关键。

企业人文指标建立的流程则包含了评价指标体系的选取和测评过程设定两个方面。

笔者把工作氛围、领导风格、人际和谐、科学创新、组织学习、使命战略、市场导向、团队精神、价值认同度等相对应的12个维度作为企业文化评价的指标，而测评过程中综合运用了调查问卷，深度访谈，文件回顾与分析，现场调查，模糊综合评判体系，以获得真实可靠的数据，使得指标体系能发挥全面和有效的作用。

● 思考题

1. 构建人文指标体系的原则有哪些？
2. 什么是构建人文指标体系的主客观结合的原则？
3. 人文指标体系中的指标如何选取？

● 本章案例——杭州市人文指标

一、杭州市人文指标概述

自杭州市委、市政府提出打造覆盖城乡、全民共享的“生活品质之城”的奋斗目标以来，本城市民都将极大的热情投入这一城市品牌的建设当中。历时一年，杭州的生活品质有了飞速发展，相应的课题研究也一直在推陈出新。今天，在第二届生活品质全国论坛上提出的“杭州指标”又为这一城市品牌的打造确立了极具导向性的发展理念。

杭州市在市第十次党代会上确立了生活品质城市发展理念，提出了打造覆盖城乡、全民共享的“生活品质之城”奋斗目标。为使这一目标导向更好地发挥引导、激励作用，使创新理念转化为发展实践，杭州市在开展生活品质评价方面做了大量探索。杭州市成立了构建生活品质评价体系及其运作机制的课题组，联合国内研究机构和知名专家，经过反复论证，形成了生活品质评价指标体系。

生活品质评价指标体系“杭州指标”包含了5大维度、20个领域、50个指标，这套评价指标体系得到了有关专家的高度评价。其中的5大维度分别为“经济生活品质、文化生活品质、政治生活品质、社会生活品质和环境生活品质”。50个指标中，有客观指标26个，主观指标24个，其中28个属于创新性指标。

经济生活品质以“生活与创业”为主题，提倡优化生活、丰富物质生活。涉及家庭收入、家庭消费、创新活力和创新绩效4个领域。下设指标既关注了城乡居民收入，也提到了国际开放度和创业环境满意度。

文化生活品质以“生活与文化”为主题，提倡文化融入生活、文化提升生活。涉及文明素质、文化娱乐、休闲活动和身心健康4个领域。下设指标不仅关注了教育和文明程度，还兼顾大众娱乐和高雅艺术，更提出了心理健康自我关注度的概念。

政治生活品质以“生活与民主”为主题，提倡引导民主参与、丰富民主生活。涉及民主决策、民主权利、依法行政和法治环境 4 个领域。下设指标以决策公开和民主参与为主要设置标准。

社会生活品质提倡关注生活和保障生活。涉及社会公平、社会保障、社会安全和社会认同 4 个领域。下设指标以提倡和谐社会、关注贫富差距为主要设置标准。

环境生活品质提倡改善生态环境、倡导生态文明。涉及环境质量、居住品质、出行便利和社区服务 4 个领域。下设指标将城市和乡村提到了平等的关注高度。

二、杭州市发展的特色

（一）生活品质评价的导向是以人为本

浙江省委常委、杭州市委书记王国平在论坛上讲话时强调，要进一步统一对生活品质评价重要性的认识。要进一步明确生活品质评价的基本导向，生活品质评价最鲜明的导向就是从以城市建设为本转向以人的生活为本，从人的需求满足的角度、从人的生命力和创造力发挥的角度来评价城市发展，使城市与市民紧紧地连在一起，使经济社会发展与市民日常生活紧紧地贴在一起。要进一步理清生活品质评价的关注重点，更加关注创业创新，更加关注文化文明，更加关注民生民安，更加关注民主民意，更加关注生态生息。要进一步完善生活品质评价的运作机制，生活品质评价涉及方方面面，是一项全方位、创新性的系统工程，既要有创新评价的运作机制，又要全面、系统、扎实地加以推进。在构建生活品质评价指标体系，形成生活品质评价“杭州指标”后，要进一步健全研究交流、评价发布、宣传推广三大机制，着力提升评价的公信力和影响力，使评价成为杭州“生活品质之城”建设的内在动力和检验标尺，成为集聚专家智慧和凝聚社会力量的重要平台，成为有志于提升生活品质城市相互交流、共同发展的重要载体。

（二）和谐创业

杭州在中国历史上素来是富庶之地生活之都。近代以来，又是中国民族资本特别是江浙财团的重要发源地。进入 21 世纪，杭州如何充分发挥自己的传统优势，走出自己独特的发展道路，成为杭州市委、市政府关注和研究的重大课题。这一届杭州市委、市政府经过反复论证，将杭州的城市性质定位为“国际风景旅游城市，国家历史文化名城，长江三角洲的重要中心城市，浙江省的政治、经济、文化中心”，并实施建设“天堂硅谷”和打造“东方休闲之都”的发展战略。近年来，杭州在中国各大城市中综合实力的排名不断提前，赢得“联合国人居奖”、“国际花园城市”、“中国最具经济活力城市”等国际国家级荣誉称号几十项。最近，杭州市委在对上述发展战略整合提炼后，提出把“和谐创业”作为杭州经济社会发展特色和模式的思路。

“和谐创业”是杭州市委、市政府在杭州市的改革和发展中提出并实践的一种发展模式，这一模式从杭州实际出发，创造性地把杭州的自然环境优势与浙江人特别能创业的特点相结合，既打“生活牌”、“休闲牌”、“旅游牌”，又打“工业牌”、“经济牌”、“创业牌”，力求把杭州同时建成“生活居住”、“旅游休闲”、“求知创业”三个天堂。这一模式完全符合党的十六届四中全会关于构建社会主义和谐社会的精神，也为树立和落实科学发展观提供了非常宝贵的实践经验。从构建社会主义和谐社会角度看，杭州“和谐创业”的薪新实践可以给我们如下启示。

杭州近年来经济社会健康、持续发展，发展速度也比较快，领先于很多的省市，在全国有一定的影响。杭州经济发展到现在这样一个水平层次后，和谐创业的关键点有以下五点：

(1) 要对和谐创业有准确的定位。和谐创业泛指多种创业形式，既包括实业也包括非实业，同时还包括各种以虚拟经济形式存在的投资行为。包括实在资本和非实在资本投资、有形资产和无形资产投资等。和谐创业一方面要保持各类投资创业相协调发展，不能畸轻畸重；另一方面要使各投资创业主体规范发展，不能放任自流。

(2) 和谐创业要保证有业可创。要求政府要提供产业发展的空间，要提供产业政策支持。一方面，要放开一切可以放开的领域，为投资创业提供更为广阔的发展空间；另一方面，要为投资创业提供更好的服务，减少直接干预。在宏观上，保持经济的相对平稳，避免大起大落，减少投资者的投资风险。在市场监管方面，要维护好市场秩序，保护公平竞争。在社会管理方面，要进一步优化社会环境。在公共服务方面，要加大对公共设施的投入力度，提供更为充足的公共品，提高公共服务水平。

(3) 和谐创业，重要的是要实现竞争与合作。这是保证和谐创业最为重要的条件。现代经济是真正意义上的竞合经济，从“纯竞争战略”为主导转向以“合作竞争战略”为主导。从注重总成本领先战略、标奇立异战略、目标集聚战略进一步发展到注重竞争与合作战略，从而推动了“竞争的革命”。

(4) 和谐创业重在创业成果的有效保护。只有实现对创业形成的各类成果的有效保护，才能从根本上保证和谐创业。保护创业成果最突出的就是对创业所形成的私人财产的保护。

(5) 和谐创业要体现公平竞争。首先是打破垄断。要加快垄断行业的改革，营造公平竞争的主体。其次是建立良好的市场秩序，使各竞争主体都能够在公平竞争中获益，而不是在公平竞争中受损。

(三) 杭州人关注自身健康，人际关系比较融洽

在一系列数据中，记者看到了诸多高分——目标实现程度超过90%以上的指标。

这些高分基本上说明了杭州人比较关注自身健康，人与人之间的关系比较融洽，乐于帮助弱势群体，人们对城市有较强的认同感。

测评显示，“人际关系满意度”实现程度为93.86%，调查中，有98.2%的人对“人际关系”表示“一般满意”，有76.5%的人表示“很满意”和“比较满意”。

2006年，全市平均预期寿命已经达到79.15岁，居全国省会城市之首。测评显示，杭州人“身心健康”实现程度为91.5%，其中，“平均预期寿命”、“体育人口比重”和“心理健康自我关注度”3个指标，实现程度分别为98.94%、92.72%和91.29%。

“社会认同”是反映“城市归属感”的指标，该指标的实现程度为91.45%。“城市归属感”显示，受访者中表示有“一般归属感”以上的占98.3%，其中表示有“强烈的归属感和较强的归属感”的占71%；本地居民和外地居民表示有“一般归属感”以上的分别占98.4%、97.4%。

三、点评

(一)“经济生活品质”评价指标的构架特点

经济生活品质是人们生活条件与创业环境的体现，是城市物质文明的集中反映。在“经济生活品质”维度中，我们突出了“生活与创业”的主题，强调贴近生活、创造生活。既设置了生活指标，又设置了创业指标，如“家庭收入”、“家庭消费”、“创新活力”和“创新绩效”4个领域的指标。就是力求把创业精神、创业活动融入生活，实现生活与创业、生活品质与创业品质的完美结合，来提升经济社会品质。经济社会品质指标设置的基本特点是：

(1) 在家庭生活层面上，既关注家庭收入，又关注家庭支出。因此，既设置了收入指标，也设置了消费指标，如“城乡居民收入”和“服务性消费占消费性支出比重数”，就是通过家庭收入与家庭支出测评来体现人们的家庭生活状况。

(2) 在创新活力层面上，既注重内生创新，又注重外源开放。设置如“民营经济占经济总量比重”、“新产品产值率”与“国际开放度”，体现了内生经济与外源经济的发展状况。

(3) 在创新绩效层面上，既有客观的经济发展指标，又有主观指标。如“人均GDP”与“创业环境满意度”。

(4) 在经济发展层面上，既有“创新活力”指标，又有“创新成果”指标。就是从城市创新能力与创新业绩上评价城市的经济发展状况。

这样的指标设计与安排，其初衷是，力求通过对生活与创业、收入与消费、创新与创业、内生创新与外源开放指标的测评，引导各级党委政府通过优化创业环境、激

发创造活力、改善经济条件、丰富物质生活，进而提升经济生活品质。

（二）“文化生活品质”评价指标的构架特点

文化生活品质是人们精神生活与文化生活的体现，是城市精神文明的集中反映。在“文化生活品质”维度上，我们突出了“文化与生活”的主题，强调“文化融入生活、文化提升生活”。在“文明素质”、“文化娱乐”、“休闲活动”、“身心健康”4个领域中，既有学习教育指标、文化娱乐指标，也有卫生指标、体育指标，就是要通过提升人们的学习生活、文娱生活、休闲生活和健康生活品质，来提升文化生活品质。文化生活品质指标设置的基本特点是：

（1）在人的素质层面上，既关注教育程度，也关注文明程度。因此，既设置直接反映教育程度的指标，也设置反映文明程度的指标，如“平均受教育年限”，“市民文明程度”和“人际关系满意度”；同时，既有反映身体状况的指标，也有反映心理健康的指标，如“平均预期寿命”和“心理健康自我关注度”。

（2）在文化娱乐层面上，既注重高雅艺术活动，也关注大众文化活动。因此，既有反映大众文娱活动的指标，也有体现高雅艺术活动的指标，如“文娱消费占消费性支出比重”与“高雅艺术活动满意度”。

（3）在休闲活动层面上，既注重休闲的基础，也关注休闲的行动。因此，既有反映休闲条件的指标，也有反映休闲活动的指标，如“享有休闲时间的充分程度”和“本地休闲旅游活动满意度”。

这样的指标设计与安排，其目的是，力求通过对学习与教育、个体素质与人际关系、高雅艺术与大众艺术、闲暇时间与休闲活动、人均寿命与体育活动、医疗保障与健康状况、身体健康与心理健康等方面的评价，引导各地党委政府不断改善学习生活、丰富文娱生活、保障休闲生活和重视健康生活，进而提升文化生活品质。

（三）“政治生活品质”评价指标的构架特点

政治生活品质是人们行使民主权利与参与民主生活的反映，是城市政治文明的集中反映。在“政治生活品质”维度中，我们突出了“引导民主参与、丰富民主生活”的主题。在“民主决策”、“民主权利”、“依法行政”、“法治环境”4个领域中，既有注重民主权利，如反映大众享有民主权利的指标，又有注重法制环境建设，如反映城市法治建设的指标。就是要按照“问情于民、问需于民、问计于民”的要求，落实人民群众的知情权、参与权、表达权、监督权，来提升政治生活品质。政治生活品质指标设置的基本特点是：

（1）在民主决策层面上，既注重决策公开，又注重民主参与。既有反映在重大事项上透明决策的指标，也有反映市民对政务公开满意度的指标，如“政府重大决策透

明度满意率”、“居（村）务公开满意度”和“公民民主权利满意度”。

（2）在民主管理层面上，既注重依法管理，也注重民主管理。既有反映政府依法行政的指标，也有反映民主解决人民内部矛盾的指标，如“法治环境满意度”、“政府依法行政满意度”、“社区（村）依法自治达标率”和“人民调解成功率”。

（3）在民主权利层面上，既注重城市层面的民主管理，也注重社区基层的民主管理。因此，我们既有“政府重大决策透明度满意率”、“政府依法行政满意度”的指标，也有“社区（村）依法自治达标率”和“居（村）务公开满意度”的指标。

这样的指标设计与安排，其设想是，通过对政府决策与群众监督、政务公开与民主参与、依法管理与人民调解、民主权利与民主氛围等方面的测评，引导各级党委政府不断推进民主决策、改善法治环境、畅通民意渠道、保障民主权利，进而提升政治生活品质。

（四）“社会生活品质”评价指标的构架特点

社会生活品质是社会公平度与社会和谐度的体现，是城市社会文明的集中体现。在“社会生活品质”维度中，我们突出了“关注百姓生活、保障百姓生活”的主题，强调改善民生、保障民安。在“社会公平”、“社会保障”、“社会安全”和“社会认同”4个领域中，我们既设置了民生保障指标，也设置了社会安全与社会认同方面的指标，就是要使全体人民学有所教、劳有所得、病有所医、老有所养、住有所居，不断提升社会生活品质。社会生活品质的指标设置的基本特点是：

（1）在社会和谐层面上，既关注社会贫富差距，又关注社会保障。因此，我们既设有反映贫富收入差距的指标，也设有关注困难群体的指标，如“基尼系数”、“社会贫富差距感”、“城镇失业登记率”、“社会保障覆盖率”、“社会对困难群体关爱度”。

（2）在社会安全层面上，既关注生产安全，也关注生活安全。因此，既有生产安全指标，又有生活安全指标，如“亿元GDP安全生产事故死亡人数”、“食品监测合格率”、“市民安全感”。

（3）在社会认同层面上，既注重本地居民对城市的认同，也注重外来人员对城市的认同。“城市归属感”这项指标，既针对本市居民，也面向外来人口，体现了不同人群中的城市归属感和认同感。

这样的指标设计与安排，其意图是，力求通过对富裕人群与贫困人群、就业与保障、社会保障与困难救助、生产安全与生活安全、本市居民归属感与外来人口认同度等方面的测评，引导各级党委政府不断促进社会公平、强化社会保障、确保社会平安、增强社会认同，进而提升社会生活品质。

(五)“环境生活品质”评价指标的构架特点

环境生活品质是人们的生活环境与服务环境的体现，是城市生态文明的集中反映。在“环境生活品质”维度中，我们突出了“改善生态环境、完善生活环境”的主题，强调建设生态文明，倡导集约节约。就是既注重生态大环境，又注重生活小环境。在“环境质量”、“居住品质”、“出行便利”和“社区服务”4个领域中，既有反映自然环境的指标，又有反映居住出行的指标，来评价环境生活品质。环境生活品质指标设置的基本特点是:

(1)在生态环境层面上，既注重生活环境，也注重生产环境。因此，既有反映大气、水质、绿地等生态指标，也有反映节能减排的指标，如“集中式饮用水水源地水质达标率”和“环境空气优良以上天数”，“万元GDP综合能耗降低率”和“主要污染物排放削减率”。

(2)在生活环境层面上，既注重居住环境，也注重出行环境。因此，我们既设置了“人均住房建筑面积”指标，也设置了“城乡公交便利率”指标；既有反映城市住房出行的指标，也有反映农民生活环境的指标，如“社区(村)公共设施及服务满意度”和“居民出行满意率”指标、“村庄整治率”。

(3)在城乡环境层面上，既注重城市环境建设，又注重农村环境建设。因此，我们既设置了城市居民住房面积、社区环境指标，也有农民住房面积、乡村环境整治、交通出行的指标。

这样的指标设计与安排，其意图是力求通过对水体与大气、节能与减排、城市大环境与社区小环境、生态环境与服务环境、居住生活与出行环境等方面的测评，引导各级党委政府不断推进环境建设、提升居住品质、营造便利生活和优化社区服务，进而提升环境生活品质。

2007年四季度，课题组开展了一次生活品质模拟测评活动。我们依据课题组提出的生活品质评价体系提出5大维度、20个领域、50个指标，从市域、市区、区县(市)三个层面上进行了模拟测评，形成了一份《2007杭州生活品质评价年度报告》。模拟测评情况显示：2006年杭州生活品质综合目标实现程度为81.93%。

从综合目标实现程度看，一是杭州市经济生活、文化生活、政治生活、社会生活和环境生活五大品质的目标实现程度，均接近或超过了80%，说明了杭州的发展速度较快、发展水平较高；二是五大生活品质之间的测评数据也较为均衡，反映了杭州各方面发展的协调性、和谐性与整体性的特征。这说明了杭州经济社会发展，符合“以人为本”的科学发展观要求，是人性化的发展，是又好又快的发展，是全面协调可持续的发展。

从主客观评价实现程度看，客观测评与主观评价的数据显示，一是主客观两者测评结果数据较为接近，实现目标程度均超过了 80%；二是主观评价满意度略超过了客观测评结果。这一方面说明了近年来杭州在经济建设、政治建设、文化建设、社会建设和城市建设方面有明显成效；另一方面也说明了杭州的发展是“以人为本”的发展，人民群众在杭州发展中得到了实惠。因此，市民群众对杭州的发展是认可和满意的。

首先要构建企业和广大民众能够自我创业的良好环境。社会主义和谐社会应该是一个充满发展活力的社会，动态的、发展的和谐才是高水平的和谐。所谓发展，就是要发展经济，大力提倡和鼓励广大人民群众自我创业。就业是民生之本，创业是富民之本。为求创业促发展构建一个良好的环境，最主要的就是要坚决打破各种障碍，实现“四个尊重”。其次要恰当地处理好由发展引起的各种矛盾关系。构建和谐社会的过程是一个非均衡协调发展的过程，是一个不断解决矛盾的过程。杭州提出的“五大和谐”，实际上就是要经常解决的五大矛盾，也是要经常处理的五大关系。再次要以培养良好的共同价值观为精神凝聚力。杭州市从自己的历史和现实出发，从广大人民群众的实践中不断总结、提炼、培育和塑造以共同价值观为核心的城市文化，形成了“精致和谐、大气开放”的杭州独特的人文精神。不但为杭州市构建和谐社会形成了强大的精神凝聚力，也形成了杭州市内有较高素质、外树良好形象的吸引力和凝聚力。最后要构建各级和谐的政府和领导班子。明确政府在社会发展中的定位，形成政府与社会的和谐、党政各级部门之间的和谐，这是构建和谐社会的关键环节。

● 参考书目

1. Lord Radeliffe，Law and the Democratic State，Holdsworth Lecture，Birmingham：University of Birmingham，1955.

2. W. Butos，Hayek and General Equilibrium Analysis，Southern Economic Journal，52（1985，October）.

3. Gilbert Ryle，Knowing How and Knowing That，Proceedings of the Aristotelian Society，46（1945-1946）.

4. M. Polanyi，Personal Knowledge，London：Routledge & Kegan Paul，1958.

5. The Tacit Dimension，London：Routledge & Kegan Paul，1966.

6. M. Oakeshott，Rationalism in Politics，London：Methuen，1962.

7. Mary Gregor，Laws of Freedom，Oxford，1963.

8. 博登海默：《法理学：法律哲学和法律方法》，邓正来译，中国政法大学出版社，

1999 年版。

9. 阿尔·里斯等：《22 条商规》，经济科学出版社，1996 年版。

10. 利普塞特：《政治人：政治的社会基础》，刘钢敏等译，聂崇信校，商务印书馆，1993 年版。

11. 哈耶克：《个人主义与经济秩序》，贾湛等译，北京经济学院出版社，1991 年版。

12. 哈耶克：《自由秩序原理》，邓正来译，生活·读书·新知三联书店，1997 年版。

13. 霍伊：《自由主义政治哲学》，刘锋译，生活·读书·新知三联书店，1992 年版。

● 推荐读物

1. 刘光明：《企业文化案例》，经济管理出版社，2003 年版。

2. 刘光明：《企业信用》，经济管理出版社，2003 年版。

第七章　企业人文指标体系建设实证考察（一）
——塔里木油田

第一节　塔里木油田人文指标体系建设

塔里木油田公司是作为世界500强之一的中石油下属的分公司，2006年已生产天然气100亿立方米，日供气量达3560多万立方米。目前已经探明30个油气田，形成了4个油田群、3个天然气富集区，累计探明石油地质储量5.26亿吨，天然气7241亿立方米，天然气三级储量1.6万亿立方米，可以确保年产气量200亿立方米、稳定供气20年以上。塔里木油田的企业文化主要抓了人文指标体系量化研究和员工人文精神的提升工作。

一、建立人文指标体系的理论依据

塔里木油田指标选择的理论依据是：以人文为中心的社会经济发展理论。从以资源为基础的经济增长到以人文为核心的经济增长，是社会经济发展的客观需要和必然规律。目前，以人为中心的社会发展理论已经取得国内外比较一致的公认。社会进步、经济发展必须充分重视人文的作用，把人文的培养和优化人文发展的环境作为重要目标。21世纪各国综合国力的竞争加剧，这种加剧的竞争归根到底是人的素质和人力资源开发的竞争。

系统科学理论是具有普遍指导意义的理论。人文精神是一个非常大和非常复杂的系统，不但涉及面广，内部因素与外部各因素的联系也很复杂，因此，对人文精神的评价必须要用系统科学的理论和思路来设计指标体系。就人文精神指标体系的设计而言，首先，应着重人文的创业空间质量，良好的创业空间既是人文发展其事业的保障，也是人

文奋发向上的动力基础，创业空间的质量包括一个城市经济发展现状和发展前景；其次，要提供人文发展的舞台，这要求一个城市能够为人文的创业和发展提供一个良好的平台；最后，要营造有利于人文的流动和引入的机制。

可持续发展理论已受到各国的重视，而可持续发展是协调发展理论的延展和具体标志，人文精神评价应当充分体现可持续发展战略的思想。人口、资源、环境是可持续发展中最主要的三大方面，中国城市人文精神评价指标体系的设计，在指标和权重的设置上均应给予相应的考虑。此外，在指标设计上对科技、教育等反映人文质量和潜力以及对社会发展具有长远意义的指标亦应给予足够的重视。

经济发展状况是反映人文精神的最基本情况，即一个地区的经济发展状况，是这个地区发展的根本，也是决定社会人文总体成长的最根本的因素，包括生产力和生产关系两个方面。经济基础是社会发展的根本和前提，决定了社会发展的各个方面，如经济发展的状况决定着一个社会人文总体的数量，生产力的发展为人文提供了必要的生活条件和工作条件。同时，社会生产力的发展，决定着一个社会人文总体的质量，经济发展决定了挖掘人文潜能和解决问题所需要的条件，良好的经济发展条件，能使人文（主体）能尽其才，物（客体）尽其用，从而不断满足人文主体的物质利益需要，推动人文主体去改造自然和社会，进而达到才能的优异状态。良好的经济社会环境，势必有利于人文的成长并吸引和稳定人文，因而经济发展状况在专家和社会问卷调查中，均排在首位，为影响人文精神中最重要的指标。在经济发展状况中，直接决定一个地区生活水平和生活质量的指标为人均 GDP，人均 GDP 具有可比性和动态性，同时也是经济发展中决定人文精神最直接、最根本的指标。人均财政收入状况与人均 GDP 不完全一样，它反映的是一个城市经济发展的质量，因而是从另一个侧面说明一个城市经济发展的质量指标。

随着中国加入世界贸易组织，中国与世界全面接轨，一个城市经济发展离不开国际市场，因而人均进出口总额和人均实际利用外资这两个指标较好地反映了一个城市对外开放及参与世界市场竞争的状况。城镇居民人均可支配收入和人均消费品零售总额反映了一个城市城镇居民的经济生活水平，当一个城市居民收入越高，越有利于人文的培养和教育，越有利于人文的吸引。人文的收入状况是人文关心的最主要问题之一，“人文实际收入”，是人文在该地区享有的待遇和自身价值的体现，是一个地区吸引人文的主要指标之一。但由于人文的收入涉及到不同层次的人文且有不同的收入，难以采集人文的平均收入状况。而一个地区的城镇居民人均可支配收入是统计范围的数据，易于采集，具有可对比性，并且人均可支配收入与人文的收入是成正比的。因而，可用城镇居民人均可支配收入反映人文的收入状况。

在经济基础方面，影响一个地区的人文成长状况的很重要的指标是人文创业和发展保障状况，即人文所处的软环境。

人文除了关心经济发展水平决定的物质条件和生活质量外，还关心人文创业和发展保障状况。宏观上，政府应通过创设一系列制度，为人文成长创造一个公平竞争的外部环境；微观上，企业内部应建立适应知识经济时代，适应社会大环境的人文成长激励机制，包括事业发展空间、人文发展自由度、人文流动自由度、人文对岗位的满意度、人文机制的创新完善度、竞争激励机制、合理流动机制、利益分配机制、公正公平机制、社会保障机制、目标设置机制、期望值设置机制、合理的人文群体效应等。这些是对人文状况进行宏观调控的关键，也是激励人文挖掘潜能、增强创新意识的关键，在很大程度上决定了人文的成长与发展状况。人文创业和发展保障状况中，一个地区能否为人文提供一个良好的创业载体和舞台，反映了一个地区政府对人文的重视状况，如有无企业博士后工作站、博士后创业中心以及人文基金、风险基金的设立等。

人文最本质的特征是其创造性，人文的创造性主要通过科技教育和国民素质状况来体现，“创新是民族的灵魂”，“科技是第一生产力”，科技教育和国民素质状况是一个地区未来发展的潜力所在，也是人文成长环境中一个很重要的方面，反映了整个社会的文化质量和社会的基本素质；同时，科技教育与国民素质状况又是人文成长环境的重要依托。“科技进步贡献率”是一个内涵丰富的科技范畴，就是以科学技术和科学管理为动力，以高新技术为先导，以全民素质提高为基础，全面促进社会经济的高速发展，促进社会的文明和进步，它是反映一个地区科技发达程度和教育发展情况的指标，代表着一个地区最先进的社会生产力，是人文精神的前景指数。在一定的人文精神影响下，促进一个地区发展进步最根本的因素还是人文本身，因此人文的数量和质量在很大程度上决定着地区的人文水平，其中，“每万人中人文的数量”表示地区环境中人文的数量，“人文中本科以上学历人员的比重和中级以上职称人数占人文比”反映一定人文中人文的质量。

二、人文指标的选取原则

人文指标体系的选择和确定要能够反映影响企业员工的成长、发展的各个方面，指标的选取尽量做到客观、准确反映动态变化的企业人文状况。一般遵循以下 6 个指标选取的原则：

（1）动态性原则。一个企业的经济度、健康度、教育度、幸福度等方面的状况总是在随着各种外在条件的变化而变化，人文内部环境系统和外部环境系统也均处于不断变化之中，不断产生新情况和新矛盾，这就要求对人文指标的评价，首先要遵守动态性的原则，使人文指标的评价能反映不断变化的客观实际，更好地指导区域人文开发实践。

（2）可采集性原则。人文指标体系在当今企业具有很强的理论意义和现实意义，对企业中人文的培养、使用、优化都具有很重要的意义，其指标的选择应该具有可采集性，这样，在核心指标影响下的众多指标才具有可操作性，在企业管理中得到广泛的应用和推广，为人文精神的提升提供科学的指导。

（3）可比较性原则。人文精神能反映一个企业的经济度、健康度、教育度、幸福度等方面的状况，它是对影响员工成长的各种因素的综合反映，其结果因国家、地区、时期不同而不同，从总体上来说，各国、各地区企业人文精神具有相对的独立性，相邻或情况相近地区的比较，将为各国、各地区企业的发展提供有益的借鉴，促进企业向着更加合理的方向发展。

（4）不重复性原则。对于任何一个评价指标体系，对于一些处于不同类型影响下的指标，由于重复信息对综合评价的结果影响较大，容易加大个别指标的权重，影响评价的客观性和准确度，因而，选择指标要尽可能避免重复，特别是介于几类指标间的部分。

（5）普遍性原则。在当今时代背景下，人文精神的优劣是相对的，为了测评各国、各地区企业不同的人文状况，人文指标应具有普遍性，应科学制定综合评价体系，以便使各国、各地区企业的比较具有相对同一的尺度。

（6）重要性原则。几乎所有的社会要素对人文指标都会有或多或少的影响，如果把所有因素都纳入人文指标体系中来，既造成评价系统的复杂性和操作性困难，也难以客观分析各种因素起作用的大小。为此，应从众多因素中筛选出主要影响要素对人文状况进行评价。在选择和确定人文指标体系时，要遵循重要性原则。

三、塔里木油田人文指标的确定

确定选择人文指标的主要原则是可采集性、可对比性原则，并主要以统计年鉴涉及的项目为主。

第一步是将指标发放到社会上进行调查，并向有关人文专家咨询，根据社会和专家反馈的意见调整有关指标，确定指标的权重范围。社会调查既有普遍性意义，但也有一定的局限性，主要是受教育层次、对人文精神的特点以及对有些指标的理解的影响。因此，在确定指标权重时，通信咨询专家的指标选择是调整指标权重范围的重要参考依据。

第二步是专家会议讨论，邀请专家讨论第二步确定的指标，并对第二步确定的指标进行打分。为避免各专家专业侧重面不同，难以达成共识，给出各个指标权重调整的范围，这样，既可以体现专家知识和意见，又可相对集中专家的评估值。

第三步是发放社会调查问卷，调查的对象从四个方面进行了分类：一是从年龄分类；二是从职称分类；三是从学历分类；四是从单位性质分类。经过上述三个步骤确定了六大类二级指标，30 个三级指标（见表 7-1）。

表 7-1　人文指标

一级指标	二级指标	三级指标
人文精神	人文精神的经济状况	人均 GDP、人均财政收入、人均进出口总额、人均实际利用外资、社会消费品零售总额占全省比、城镇居民人均可支配收入、企业景气指数
	人文精神的创业和发展保障状况	人文基金、企业博士后工作站数（包括折算后的创新中心数）、创业园引进留学人员数、留学人员创立企业数、高新技术产品产值占工业总产值比重、人文产出成果（获专利权数）
	人文精神的科技教育与国民素质状况	科技进步贡献率（科技对工业经济增长的贡献份额、科技对农业经济增长的贡献份额）、地方财政对科技投入、本科以上学历和中级职称以上人数占人文比、每万人拥有人文大专以上升学率、信息化程度百分比、继续教育收益面
	人文精神的城市发展状况	城市化水平、人均居住面积、人均公共绿地面积、污水处理率
	人文精神的社会服务及保障状况	城镇职工社会保险覆盖率、每万人拥有病床数、每万人刑事案件发案率
	人文精神的中介服务状况	人文市场进场应聘人数、人文市场进场招聘企业数、人文服务机构数、人文服务机构人事代理数

第二节　塔里木油田公司人文指标调查分析

一、塔里木油田人文指标的构成

塔里木油田人文指标由两大部分构成：硬指标可通过企业档案数据计算得到；软指标需要通过抽样调查得到（见图 7-1）。

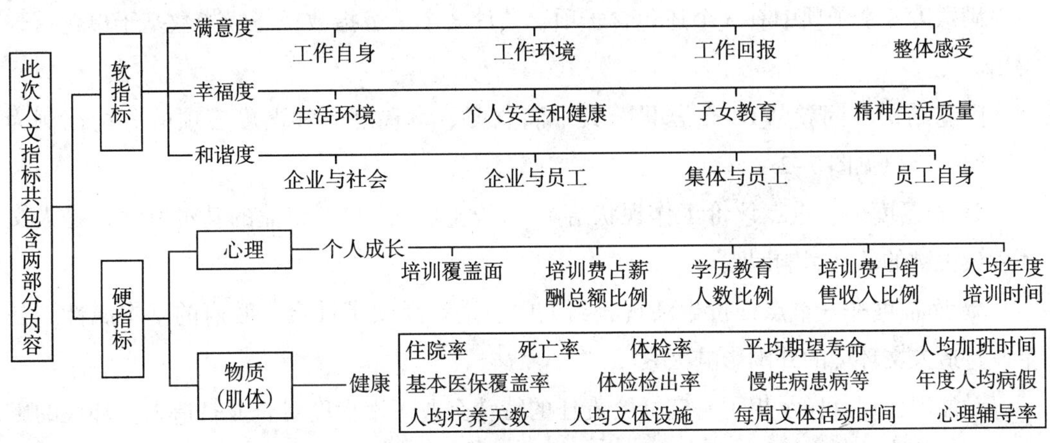

图 7-1　塔里木油田人文指标

二、塔里木油田的软指标获取

（一）数据来源

软指标采用抽样调查问卷法，问卷包含3个大项、12个子项，共计84个问题。问卷发放与统计遵循以下原则：

（1）面向全体员工，随机抽取调查对象。

（2）抽取的调查对象其行政级别、工作岗位、年龄的比例均符合塔里木油田整体比例。

（3）问卷中的漏填项超过5%，即视为作废卷。

（二）统计计算

每题选项分五个等级：1、2、3、4、5；对应的系数为0.2、0.4、0.6、0.8、1.0。以选择个数为权重，加权平均各指标的单项系数得该指标的系数。

$$指数=\frac{\sum（系数\times选择个数）}{\sum（所有系数的选择个数）}$$

（三）问卷结构及调查对象

输出满意度、幸福度、和谐度3个一级指数；一级指数基于二级指数计算得出。

每个子项输出独立指数，共计12个二级指数；二级指数基于三级指数或单题指数得出。

满意度4个子项中有3个还包含子项，共计8个三级指数；三级指数基于单题指数得出。

问卷结构：问卷共84个题目，其中满意度、幸福度、和谐度三项的分配比例为35∶24∶25（见图7–2）。

● 满意度——重点评价工作现状给个人的感受。反映了企业的基本属性，是人文环境最关键的软性影响因素。

● 幸福度——重点评价生活现状给人的感受。反映了社会、政府的基本属性，是企业打造人文环境的外围影响因素。

对油田公司这样承担了一定社会责任的特殊企业，幸福度对企业打造人文环境的影响要高于其他行业企业。

● 和谐度——重点评价情感环境给人的感受。反映了人对理想与现实之间差距的

感受与平衡。是企业打造人文环境的重要基础因素。

和谐度高的人群，其哲学思辨能力要高，精神境界、世界观、价值观都利于企业打造人文环境。

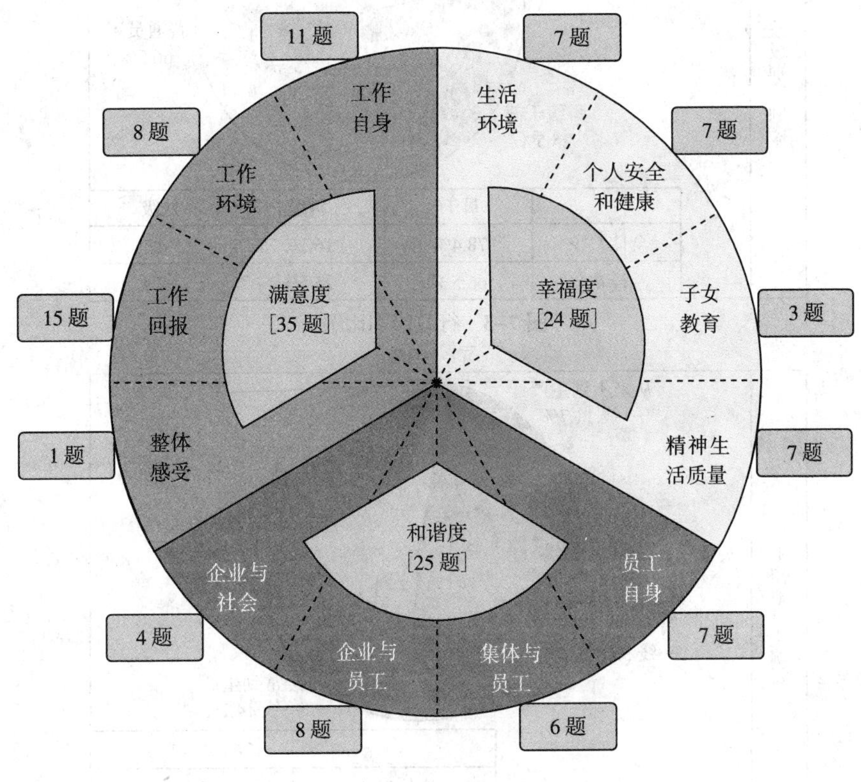

图 7-2　问卷结构

样本说明：共计发放 620 份，回收 620 份，有效问卷 600 份。调查样本的各项比例与调查对象整体的各比例相符（参见图 7-3~图 7-5）。

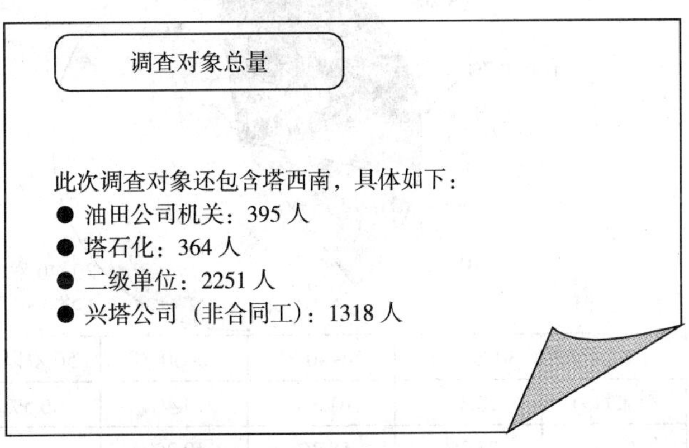

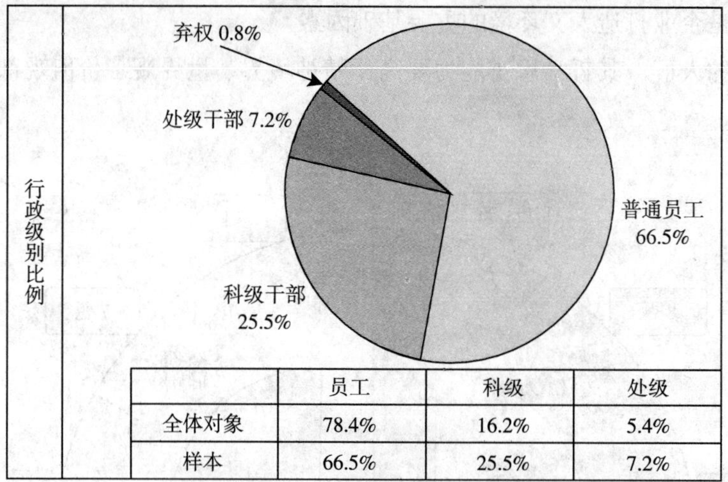

	员工	科级	处级
全体对象	78.4%	16.2%	5.4%
样本	66.5%	25.5%	7.2%

图 7–3　行政级别比例

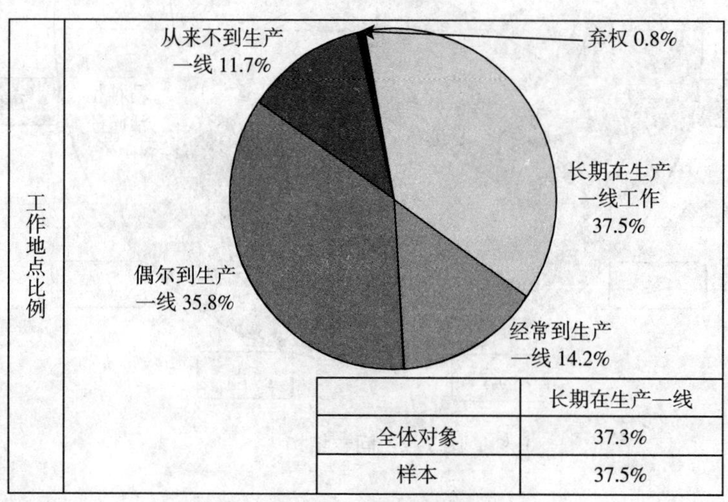

	长期在生产一线
全体对象	37.3%
样本	37.5%

图 7–4　工作地点比例

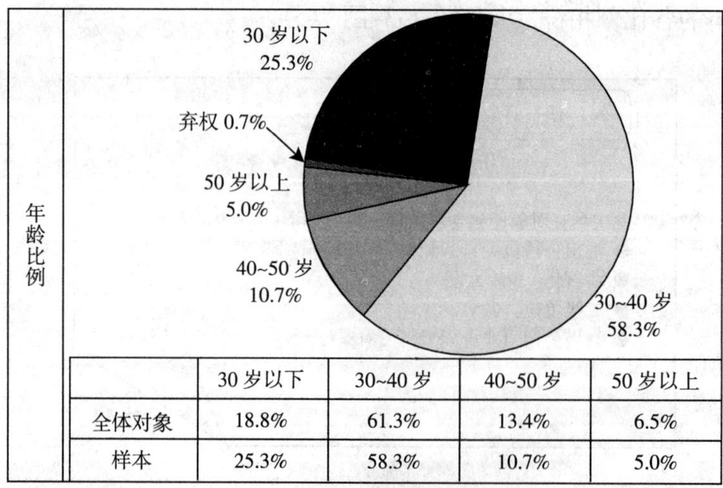

	30 岁以下	30~40 岁	40~50 岁	50 岁以上
全体对象	18.8%	61.3%	13.4%	6.5%
样本	25.3%	58.3%	10.7%	5.0%

图 7–5　年龄比例

（四）人文指标调查软指标整体结果

人文指标整体显示：最高的是和谐度：0.758；最低的是幸福度：0.692；满意度居中：0.724；三项指数均值为 0.725（见图 7–6）。

油田公司软性人文指标综和均值为 0.725，这反映了油田公司人文环境的质量。

根据数据库积累的企业数据：油田公司的人文环境在企业中属于中等偏上。而就西部偏远地区的企业来看，则是位居前茅。

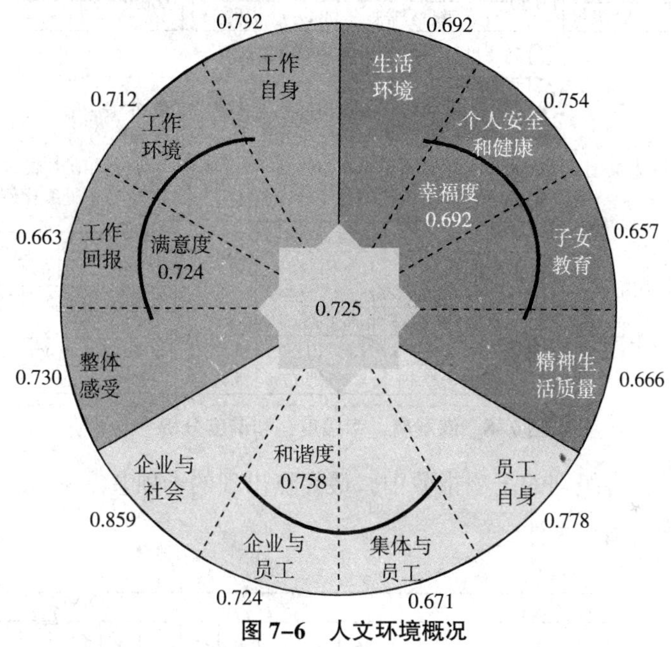

图 7–6　人文环境概况

12 子项的指数显示：影响人文指数的三个因素是“子女教育”、“工作回报”和“精神生活质量”（见图 7–7~图 7–9）。

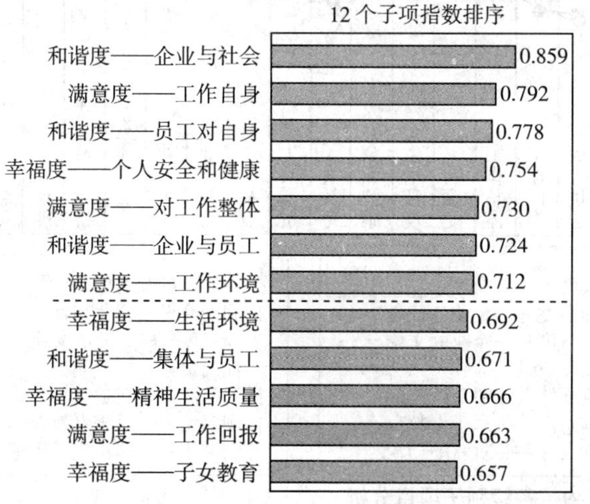

12 子项中，指数最高的是“企业与社会的和谐度”，反映了油田公司在油地关系上处理得很好，大家对这方面的工作很认同。而且大家对油地关系的重要性，认识比较一致。

以 0.7 为分界线，可以看到 75%的“和谐度”和“满意度”子项在分界线以上，而“幸福度”恰恰相反，只有一个子项在分界线之上，即“个人安全和健康”。

油田的幸福度指数较低，其中三个子项都在 0.7 分界线以下。在子女教育的问题上，大家的焦点集中在对软件（即师资力量、教学水平）的不满上。

图 7–7　12 子项目分析

样本分类显示：最低指数出现在“从不上前线”的幸福度上；最高指数出现在“处级”和“科级”的和谐度上。

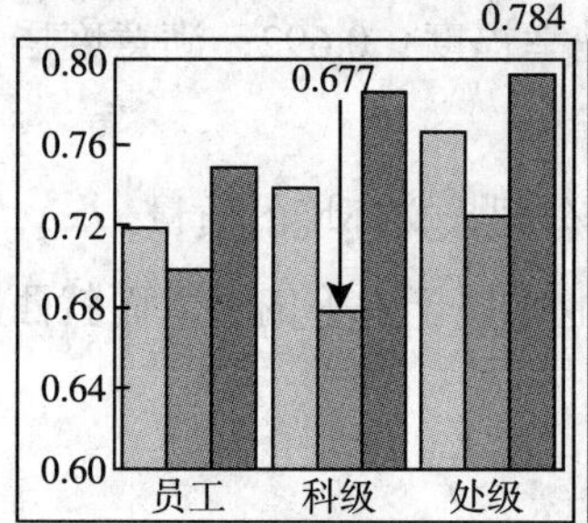

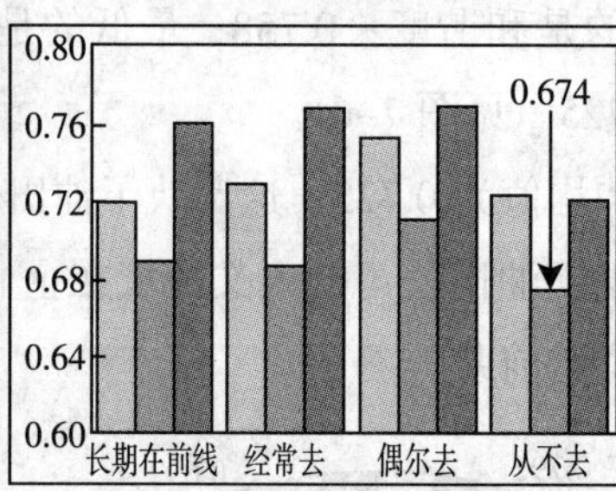

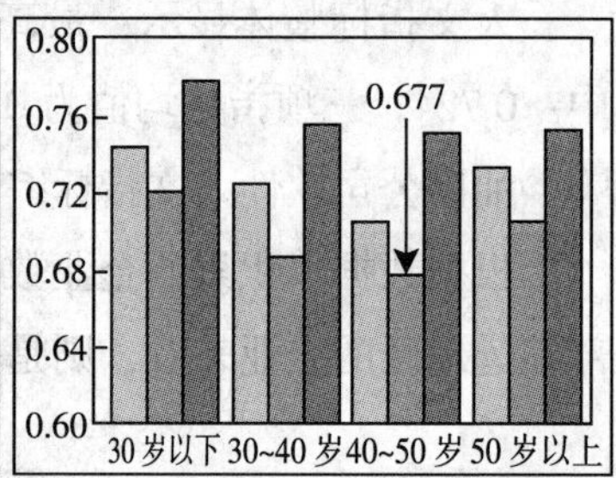

满意度 幸福度 和谐度

- 满意度与级别成正比
- 和谐度与级别成正比
- 幸福度在“科级”人员上出现了“低谷”
- 指数最低的子项是“子女教育”
- 其次是“精神生活质量”

- 偶尔去前线的人各项指标高于其他人
- 从不去前线的人指标低于其他人
- 其员工比例高于样本整体
- 其 30~40 岁的比例高于样本整体

	员工	科级	处级
从不去前线	84.3%	11.4%	4.3%
样本	66.5%	25.5%	7.2%

	30 岁以下	30~40 岁	40~50 岁	50 岁以上
从不去前线	12.9%	71.4%	11.4%	4.3%
样本	25.3%	58.3%	10.7%	5.0%

- 年龄层的指数呈现两头高中间低
- 40~50 岁的人，各项指数都低于其他年龄层的人
- 这其中处级比例超过样本值

	员工	科级	处级
40~50 岁	48.4%	29.7%	21.9%
样本	66.5%	25.5%	7.2%

	长期	经常	偶尔	从不
40~50 岁	12.9%	18.8%	48.4%	12.5%
样本	25.3%	14.2%	35.8%	11.7%

图 7-8　满意度、幸福度、和谐度分析

样本分类显示：各级别的子项指数中，最高点出现的子项基本一致，而最低点出现的子项却各有不同，值得关注。

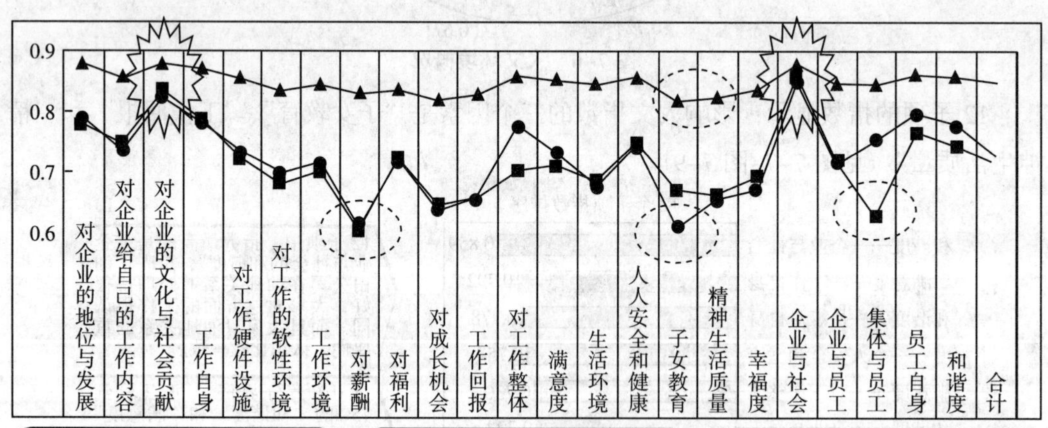

员工

指数最高点分别是：
1. 和谐度——企业与社会
2. 满意度——企业的文化与社会贡献

指数最低点分别是：
1. 满意度——对薪酬
2. 和谐度——集体与员工

科级

指数最高点分别是：
1. 和谐度——企业与社会
2. 满意度——企业的文化与社会贡献

指数最低点分别是：
1. 满意度——对子女教育
2. 和谐度——对薪酬

处级

指数最高点分别是：
1. 和谐度——企业与社会
2. 满意度——企业的文化与社会贡献

指数最低点分别是：
1. 满意度——对子女教育
2. 和谐度——精神生活质量

图 7-9　各级别子项目分析

单题数据显示：指数最高的 14 个问题中，有 12 个属于和谐度，且每个子项各占 3 个题；没有属于幸福度的题目（见图 7-10）。

和谐度——企业与社会	您是否赞同公司有保护环境的责任和义务	0.938
满意度——工作自身	你对自己的岗位责任制是否清楚	0.914
和谐度——企业与员工	您是否努力为企业发展作出自己的贡献	0.906
和谐度——集体与员工	作为员工，您愿意帮助其他同事	0.900
和谐度——集体与员工	作为领导，您希望帮助下属解决问题	0.889
和谐度——企业与社会	您是否赞同企业对当地的经济发展做出很大的贡献	0.885
满意度——工作自身	您是否认同塔里木油田"奉献能源，创造和谐"的企业价值观	0.882
和谐度——员工自身	您总是能保持良好的行为和礼节	0.877
和谐度——企业与员工	您是否认为企业的发展与您个人的发展息息相关	0.869
和谐度——企业与社会	您是否赞同企业对社会负有责任（扶贫帮困，希望工程等）	0.857
和谐度——员工自身	您是否能在工作中集中精力	0.854
和谐度——集体与员工	您和同事之间能相处得比较愉快	0.853
和谐度——企业与员工	您是否愿意在企业利益受损时挺身而出	0.853
和谐度——员工自身	您对自己总是很有信心	0.845

仅仅从排名前四位的题目来看，反映出：油田员工不仅对自己的岗位责任很清楚，而且还很愿意在岗位上为油田发展作贡献，也愿意帮助其他同事。

14 个指数最高的单题，集中反映了两个显著特征：
第一，对"奉献/贡献"很认同。
例如：对企业发展作贡献、让企业为当地作贡献、认同价值观、当企业利益受损时挺身而出，等等。
第二，对"良好的人际关系"很重视。
例如：愿意帮助别人、相处愉快、保持良好行为和礼节。

图 7-10 单题数据分析（1）

单题数据显示：指数最低的 14 个问题中，满意度占 6 个，幸福度与和谐度分别占 4 个，指数最低的问题是"住房条件"（见图 7-11）。

幸福度——生活环境	您对自己的住房条件是否满意	0.508
幸福度——精神生活质量	您对企业的重大人事任免和重大决策有参与权和知情权	0.511
满意度——工作回报	您认为现在的薪金分配制度是否合理	0.554
满意度——工作回报	公司是否为您制定了职业生涯设计	0.565
和谐度——企业与员工	您对公司为员工的提案作出的答复是否满意	0.577
幸福度——子女教育	您是否对学校的软件条件（师资力量、教学水平等）感到满意	0.578
满意度——工作回报	您对公司的选人用人机制感到满意吗	0.598
满意度——工作回报	您对于公司每年工资增加量感到满意吗	0.598
幸福度——精神生活质量	企业提供心理辅导的机会（包括谈话、倾听、开导等）	0.605
和谐度——员工自身	您对人际关系是否感到焦虑	0.608
和谐度——企业与员工	公司若将制定与员工有关的政策制度，应在制定前与员工沟通听取意见。制度制定后也应向员工详细解说，有政策改变，同样如此。有关这方面的沟通，您感到满意吗	0.616
和谐度——企业与员工	您对企业的沟通渠道（如厂务公开等）的运行情况是否感到满意	0.616
满意度——工作回报	您对于在公司目前的收入状况满意吗	0.628
满意度——工作回报	公司是否及时有效地提供培训机会	0.636

虽然幸福度中指数量低的子项是"子女教育"，但是从单题来看，影响幸福度最大的两个分属于"生活环境"和"精神生活质量"。

14 个指数最低的单题，集中反映了两个显著特征：
第一，对"沟通"强烈不满。
例如：大事件的参与权和知情权、公司对提案答复、公司制定政策之前的沟通、沟通渠道。
第二，对"人事制度"不满。
例如：薪金分配、职业生涯设计、选用人机制等。

"没有心理辅导"的企业现状，面对员工们"人际关系焦虑"的心理状态，加重了不满意。也是影响员工幸福度的精神生活因素的重要原因之一。

图 7-11 单题数据分析（2）

从软指标整体结果来看，员工“幸福度”指数影响了人文环境。因此，要甄别幸福度低的人群及影响因素，再设法改变（见图 7-12）。

	满意度	幸福度	和谐度	汇总
员工	0.718	0.697	0.748	0.721
科级	0.738	0.677	0.784	0.733
处级	0.766	0.723	0.787	0.759
长期在前线	0.719	0.688	0.761	0.723
经常去	0.728	0.686	0.768	0.727
偶尔去	0.752	0.710	0.769	0.744
从不去	0.723	0.674	0.721	0.706
30 岁以下	0.743	0.720	0.778	0.747
30~40 岁	0.724	0.686	0.755	0.722
40~50 岁	0.705	0.677	0.751	0.711
50 岁以上	0.733	0.705	0.753	0.730
全体	0.724	0.692	0.758	0.723

科级是油田公司管理工作的中流砥柱，是管理干部队伍的后备力量。他们承担很多具体的管理职能工作。
科级幸福度的四个子项均比其他两个级别的人要低，主要矛盾是“子女教育”和“精神生活质量”。

从不去前线的人中 84%是普通员工：71%的年龄在 30~40 岁之间。可见，这些人中大部分是油田公司在 1991 年前后引进的、至今没有被提拔为管理者，并且进入机关承担职能管理工作的学生员工。
相比其他三类岗位，影响这些人的幸福度的主要子项是“子女教育”和“个人安全和健康”。

40~50 岁的人在调查样本中占 10.7%；而整个油田这个年龄段的人数比例约为 14%。这个年龄段的人，除了“子女教育”因素以外，他们的“精神生活质量”指数是最低的。
在这个年龄段中，从不去前线的人所有指数是最低的。分别为：
满意度 0.597，影响最大的子项是“成长机会”。
幸福度 0.597，影响最大的子项是“精神生活质量”。
和谐度 0.693，影响最大的子项是“集体与员工”。

油田公司各类员工中，所占比例高的人群，其人文指数相对较高。油田人文环境基础情况良好。

图 7-12　软指标整体结果

满意度指数由四个子项构成，共计 35 题。最高的子项是“工作自身”0.792，最低的子项是“工作回报”0.663（见图 7-13）。

工作自身	对企业的地位与发展	0.788
	对企业给自己的工作内容	0.748
	对企业的文化与社会贡献	0.838
	汇总	0.792
工作环境	对工作硬件设施	0.733
	对工作的软性环境	0.692
	汇总	0.712
工作回报	对薪酬	0.615
	对福利	0.728
	对成长机会	0.648
	汇总	0.663
工作整体		0.730

工作自身反映的是员工对企业整体形象的感受，包括：
- 对企业的地位与发展：是指企业在行业内的排名、发展的前景。
- 对企业给自己的工作内容：是指个人对所做的工作是否是满意的。
- 对企业的文化与社会贡献：是指企业的社会形象和价值观念。

工作环境反映的是员工对企业内部工作环境的感受，包括：
- 硬件环境：是指完成工作所需要的设备以及办公环境，等等。
- 软件环境：是指工作的精神愉悦承担，是否感受到快乐。

工作回报反映的是员工对企业所给待遇的感受，包括：
- 薪酬：是工作价值的反映。
- 福利：是企业待遇水平的反映。
- 成长机会：是前景的反映。

工作整体反映的是员工对于工作整个的感受。虽然工作整体是通过“工作自身”、“工作环境”、“工作回报”三个维度来反映，但是每个人对印象因素的权重感受不同，因此用这个指标来调整不同人群的权重差异。

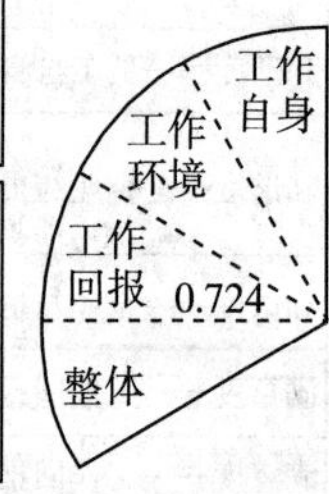

图 7-13　满意度指数得分情况

● 本章小结

（一）人文指标促进人文精神的落实

塔里木油田十分重视识别文化差异、敏感性训练、建立共同经营观和公司文化实施的共同特征，并把人本管理、人文精神提升落实到企业工作的各个环节之中，他们围绕建设和谐社会、提高人文指标的要求，开展了一系列的调研和现场办公。党工委书记孙龙德同志与班子成员先后到工作难度较大的勘探系统、关系职工生活质量的基地管理部、相对生产生活条件比较落后的塔西南公司、职工对生活管理意见较大的大二线工业园等处征求意见、现场办公。党政班子成员集体到1999年划归塔里木的塔西南公司调研，就发展、和谐、稳定等重大问题，研究制定了相关政策。班子成员分别与塔西南公司特困职工家庭结成帮扶对子，制定帮助帮扶对象2~3年内脱贫的目标和措施，并带头捐款启动了塔西南扶贫帮困基金。划归六年来，塔西南公司油气产量连年攀升，炼化产品产量屡创新高，扭转了亏损局面，实现了员工收入的快速增长。油田公司投资8000多万元，建设了塔西南安居工程，结束了塔西南职工家属住平房的历史。在企业重组过程中，塔西南公司通过强化培训，使大部分分流待岗的员工都掌握了一技之长，重新走上了工作岗位。对于待业的职工子女，近几年，按照“以就业促稳定，以稳定促发展”的指导思想，帮助300多名待业子女在公司内部临时就业、84人走向社会就业。高度重视对少数民族员工的培养，通过采取民汉员工结对互助、举办各类培训班等方式提高少数民族员工的汉语水平和业务技术素质。油田各级党组织坚持以“群众满意不满意”为基本标准，认真征求群众意见和切实解决群众关注的问题，密切了干群关系。油田开展职工健康工程，加大对职工体检力度，规定每年进行一次体检，并对不同岗位的员工体检内容进行细分。一些单位建立健全了员工人文关怀档案，记录了每个员工的人文资料，提高了职工休假差旅费待遇，成立了职工生活困难联络小组，规定了职工生活困难联络小组的职责是解决前线职工家庭生活中出现的任何困难，让前线的职工安心工作。

（二）人文指标和经济指标同样重要

胡锦涛总书记指出，我们不仅要重视经济发展的指标，而且要重视人文精神的指标。人文精神与落实科学发展观是紧密联系的，温家宝总理指出“提高认识、统一思想、牢固树立和认真落实科学发展观”。坚持以人为本，是科学发展观的本质和核心。以人为本，就是要把人民的利益作为一切工作的出发点和落脚点，不断满足人们的多方面需求和促进人的全面发展。具体地说，就是在经济发展的基础上，不断提高人民群众物质文化生活水平和健康水平；就是要尊重和保障人权，包括公民的政治、经济、文化权利。塔里木油田正处于一个新的发展期，根据塔里木油田高层领导的思路，在塔里木虽然没有一流的自然环境，但是在油田恰恰可以塑造一流的人文环境。

塔里木油田人文精神量化分析体系研究一方面是为了落实“三个代表”的重要思想，大力发展社会主义先进文化、构建社会主义和谐社会的战略举措；另一方面又是企业深化内部改革、持续有效发展、做强做大的迫切需要；既是发挥党的政治优势、建设高素质员工队伍、促进人的全面发展的必然选择；又是企业提高管理水平、增强凝聚力和打造核心竞争力的必由之路。

新时期给企业的经营管理带来了众多挑战。企业要搞好经营管理工作，主要是集中在对内、对外两方面：对内——可以统一思想，协调行动，凝聚人心，留住人才，企业文化作为企业的灵魂，是员工行动的风向标和基准，而塔里木油田人文精神量化分析体系研究是使企业文化落地的重要举措；对外——可以树立良好的企业外部形象，提高企业知名度和美誉度，打造企业品牌。

（三）人文指标的实施促进企业内资源的合理分配

对企业而言，在企业发展中，对资源的分配问题十分重要。企业对内提供的服务必须迎合企业和员工发展的需要。人文指标体系的建立就是通过对现有人文精神状况的调查，了解需求，适度调整物资和文化资源分配，促进企业和员工的共同发展。

● 思考题

1. 塔里木油田的指标选取原则是什么？
2. 塔里木油田的软指标有哪几项？是如何获取的？
3. 塔里木油田满意度指数调查问卷包含哪几个一级指标？

● 本章案例——SH 移动通信公司企业文化建设评价

一、项目背景

SH 移动通信有限责任公司（下称 SH 移动）成立于 1999 年，在 SH 移动的快速发展中，SH 移动的企业文化工作发挥了重要的作用，先后经历了萌动探索、构建导入和提升发展阶段，形成了独具特色的文化体系，不仅较好地承袭和体现了中国移动通信集团公司的理念体系，还立足自身特点，提出了自身的理念体系，培养了企业文化建设的队伍，编写了《SH 移动企业文化白皮书》、《员工行为规范——我的承诺》等企业文化内部宣传贯彻材料。

进入新的发展时期，一方面，新的战略对文化提出了新的要求；另一方面，需要对过去的文化积淀进行科学的认识和分析，进一步有效提升公司文化管理水平和效率。SH 移动决策层决定对公司的企业文化建设情况进行全面的审视和梳理，为此，

2005 年 10 月，SH 移动聘请专业机构，系统地展开对本公司企业文化建设现状的评估工作。评估内容主要包含：企业文化与战略关系评估、企业文化与利润的关系评估、企业文化战略发展趋向、企业文化理念作用导向评估、核心价值观、文化领导力、文化环境以及个性文化等几大部分，采用了定性和定量相结合的科学方法。

二、专业机构的文化测量结果

通过对 SH 移动企业文化在战略趋势、理念导向、价值观、文化领导力、文化氛围和个性文化六个方面的分析，对 SH 移动企业文化发展的趋势、规律以及企业文化功能、价值、内在结构及文化资源的状态形成了科学系统的认识，清晰地确定了企业文化各要素与企业经营业绩及核心竞争力的相关性，使企业文化对企业的价值贡献不再停留在定性的判断，而进入了更为科学的量化阶段。

量化的评估系统达到了科学、系统认识、分析、评估 SH 移动企业文化的目的，其结论和建议严谨翔实、有的放矢，为今后 SH 移动的企业文化建设和管理工作提供了可信的依据；将直接有助于 SH 移动继承发扬企业文化建设和管理的优秀经验，建立 SH 移动企业文化科学决策机制；有助于 SH 移动明确思路，抓住重点，集中突破企业文化建设的关键环节；有助于 SH 移动及时修正企业文化的基因库，形成新的文化理念体系；有助于创新 SH 移动企业文化渗透机制，逐步发展为较为完善的动态系统管理机制。此外，文化的评估工作对 SH 移动的人力资源管理、组织结构调整、流程优化等工作都提供了非常有价值的分析资料。

（一）SH 移动企业文化整体上呈现出较为成熟的市场型特征

（1）文化体系形成了以“市场导向”为中心的科学、完善、独特结构。

首先，从文化体系的来源看，体现出价值与战略驱动的特点。其次，从文化体系的变化来看，体现出针对性特点。再次，从文化体系的结构来看，体现出务实的系统性特点。最后，从文化体系的元素来看，体现出稳固的主题性特点。

（2）以“市场”为导向的文化内涵已经趋于成熟。

SH 移动以“市场”为导向的文化内涵已经完成了向理念导向、价值观、文化领导力方面的渗透，并逐步对文化氛围、员工个性文化及需求产生了影响，初步步入了成熟、稳定的发展阶段。

（二）SH 移动在文化建设和管理方面已经初步具备了“文化管理”模式的雏形

SH 移动的企业文化工作包括企业文化建设和初步的管理工作，经过了由无到有、由浅到深、由粗到细再到精的三个发展阶段，已经初步走出了以“建设”为主的初级阶段，开始尝试迈入以“管理”为主的高级阶段，在不断完善“文化系统管理”的同时，逐步迈向真正意义上的“文化管理”模式的高级发展阶段。在这个阶段，SH 移动的企业文化建设和管理工作表现出如下几个特征：

（1）文化建设过程中采取了与企业战略并驾齐驱的协同路线。

（2）在企业文化渗透中与企业管理紧密结合形成了多维的执行路线。

（3）在企业文化效果中与利润水平等紧密结合形成了清晰的价值路线。

市场型文化特征的变化与企业利润水平、竞争力状态、员工士气等指标之间相关性系数超过 0.80 以上，呈现出显著相关的状态。

理念导向作用的变化与企业利润水平、竞争力状态、员工士气等指标之间相关性系数也超过 0.84 以上，呈现出显著相关的状态。具体可参见表 7-2。

表 7-2　各指标显著相关状态

关联性	创新导向	进取导向	客户导向	结果导向	控制导向	长期导向	员工导向	和谐导向	总值
利润	0.92	0.97	0.96	0.81	0.94	1.00	0.84	0.99	0.95
士气	1.00	1.00	1.00	0.95	1.00	0.96	0.97	0.98	1.00

（三）SH 移动企业文化应实现从“市场型”向“团队型”、“创新型”、“层级型”战略方向的微观转移

排除不可预期的干扰因素，按照可预期的结果，SH 移动在今后 3~5 年企业文化将可能也应该出现如下一些变化：

（1）企业文化整体特征上将会在“团队型”和“创新型”上有明显增加，在“市场型”特征上将会有显著的降低，而“层级型”的特征在保持数值变化不大的情况下，在结构上会有显著的优化整合。

（2）目前企业理念导向分布中的处于短板状态的“创新导向”、“和谐导向”和“进取导向”将会有显著的提升。

（3）企业价值观结构中，具有创新属性的“卓越”和“创新”，具有团队属性的“协作”和“人本”，具有层级属性的“诚信”等基本价值元素将会逐步在企业中得到广泛的理解和认同，认同的比例将会从目前的 15%左右提升到 45%左右。

三、思考题

1. SH 公司的文化转移战略与中国市场的哪些变化因素相关？

2. 量化测评相对于定性测评的优点在哪里？面临的困难有哪些？

● 参考书目

1. Bruno Leoni，Freedom and the Law，Princeton，1961.

2. M. J. Lacey and K. Haakonssen，ed.，A Culture of Rights，Cambridge University Press，1991.

3. Robert L. Cunningham, ed., Liberty and the Rule of Law, Texas A&M University Press, 1979.

4. Peter Pratley: The Essence of Business Ethics Authorized, translation from the English language edition, published by Prentice Hall Europe, 1995.

5. Jacalyn Sherrition & James L. Stern: Corporate Culture Prentice by Amacom, a division, International, New York.

6. Machael Porter: Competitive Advantage of Nations Prentice, Harvard Business, 1990.

7. John P.Kotter & James L. Heskett: Corporate Culture and Performance. Prentice Simon & Schuster, New York 1992.

8. 刘光明：《现代企业家与企业文化》，经济管理出版社，1996 年版。

9. 布坎南：《自由、市场与国家》，平新乔等译，上海三联书店，1989 年版。

10. 范里安：《微观经济学：现代观点》，上海三联书店、上海人民出版社，1994 年版。

11. 奈比斯特等：《90 年代的挑战》，中国人民大学出版社，1988 年版。

12. 国家计划委员会：《中国环境与发展》，科学出版社，1992 年版。

13. 池田大作：《21 世纪的警钟》，中国国际广播出版社，1988 年版。

14. 汤因比：《人类与大地母亲》，上海人民出版社，1992 年版。

15. 海克尔：《宇宙之谜》，上海人民出版社，1974 年版。

16. 姜学敏等：《山东企业文化建设》，人民出版社，1998 年版。

● **推荐读物**

1. 柳田邦男：《企业活力的奥秘》，国际文化出版公司，1989 年版。

2. 沙因：《企业文化与领导》，中国友谊出版公司，1989 年版。

3. 牛汝辰等：《无形的资本》，中国城市出版社，1995 年版。

3. Robert L. Cunningham, ed., Liberty and the Rule of Law, Texas A&M University Press, 1979.

4. Peter Pratley, The Essence of Business Ethics, Author(s), translation from the English language edition, published by Prentice Hall Europe, 1995.

5. [illegible] Sherwood & James L. Sterns, Corporate Culture, Prentice-Hall, [illegible] division, International, New York.

6. Michael Porter, Competitive Advantage of Nations, Prentice, Harvard Business, 1990.

7. John P. Kotter & James L. Heskett, Corporate Culture and Performance, Prentice, Simon & Schuster, New York, 1992.

8. 刘光明：《现代企业家与企业文化》，经济管理出版社，1995年版。

9. [illegible]，上海三联书店，1996年版。

10. [illegible]，上海人民出版社，1994年版。

11. [illegible]：《90年代的[illegible]》，中国人民大学出版社，1993年版。

12. 国家计划委员会：《中国21世纪议程》，[illegible]，1992年版。

13. [illegible]：《21世纪的[illegible]》，中国国际广播出版社，1998年版。

14. [illegible]：《[illegible]》，上海人民出版社，1992年版。

15. [illegible]：《[illegible]》，上海人民出版社，1994年版。

16. [illegible]：《[illegible]》，人民出版社，[illegible]年版。

[illegible]

1. [illegible]：《企业[illegible]》，[illegible]，1989年版。

2. [illegible]：《企业文化[illegible]》，中国[illegible]出版公司，1989年版。

3. [illegible]，中国[illegible]出版社，1993年版。

第八章　企业人文指标体系建设实证考察（二）

——天津博益

博益是地处天津的一个制药企业，它的总经理程社明认为，抓企业文化建设，首先要抓员工思想作风，抓文化素养，抓员工对事业、个人进步的追求。企业的培育与个人的追求集中体现在员工的职业生涯设计上，这就要求每一个员工都要有个职业生涯规划，所谓“职业生涯规划”是指个人根据自身情况、机遇和条件，为自己设立职业目标，选择职业道路，确定发展与教育计划的行动方案。博益的企业理念就是追求集团文化与个人生涯规划的统一。

第一节　员工职业发展规划概述

一、理论依据

依据马斯洛的需要层次理论，物质需要是人类较低层次的需要，而自我实现才是人的最高层次的需要。职业发展属于满足人的自我实现需要的范畴，因而会产生更大的激励作用。

薪酬和职业发展是两种最主要的员工激励手段。越来越多的国有和民营企业开始通过设计薪酬体系来进行员工激励，但很少有企业将员工职业发展作为一种激励手段给予足够的重视。依据马斯洛的需要层次理论，物质需要是人类较低层次的需要，而自我实现才是人的最高层次的需要。职业发展属于满足人的自我实现需要的范畴，因而会产生更大的激励作用。

二、员工职业发展规划的几大途径

（一）开放的心态

在员工职业发展目标设计过程中，公司与员工个人本着开放的心态，在互动交流中共同设计切合实际的职业发展目标。员工应从自我诊断、评价、分析入手，进而由所在部门依据其工作效率、表现、绩效及优缺点共同制定初步的设计草案，再由人力资源部门进一步分析和评价。人力资源部在综合各方面的意见和征询本人意见的前提下，形成阶段性的员工职业发展规划设计。由于需要三方共同协作完成，同时信息的准确性和完备性是有效人才培养的重要基础，因而，坦诚和开放的态度尤为重要。

（二）管理的动态性

公司外部生存环境及内部组织环境的不断变化，以及员工自身的变化都促使员工职业发展规划需要不断地滚动修订。具体地说，从公司层面，面临的环境及对人力资源的要求并非一成不变，公司适应外部环境的变化对员工阶段性的职业发展目标设定有影响；从员工层面，由于每个人的学习能力及适应能力存在差异，在不同的职业发展阶段，伴随着岗位和层次的变化、自身素质的改善和提升，在定期与不定期的跟踪和指导中，都需要对预先制定的员工职业发展目标进行修订。

（三）针对性和多元化培养

结合员工职业发展目标，公司与员工个人共同制定有计划的培养方案，包括教育培训计划及自我学习成长计划。培养方式可考虑培训、轮岗、工作丰富化等多种形式，做到晋升及调动的有机结合。员工在实现职业发展目标过程中，能力是晋升的重要依据，对能力的界定和衡量，以及对员工潜力的评价是员工职业发展中的重要一环。

三、制定员工职业发展规划的原则

（一）规范职业发展方式是基础

一提到职业发展，很多人往往想到的就是晋升，其实，职业发展不仅仅是晋升，所有旨在提高员工职业发展能力、提高员工可雇性的措施（如岗位轮换）都可以称之为职业发展。规范职业发展方式，给员工明确的职业发展通道的信息，就能让员工有更强的职

业规划的意识，为自身的职业发展有更多的思考和规划，为自己的进一步发展打好基础。

（二）明确职业发展中的角色分工是关键

毫无疑问，员工应该承担自身职业发展的主要责任，但企业在员工的职业发展中又需承担什么责任呢？制定员工职业生涯发展规划的主要参与者包括员工个人、直接上级和人力资源部，企业中承担员工职业管理的是各员工的直接上级和人力资源部。直接上级应该对自己属下员工的能力、兴趣、抱负有较清晰的认识，结合员工职业生涯发展规划，注意把握企业中存在的机会，及时给员工提供可选择的发展途径，培养并鼓励他们积极进取，并结合员工绩效考核，随时掌握员工职业发展方面的进展。人力资源部在整个体系中起到组织协调、咨询和管理作用，保证体系的正常运作。

（三）把人才培养作为部门经理的重要职责

人才培养不仅仅是人力资源部的职责，更是部门经理的重要职责。如康宁公司要求各级管理人员都要担负员工职业发展的主要责任。公司要求，每一个主管都要了解属下员工要求掌握的技能、他们的兴趣和价值观，以及他们的职业发展需求等。公司要求管理人员与其团队之间必须就职业发展进行畅通的交流。通过对话与反馈，管理人员找出自己需要了解的员工的能力情况，以及如何去做才能提高每个员工的贡献和对工作的满意程度。

（四）把绩效反馈与改进作为提高工作绩效的重要手段

绩效反馈是改进员工工作绩效的重要方法，通过绩效反馈与改进，找出员工职业发展的短板，对员工进行适时的绩效辅导，是帮助员工进行职业发展的重要手段。

每个工作年度终结之前，根据各自的考核标准，直接上级应该与员工共同回顾总结一年来的工作业绩，总结职业生涯发展过程中存在的问题，并寻找解决方案，明确员工职业发展的短期目标和长期目标，如果有必要则调整达到职业发展目标的计划。

第二节　员工职业发展规划的实施

一、明确年限

自我规划年龄的起始止时日（一个阶段）的年龄跨度，如某某人十年的职业生涯规划（1997 年 9 月 1 日至 2006 年，37~46 岁）。或者某某人长期职业生涯规划（1997 年 9 月 1 日至 2025 年，37~65 岁）。

二、明确职业方向和目标

设定个人方向和追求的目标，是职业生涯开发的首要问题。在人生中，事业成功，是每一个人追求的目标，从儿童时期起，追求成功，就像一种神奇的力量左右着我们的生活：在家里，父母要求我们刻苦用功，长大了好出人头地，光宗耀祖；在学校，老师常常介绍出自本校的成功人士和名人，鼓励同学们勤奋学习，争取像那些校史名人一样给母校带来荣誉。个体心理学家阿德勒认为，人追求事业的成功源于人类个体的自卑心理，成功是对自卑的一种补偿，是追求优越感的表现。弗洛伊德认为追求成功的动机是引起异性的注意。设定方向和目标后，就要激发自己的内驱力。西班牙的卡哈是 1906 年的诺贝尔医学奖获得者，他一生最大的贡献是揭示了人脑的神经结构。然而这位脑神经医学的开山鼻祖，小时候却是一个老是闯祸、淘气出了名的顽童，被学校开除后与一个修鞋匠到处流浪，父亲被他活活气死。虽然谁也不理他，他却心里想着一个人，暗暗地喜欢上了邻居家的一个姑娘，但这个姑娘根本没有把他放在眼里。有一天，姑娘同别人聊天，卡哈故意从她身边走过，想引起她的注意。姑娘连看都没有看他一眼，只听到姑娘传过来的声音："没有出息。"就这一句话，却一下子击中了卡哈。有好几天，他觉得自己像死了一样，躺在床上脑子里一片空白。几天后才"活"过来，人们发现，卡哈完全变成了另一个人，他央求母亲重新让他读书，一年后，他以第一名的成绩考上了萨拉格萨大学，25 岁时被聘为母校的首席解剖学教授。经过不断的努力，他最终走上了诺贝尔医学奖的领奖台。那位姑娘可能早已忘记她所说的话，然而她可曾知道，就是这一句话，改变了一个人的一生。

有许多人是受金钱的诱惑、出于原始的动机而去追求成功的，不同的职业有不同的金钱回报，这种金钱回报的大小对于一些人来说是至关重要的。它决定着这些人对职业的选择。然而，仍然也有一些人选择职业仅仅出于对那份工作的热爱和执著。

苹果电脑公司的案例具有启发性。30 岁的电脑英雄乔布斯是苹果电脑公司的创办人和创意设计师，由于他与生俱来的自信，加上电脑业爆炸性的发展，使他成为偶像级人物，25 岁时身价已逾 10 亿美元，当时成为《福布斯》排行榜上有史以来最年轻的富豪。

在这个社会中，人们心甘情愿地为事业成功者、名人"付费"——雅柯卡成为企业界名人，克莱斯勒公司大受其益，产品畅销美国国内外。美国《名人》杂志的名人收入栏目中，那些成功者的报酬高得惊人，而且，在富了他们自己的同时，也富了他周围的人。演员伊斯伍得年收入 1000 万美元，体育节目解说人迈恩伯格也签订了年薪 1000 万

美元的5年合同。有了这一笔丰厚的收入，其父母、配偶和孩子都能从金钱与特权中得到巨大的好处，大沾其光。同样，他们周围的人——出版商、代理人、私人经纪人都可以借机中饱私囊，并为他们带来物质和精神的双重利益。

企业管理者对自己和员工的职业生涯应该有一个明确的设定，有了这个目标，才有前进的动力，行动的方向。

三、具体分析

（一）环境分析

通过对社会环境的分析，使自己了解所在国家、地区的政治、经济和文化的发展趋势，自选职业在未来社会环境中的地位，以及社会发展趋势对自己职业的影响。如社会对某一职业人才的需求程度等。

企业环境分析包括企业发展、企业市场需求趋势、企业在本行业中的地位和前景，以及个人在组织（企业）中的发展环境分析。

与传统的金字塔形的组织结构相呼应，我国的组织结构中仍存在着许多少数人独揽大权的家族式管理。虽然组织的高层领导和高层管理人员之间不是血缘关系（主要是利益关系或最终是利益关系），但这类组织具有将中国家族式权威与组织科层制权威结合在一起的文化倾向。其中，家族式权威的根源在于组织中有一个或若干个所谓“德高望重”的领导人。这种家族式文化的一个鲜明特征就是政治的最高层一般都有一个“美猴王”。之所以喻其为“美猴王”，是因为组织中有一个权力过于集中的组织科层，位于组织科层的最高层存在着一个如同“美猴王”孙悟空式的人物。在组织内部，他或以他为首的小利益集团成员无论权力、能力（或自认为很有能力）以及魄力等都超过其他组织成员。具有“美猴王”的组织几乎无一例外自觉或不自觉地搞组织内部的高层利益分享和“一言堂”，只不过程度与形式不同而已。其他组织成员就像花果山上的小猴子，既要分享“美猴王”的“恩赐”，更要在形式上对“美猴王”俯首帖耳，顺从和献媚，不然就是违反组织“规范”。然而，作为一个组织的最高领导人又是相当孤独的。我们每一个人都不是完美无缺的，需要同事的帮助和有益的影响。当某个人处于组织的金字塔顶时，他就只有下属而没有同事了。即使最直率和勇敢的下级也不再会如同和自己的同事那样，公平地和上级对话。行为科学的研究表明，在各种人际关系中，如果涉及有关权力、地位或利益时，人特别容易受到情绪力的影响。换言之，人在权力（领导）面前，情绪因素的灵敏度特别高，总会存在“失态”的问题，或“高水平发挥”，或“低水平发挥”。领导面对的是虚假的沟通，正常的沟通很容易被歪曲。即使一个人在担任

最高领导之前为人友善，被所有同事所接受，但一旦升入组织的最高位置，和下级的关系就会发生某种困难。金字塔组织结构弱化了人与人之间的非正式关系，堵塞了坦诚的意见反映和反馈的沟通渠道，严重地影响了上下级关系。

被歪曲的、不透明的沟通，促使领导常常采用一种自我保护措施：在下级面前建立起“全能全智的形象”。这种“形象”在实际中的表现是多种多样的。例如，一个精明的下级可能经常要给领导以更多的“关心”、“表扬”的机会，只有这样，才能比其他人“进步”得更快些；而那些不通此道的人，后果可想而知。在这种情况下，任何领导都难以摆脱错误的判断。因为正确的判断通常来自人们之间无拘束的、自由的评价和沟通。

因此，位于金字塔顶端的领导是相当孤独的，是名副其实的“孤家寡人”，这种孤家寡人的含义并不是没人理睬，正相反，作为一个拥有正式奖惩权、利益分配权的领导，其周围总会汇集一大批人，从形式上将领导捧至核心的地位。因此，在一般情况下，领导总是经常能够得到来自周围人的超出一般水平的“关心”和“爱护”。但是，由此而产生的问题是，领导难以确定经常与他们相处的那些人的真正动机是什么。他们一般也知道其他人所汇报或报告的事情是经过选择的，而且是经过精心处理或策划过的，下级通常只会对领导讲他们认为领导想听的话。

组织的领导人为了避免“孤家寡人”的困境，通常采取的对策是为自己的周围建立一个“圈子”，在这个“圈子”里有两种规则：一是组织的制度规则（正式规则），即在形式上必须保证“领导—下级”的关系。二是非正式规则——哥儿们利益圈规则，如果将这种关系定义为一种交易关系，那么领导在交易中得到的回报是圈子内成员对领导的“忠诚”，下级在交易中得到的回报则是领导的特殊关照、“信任”和超过给予常人的“恩赐”，以及由此带来的安全感。此外，需要人们引起重视的是进入“圈子的”资格条件是什么？即领导根据什么标准暗自将一些下属画入圈内，而将另一些下属画在圈外？根据 George Graeo 等学者的“领导—下属”交换理论，年龄、性别、态度（如外向性）可能成为与领导建立特殊关系的因素，目前行为科学的有关知识还不足以充分解释这类复杂的关系，对个人而言，要涉及他的能力、需要、期望、态度及价值取舍。它直接影响个人在组织中的地位前景和发展，因此，上述的分析是非常重要的。

（二）企业分析

企业分析的主要内容包括：企业领导人的抱负和能力、企业文化、企业制度，特别是企业用人制度；自己对企业发展战略、企业文化、管理制度的认同程度；企业组织结构的发展变化与自己的未来职务；今后可能得到的教育和培训的机会，以及在本企业内实现职业生涯的可能性。

（三）人际关系

对人际关系的思考必须回答以下问题：哪些人将在自己职业生涯开发过程中起重要作用？起什么作用？如何与他们保持联系？采取什么方法？达到什么目的？

笔者对直接上级、自己家属、有关专家的建议不一定完全赞同，但应客观地分析和有选择地取舍，并记录备用。职业生涯开发的人际关系如表 8–1 所示。

表 8–1 职业生涯开发的人际关系

职 位	职 责
人力资源职能领导与上级管理人员	建议一些方法，参与政策的制定 使员工关心职业生涯
人力资源部门最高层领导及其代表	发挥战略指导、职业发展及发展能力方面的作用 直接管理某些管理人员
职业生涯委员会	制定政策
职业生涯指导顾问	对职业生涯开发与管理的指导与协调 进行指导会谈
直接上级	评估 给予管理人员某些业务上的指导
直接下级	保证发展机会有效 检验能力进步
管理人员本人	表现能力
下级	收集信息 商讨其职业发展规划
外部专家	建议、协助
家庭主要成员	支持、协助理解、安慰

四、目标设计

（一）职业生涯目标

规划中的职业生涯是指可以预见到的长远目标，职业生涯可分为多项并不相互排斥的目标，如：

职务目标：专业职务，如总经理、财务经理、销售经理等。

能力目标：和领导沟通的能力、人际关系能力、组织大型公共关系活动的能力等。

成果目标：如在一年内或几年内编写、出版一本或几本书，或完成一项或几项课题等。

经济目标：如在 30 岁之前挣取 20 万元或 30 万元。

职业生涯可以在每一个阶段表现出不同的品质，如果不能够接受新的挑战，不能够改变前一个阶段的习惯做法，那么很可能“出局”。人们会发现，有些管理者在职业生涯中“出轨”了，这表明他们不知道如何使自己适应这个新阶段。为了顺利进入每一个新阶段，应根据新阶段的特点制定分目标（见表 8–2）。

表 8–2 职业生涯分目标

与职业生涯目标有联系的内容	工作业绩 与工作业绩相关联的素质要求 竞争力 追求的角色 希望达到的工作头衔 想要追求的职业生涯
职业生涯目标的实现途径	筹办人力卓越开发有关的市场学与营销讲座 在公司中能讲授市场与营销课程 提高与别人沟通的能力 做研究人员的角色 逐步实现自己各个阶段的目标
外职业生涯目标	工作内容目标 职务目标 工作环境目标 经济收入目标 工作地点目标等
内职业生涯目标	观念目标 掌握新知识、技术目标 提高心理素质目标 工作能力目标 工作成果目标 处理与其他人关系的目标等

（二）职务目标和工作能力目标

职业生涯发展着眼点可分为三项：第一，在现有的职务上是否能够将工作做得更好些；第二，现有职务的责任、权力是否能进一步扩大些；第三，职务晋升。在制定职业生涯规划时，工作能力目标应优于职务晋升目标。在实际中新职务的设立、职务的晋升不完全取决于本人，但其是否能增长新的知识和能力，能否用更有效的方法做出更优异的工作成绩主要取决于本人。在职业方面，应该淡化由于职务提升而引起的各种待遇变化，而更加重视工作能力的提高、工作结果的改善。职务提升是职业生涯发展的一个标志，但不是唯一的标志，职业生涯成功与否取决于工作结果，而不取决于他们的头衔。职务职称可以作为职业生涯成功的一个标记，但不是职业生涯的最终目标。

（三）心理素质目标

最终能够实现职业目标的人往往能够认真寻找自己的不足，并努力学习掌握克服这些困难的方法；不能实现职业目标的人多是没有勇气或没有找到合适的方法解决这些困难。心理素质可以通过情绪智力（情商）的培训加以提高。

（四）工作成果目标和目标组合

工作成果一般是指可量化的达标标准。目标组合是处理不同目标相互关系的有效办法。如果只看到目标之间的排斥性，就只能在不同目标之间做出排他性选择；如果能看到目标之间的因果关系与互补性，就会进行不同目标的组合。

● 本章小结

（一）员工职业生涯是企业人文精神的根本体现

对于“成功”二字，每个人有自己不同的理解和不同的标准。在个人职业生涯中，有的人追求职务的提升，有的人追求工作实质内容的丰富。职业生涯的成功，只有在观念目标、心理素质目标、工作能力目标、工作成果目标、人际关系目标——内职业生涯目标，与工作内容目标、职务目标、工作环境目标、经济收入目标、工作地点目标——外职业生涯目标相平衡的基础上才有真正的意义。

（二）员工职业生涯与企业职业生涯的统一

由于职业生涯成功的方向和职业生涯成功的标准具有多样性，企业不应制定可能扼杀个性的职业生涯开发与管理战略，这是对人格价值的尊重；另外也应注意不能因员工职业生涯成功标准的个人化而使企业职业生涯开发管理的工作失去战略方向。二者之间的平衡就是个人生涯和企业整体事业规划的统一。

（三）职业生涯的全方位评价

对职业生涯成功与否的评价有个人、家庭、组织、社会四个方面（见表 8-3）。

表 8-3　职业生涯的全方位评价

个人的自我评价（根据个人的价值观念、个人知识能力水平而定）	自己的才能是否充分施展
	是否对自己在组织中做的工作满意
	是否对自己的职称、职务、工资待遇的状况满意
	是否对处理职业生涯发展与其他活动的关系的结果满意
家庭评价	是否能够给予支持和帮助
组织评价	是否有下级、平级同事的赞赏
	是否有上级的肯定和表彰
	是否有职称、职务提升
	是否有工资待遇的提高
社会评价	是否有社会舆论的支持和好评
	是否有社会组织的承认和奖励

● 思考题

1. 个人生涯规划与组织发展的关系如何？应当怎样实现两者的统一？

2. 在当前的社会条件下，如何对组织进行环境分析？

3. 如何实现内职业生涯目标和外职业生涯目标的统一？

● 本章案例——人文指标与刘鹏凯的“心力管理”

一、背景材料

刘鹏凯是中国“心力管理”模式的创立者，也是一个迷恋写作、潜心管理的企业家，高级经济师，江苏黑松林粘合剂厂有限公司董事长，中国化工作家协会副主席，中国管理科学院特约研究员，中国石油和化学工业企业文化建设专家组成员，大连市企业文化研究会特约研究员，“心力管理”概念创造者。

2010年岁末，刘鹏凯的《心力管理》由上海人民出版社正式出版了。这是他的第五本管理专著。《心力管理》是企业家刘鹏凯苦心经营二十载，在探索民营中小企业经营管理模式、方法、经验方面的成功总结。书中汇集的黑松林企业管理25法，既汲取美式的物本管理、日式人本管理的精粹，又践行中式心本管理的理论，更有他自己总结的黑松林心力管理的特色，可以说此书结合了中国民营企业管理的特色与世界现代企业管理的特点。

刘鹏凯将心力管理定义为：将企业员工的心之所及转化为力之所达的过程；是将企业团队层面的意识培育转化为物质层面的生产力资源，并有效地进行集聚、发散和利用的过程；是不断引导员工在工作与生活中，善用其心，自净其心，消除恶心，增加爱心，发自内心，共同构建心心相印的和谐发展环境的过程。

企业心力管理之妙在于无形胜有形，表现为无形管理的现场力。这种无形的现场力，不计较条件，不讲代价，千方百计解决问题，就是中国传统文化所讲的赢得人心。这是在当今经济环境多变、危机丛生中，企业所表现出的一种整体的突破力、创新力、持续力和内生活力。

中华传统文化认为，管理意味着爱。一个企业家要在工厂构建一个“家”的氛围，营造“家”的温馨，这就需要从心灵发现你的真我，对内心加以管理。管人就是管心，把握人性的特点，关注人的各种需求，做好人心的养育，是现代企业管理中的重要问题，也是心本管理之根本。

心力管理25法：

衔石子法——如何科学发展；

解题法——如何在解决问题中建设管理文化；

草堆寻针法——如何对问题“细节管理”；

以静制静法——如何用不管理的方法管理；

磨合法——如何培育员工的心智模式；

“记豆腐账”法——如何关注营销员成长；

倒走法——如何打破竞争中的常规经营；

弯道法——如何跳出安全抓安全；

“五道法”——如何培植质量文化；

短信法——如何进行情感管理；

“做馒头”法——如何在传承中创新；

“南风”法——如何进行管理的哲学思维；

春雨法——如何使文化管理“润物细无声”；

眉批法——如何用新法激励员工；

留白法——如何创新管理；

脸谱法——如何讲究管理艺术；

针灸法——如何管理“刺儿头”；

“热处理”法——如何打造一流员工队伍；

学步法——如何寻求改制后的新路；

“不一般”法——如何使一般产品不一般；

走棋式法——如何在大市场中竞争；

园丁法——如何培育精神、精品、精兵；

保温瓶法——如何应对金融危机；

暖棚法——如何应对后金融危机；

进二退一法——如何落实管理责任。

二、心力管理的经典经营管理之道

（一）眉批管理法

刘鹏凯掌门的江苏黑松林粘合剂厂，仅两百号人，但人均盈利水平、人均利税贡献率却在泰兴众多中小民营企业中名列前茅，并获得了“全国企业文化建设先进单位”的殊荣。

2008 年 9 月 16 日，刘鹏凯撰写的《“眉批管理法”在现代企业管理中的实践》获得泰州市第六届自然科学优秀论文奖，此前，“眉批管理法”已被中国化工企业管理协会作为优秀管理成果在行业内推广。

何为“眉批管理法”？“简言之，就是把中小学语文老师常用批改作文的方法——眉批，用于现代企业管理实践，将企业日常管理中的每一个人、每一件事、每一个问题，当成‘作文’来读，或赞赏，或提醒，或指正，让员工明白道理，提高认识。”刘鹏凯这样解释。

刘鹏凯讲述了一则故事：有一次，他从上海出差归来，还未到上班时间，老远就从大门栅栏的隔当中，看见机修工大老王扛着两根角铁走向车间。他冲上去想助一臂之力，被转过头来的大老王发现了：“厂长，没关系，习惯了。”边说边熟练地托着角铁放到指定位置。

“一根角铁两人扛是常事，而一个人提前上班，扛两根角铁，就需要爱厂如家的精神。”刘鹏凯说，一个企业，所有的方法都必须通过积极的态度去执行。“对于大老王这样的好员工，我事不过宿，给了他最高‘眉批’——晨训会上全体员工的掌声。”

刘鹏凯认为，在现代企业中，高素质员工的举手投足，哪怕是点点滴滴，都很有必要及时聚焦跟踪，来一些赞赏的“眉批”，拨动员工心弦，激发员工潜能。

一次，刘鹏凯到车间，忽然发现，干净透亮的水磨石地面上有一摊滴胶，反应釜放料阀口上，也挂着一根胶柱。

他顺手拿起一旁记录牌上的粉笔，在地上滴胶的四周画上了一个大大的圆圈，写下启发式的眉批：大处着眼，小处着手，如何彻底消灭滴胶？最后连画了3个粗粗的“大耳朵”。一边的车间主任低着头，弓着腰，像个犯了错却不知道错在哪里的孩子。

“解决问题最好的地方，是在问题发生的地方；解决问题最好的时间，是在问题发生的时候。”刘鹏凯说，作为一名管理者，在第一现场画圈，写下启发式眉批，用最直白的线条加语言锁定问题，让员工来共同关注，一起分析，努力寻找解决问题的钥匙。

后来，“眉批效应”变成了群策群力的动力，“自打我在地上画过问号以后，现场管理‘地下无滴胶，桶外无挂胶，桶内无积胶’的三无制度深入人心，清洁生产变成了员工持之以恒的自觉行动。”

后来，几名老工人联名给刘鹏凯写了一封信，说：“如今舅舅不如外甥，萝卜不如菜根，干了二三十年，收入还不如新来的大学生，不知厂长是何感想?”

第二天下午，他就将这几位老工人请到办公室，又是倒茶，又是递烟。正好桌上放着一份美国发来的考察邀请函，他就顺势将邀请函递过去：“看看写的是什么。”“厂长拿我们穷开心了，学的几个字母早跟老师跑了！”“你们几个谁能看出来写的是什么，我给你们加工资！”几个老工人一下子沉默了。

于是，他拨通内部电话，叫来新招聘进厂的大学生。“把这份邀请函翻译一下。”不到一支烟的工夫，新员工就翻译出来了。几位老工人面面相觑。

几位老工人的联名信，谈的是工资问题，反映的却是价值观上的差距，不能小看

这种现象。刘鹏凯说："伏笔式眉批就是在处理问题之前有所暗示，然后顺理成章地引到所希望出现的情境或结果，让人心服口服。"

刘鹏凯形象地解释，眉批管理法是一门营造文化氛围、以人为本的管理艺术。"这种管理就像蒲公英，借助风势，将种子传播到工厂的各个角落，传播到每个员工的心里"。

（二）细节管理法

刘鹏凯看来，企业首先是员工的企业，然后才是股东的企业。以人为本，需要"把我的真心放在你的手心"，需要培植、呵护、关爱，更需要坦诚换坦诚。在中国石油和化学工业首届企业文化建设促进大会上，黑松林关注细节、注重问题管理的细节管理文化获得了专家肯定："小企业，大文化；小故事，大载体；小老板，大贡献。企业虽小，但突出细节管理，在全国胶黏剂的绿洲中培育出了一片'黑松林'。"

针对管理人员少、员工人数少、素质相对偏低的现状，自1994年以来，他们就确立了关注细节、注重问题管理的企业文化建设方式。他们提出：从小事做起，把小事做精，把细节做亮，把细节做伟大。

管理的基础是制度。黑松林在培育员工整体价值观的同时，加强制度管理，建立、健全、完善了《员工行为规范》、《奖惩条例》等必要的规章制度，建立了34套工作标准、80套管理标准和176套技术标准。在制度出台前，他们采用全员认同管理法，先将讨论稿交员工自由讨论和评议后，再作完善、修订，使制度人人能理解，个个能执行。

细节管理更需要用心沟通。黑松林通过晨会、班前班后会、集中学习等多种形式，深入员工中沟通交流，广泛宣传企业文化建设的意义、方法及企业文化内涵等。参考员工的各项意见，他们先后出版和印制了《安全文化小故事》、《质量文化小故事》、《管理文化小故事》等。

细节管理强调的是一个系统，每个岗位的每位员工都要把自己的事情做好。企业负责人的一言一行对企业的细节管理有着极其深远的影响。刘鹏凯在细节文化的建设过程中，撰写了《黑松林，我的太阳》、《细节的响声》和《漫话企业细节管理》3本文化管理故事集，丰富了企业文化建设内涵，提高了企业文化建设的实效性。

细节管理需要管理创新。黑松林针对一些有代表性的问题，编写出小故事，用漫画形式悬挂于厂区显要位置，提醒员工时时事事警醒、自律、激励，形成了黑松林特色文化的一部分。

凝聚力和向心力是细节管理执行到位的人本保证。从1995年开始，黑松林便开始建立了一些以员工为中心的"规矩"，每个员工都耳熟能详，并都从中获益。这些

规矩就是：

一顶头盔：员工买了摩托车，公司总要送上一顶头盔，另加两句话——保持冷静头脑，家人盼你平安归。

两份礼品：员工过生日，不仅会收到一份物质礼物，也会收到一份精神礼物。这份精神礼物也许是一段励志的名言，也许是一首幽默的打油诗。

三块津贴：黑松林有一个特别决定，那就是发放营销员、驾驶员的月度家属津贴。营销员、驾驶员每月只要出差满18天，每天就可享受到3元钱的爱人津贴。

四级助学：每年9月，凡是有子女上学的黑松林员工，都可以从财务科领到一笔数额不等的钱，这是企业每年发放一次的员工子女助学津贴。具体发放级别是：幼儿园、小学为一级，初中、高中为二级，大学为三级，研究生为四级。

五十（六十）欢送：女员工50岁、男员工60岁退休时，黑松林都要组织全公司员工欢送，要求员工珍惜黑松林传统，一代一代发扬光大，做一名优秀的黑松林人。

十多年来，黑松林通过关注细节、注重问题管理的方式建立了黑松林特色企业文化。“不知道明天干什么的人不是黑松林人”；“时刻记住自己的弱小，时刻看到别人的强大”……这些个性鲜明的特色语言已经成为每个黑松林人的座右铭。

现在，这支工作认真、纪律严明、执行力强的员工队伍，既树立了企业的良好形象，提高了企业的核心竞争力，也使企业取得了较好的经营业绩。黑松林商标连续四届被评为著名商标，主产品被评为江苏省名牌产品。企业与多家世界500强企业达成了稳固的合作关系，特别是在金融危机中，黑松林加大了科技投入和改造力度，产销率增长达50%以上。

（三）关注环保

松林粘合剂厂是一家生产各种胶粘剂的化工企业，过去生产一锅胶要用10多吨水，既浪费又污染。从2004年起，刘鹏凯投资20多万元，建起了250立方米的循环水池，仅此一项年均节水1000多吨。为了进一步减少污染，该厂将所有的出料口用塑料纸保护起来，防止滴漏。与其他化工企业相比，刘鹏凯的厂里闻不到一丝异味，车间里看不到一滴胶水。

刘鹏凯始终认为，环境保护是一种责任、是一种良心。作为一个化工企业，如果不把环保工作放在第一位的话，这个企业是不会走远的；作为一位人大代表，对于环境保护来讲，既是对国家负责，也是对一方老百姓负责。

三、企业人文精神的落地

步入21世纪，管理哲学、管理方法和管理技巧层出不穷，但万变不离其宗，所有的这些管理思想、管理理论的终极目标是让员工自动、自发地努力工作。在《我的

心力管理之路》中，江苏黑松林粘合剂厂董事长刘鹏凯将心力管理定义为：将企业员工的心之所及转化为力之所达的过程；是将企业团队层面的意识培育转化为物质层面的生产力资源，并有效地进行集聚、发散和利用的过程；是不断引导员工在工作与生活中，善用其心，自净其心，消除恶心，增加爱心，发自内心，共同构建心心相印的和谐发展环境的过程。“心力管理”似大海，容纳了新世纪所有先进管理思想的精华；似小溪，温润了每一位员工的心怀。

“工作场所精神境界”是现在西方企业文化研究的热点之一。所谓的工作场所精神境界，是指在工作中，员工是既有思想又有灵魂的人，既希望与他人建立联系，又希望在工作中发现生活的意义。从某种意义上说，随着物质的极大丰富，人们寻求更深刻地理解他们是什么，以及他们为什么处于地球的这个位置，人们会越来越关注生存的意义。他们希望从他们的生活中得到更多的东西，而不仅仅是稳定的工作和工资支票。他们希望感受到在他们的生活中存在某种意义，以及他们是某种比自身更伟大的事物的一部分。今天的企业所面对的变化和不确定性的环境也是精神境界问题的重要来源。不确定性使人们感到焦虑，故而他们选择从事一些精神或信仰活动。不管以什么方式，只要是人们愿意接受的方式，都能够为雇员带来宁静、归属、联系、成就以及意义感。在具有精神境界的组织中，员工不是为了赚钱而工作，而是为了超越金钱之上的精神支柱和人生意义而工作。值得欣喜的是，这种精神境界在江苏黑松林粘合剂厂找到了。心力管理为组织赋予了浓厚的精神境界，是从“物本管理”到“人本管理”的升华和具体化，是“人本”到“心本”再到“心力”的飞跃。心力管理至少诠释了企业管理的以下问题：

(1) 组织最基本的素质在于人心的培育。“素质”一词通常用于个人,表示一个人的潜在的品质和能力。组织素质是指组织的潜在的品质和能力。潜在的品质主要包括组织所具有的价值观、凝聚力与组织成员对于组织目标的认同感；潜在的能力主要包括组织的智商、组织的学习能力和组织的应变能力。潜在的品质中，组织的价值观是其最根本的内涵。凝聚力和组织成员对组织目标的认同感也有着至关重要的意义。潜在能力的核心是组织的应变力。组织的智商也就是组织的智力水平及组织的内在素质，如同个人的内在素质一样，是决定市场竞争中成功与否的根本条件。组织的素质有许多，如反应速度、业务流程的高效性、企业的形象等。但组织最基本的素质是什么？是追本求源，员工的“心力”才是组织最基本的素质，人心的培育才是企业管理的根本性工作。

(2) 最简单管理的方法在于“推己及人”。儒家倡导“修身、齐家、治国、平天下”，修身是第一位的。物理论是人本管理还是情感管理，首先要求管理者有一颗仁

爱的心，并将这颗仁爱的心“推己及人”。黑松林董事长、《心力管理》作者刘鹏凯并没有系统地学过管理学。20世纪70年代初，他就从学校进入工厂，一步一个脚印，从工人到干部，后来下海做起了企业老总。在企业这个大环境中践行三十余年，刘鹏凯亲身经历了企业管理的各种问题，对工人的各种需求有最深切的体悟，能想员工之所想，急员工之所急，真正做到换位思考、推己及人。

(3) 员工成长才是发展型组织的本质。发展型组织，又叫超越学习型组织，是组织进化的最终阶段。传统型组织与发展型组织的重要区别就是组织对员工成长和发展的重视程度，发展型组织正是在传统型组织的基础上，采取行动以促进和奖励个人和组织的长期成长和发展。发展型组织具有如下几个特点：一是组织的战略重点是通过员工成长保证将来的发展利润、提升未来的生产率；员工的角色是发展能力的储备者和提高者。同样，《心力管理》也将关注员工成长视为管理的重要方面，“磨合法”、“记豆腐账法”、“热处理法”都是在论述关于如何为员工提供良好的发展环境，如何促进员工发展，如何锻造一支优秀的员工队伍，以在市场竞争中立于不败之地。

(4) 管理的伦理思考。从表面看，经济学的研究仅仅与人们对财富的追求有直接的联系，但是在更深的层次上，经济学的研究还与人们对财富以外的其他目标的追求有关。所以，经济和管理需要关心人类的最终目的是什么，以及什么东西能够培养“人的美德”或者“一个人应该怎样活着”等这类问题。但在现代社会，伦理学已经被大大淡化，尤其是中国，出现了严重的精神危机、信仰危机和伦理危机。所以，站在人类社会发展的角度，一个具有责任心和使命感的现代企业家，必须关注伦理，关注人！而关注人，最重要的还是关注人心！

(5) 管理是科学更是艺术。所谓艺术就是以个人的经验和熟练程度为基础的技艺和技巧。管理活动是处理和协调人与人之间关系的社会活动，管理主体是人，管理主体之中最重要的也是人，人是有思想、有意识的高级社会动物。虽然管理活动必须遵循客观规律办事，但是管理者在应用管理理论指导管理实践时，不可能像自然科学应用其定理和公式去指导自然科学实践那么“刻板”和“一丝不苟”，而是要求管理者在管理实践中灵活多变地运用管理理论进行具体问题具体分析。管理是一门艺术，主要强调其实践性和灵活性。也就是说，管理不是硬邦邦的规章、制度，而是带有温情的头盔、一块生日蛋糕等等细节。

(6) 情感管理是中国传统文化的传承。所谓情感管理，就是管理者以真挚的情感，增强管理者与员工之间的情感联系和思想沟通，满足员工的心理需求，形成和谐融洽的工作氛围的一种管理方式。情感管理将企业目标与员工个人心理目标有机结合起来，在企业目标实现的同时，员工个人心理目标也得到实现。情感管理的宗旨就

是为了协调企业与员工之间的利益矛盾，谋求企业与员工共同发展，为了一个共同的目标，促使员工自觉管理。情感管理在我国管理中具有特别重要的意义。中国传统文化是一种伦理型文化，伦理型文化往往要依赖情感的纽带来维系。中国古代先哲对情感管理的作用有许多精彩的论述，从“爱民”到“视卒如爱子”的倡导，种种见解与现代的情感管理理念如出一辙。情感管理的本质就是尊重人的尊严与价值。尊重人就意味着有效满足一定对象在特定情境中的合理要求。尊重人，不仅要求企业尊重员工的人格尊严、劳动成果和价值，还需要企业为员工创造良好的人际关系、工作环境，公平、公正的制度和待遇，良好的沟通环境给员工以光荣感和成就感等。

（7）管理对哲学的思考。著名管理学大师彼得·德鲁克 1973 年曾经说过，企业的目的必然存在于企业自身之外，存在于社会之中。这名言引导着人们对管理哲学的思考。企业经营的目的到底是什么？利润最大化？管理者受益最大化？市值最大化还是规模最大化？在现在这个喧嚣的社会，需要真正的管理思想家思考企业经营的目的到底是什么。刘鹏凯就是这样一位特立独行的管理思想家，在长达 30 年企业生涯中，他一直在对企业经营中的碎片进行系统、抽象的思考，对管理中的现象进行形而上的分析，透过纷繁的管理现象，抓住了管理的本质——心力管理。

（8）人本管理的魔力在于细节。中国道家创始人老子有句名言：“天下大事必作于细，天下难事必作于易”。意思是做大事必须从小事开始，天下的难事必定从容易的做起。海尔总裁张瑞敏说过，把简单的事做好就是不简单。但在人本管理中，细节来源于哪里？《心力管理》给了我们答案：细节来源于用心。《心力管理》中给我们提供了许多用心管理的例子。比如“短信法”，寥寥数语，却如春风一般，吹开了员工的心田，真正实现了领导动一小步、员工动一大步的四两拨千斤的管理效果。

四、点评

刘鹏凯介绍，他没有系统地学过管理学，20 世纪 70 年代初，就从学校进入工厂，做个工人，当过干部，后来下海做起了企业老总，在企业这个大环境中践行三十余年，针对管理过程中层出不穷的问题，通过不断的学习与思考，渐渐摸进企业管理的门槛，窥见其中无限学问，对管理这门应用性很强的学科有了自己的认识和见解，这些认识和见解，在他的作品中得到了充分的体现。

始知结衣裳，不如结心肠。从创业伊始的简单模仿学习，到如今的学习借鉴、思考创新，他服气不服输，不管是在家里还是出差途中，每天清晨四五点钟，生物钟就敲醒他，与孤灯为伴，埋头读书写文章。他的文章，都是来自工厂基层的摸爬滚打，来自于和管理学家、企业家、作家的交流。

刘鹏凯说：我的作品都是几十年来在工厂管理实践的拾零、写真，平淡得像白开

水，但出自深山老林中的清泉，无污染，能解渴，或许还有些对人体有益的矿物质。虽没有精深的理论，恢弘的篇章，但易读、生动而实用，希望对企业经营管理者抑或行政管理者有所启示和思考。“心力管理”是从“物本管理”到“人本管理”的升华。

心力管理是什么？中国企业文化研究会常务副理事长、秘书长，国内著名企业文化专家孟凡驰认为，大事必做于细，管理必成于精，形之力源于心之力，心力聚于文化价值。而中国企业文化研究会副理事长、北京财贸职业学院副院长、教授王成荣认为，“心力”是爱心、良心、诚心、感恩之心和智慧之心所形成力量。修好这种“心力”，就可以爱员工、爱顾客，诚信经营，感恩社会，感恩一切帮助你的人，不做亏心事，不赚不道德的钱；修好这种“心力”，就会以一种道德和智慧的力量，匠心独运，做实做精每一件事；修好这种“心力”，就可以掌握一种“心视”方法，在心中形成一杆秤、一座灯塔，因而能透视经营，透视人生，辨别美丑曲直，把握好自己前进的方向；修好这种“心力”，也可以将心比心，用己之“心力”，启动他人之“心力”，用个人之“心力”，启动团队之“心力”，用充满正面力量的星星之火，点燃推进企业发展的一团火。

“心力管理”这是对管理学的创新与发展，具有重要的理论启示和实践意义。“黑松林”的管理实践，彰显了两大成功魅力：一个是细节管理的魅力；另一个是心力管理的魅力。而在企业的运作实践中，这两者密不可分，紧紧地融为一体。真可谓：细节中的心力管理，心力中的细节管理。

作为企业家及作家的刘鹏凯先生于繁忙的管理中，注重体悟，善于思考，著述不辍。他不满足于做一个管理匠人，而是致力于成就自己为管理家，因而注重管理中的规律发现和理性思考。人心的培育于己于人于组织都是意义深远的大事。

学术界通常把管理分为三个阶段：第一阶段是经验管理阶段；第二阶段是科学管理阶段；第三阶段是文化管理阶段。刘鹏凯认为，在管理科学中，任何一个具体的认识，只是对管理世界一个层次、一个方面、一个发展阶段的认识，而管理对象在时间和空间上是无限的、动态的。心力管理是从“物本管理”到“人本管理”的升华和具体化，是“人本”到“心本”再到“心力”的飞跃。

五、思考题

1. 心力管理的精髓是什么？为什么说心力管理是“物本管理”到“人本管理”的升华？

2. 心力管理 25 法是哪 25 法，各种管理方法之间有何联系？

3. 为什么说细节管理和心力管理是紧密相连的？这两者如何实现循环？

● 参考书目

1. Steven Howard, Corporate Image Management-A Marketing Discipline for the 21st Century, Prentice Butterworth-Heinemann, 1998.

2. Edgar H. Schein, The Corporate Culture Survival Guide. Jossey-Bass Publishers San Francisco, 1999.

3. Amartya Sen, On Ethics & Economics, Blackwell Publishers, 1999.

4. Laurence D. Ackerman, Identity is Destiny: Leadership and the Roots of Value creation Prentice Berret-Koehler, 2000.

5. Jesper Kunde, Corporate Religion, Prentice Borsen Forlag, 1997.

6. Phillip R. Harris & Robert T, Moran Prentice Butterworth-Heinemann, 2000.

7. Stigler G. J., Economics or Ethics? In S. McMurrin.Tanner Lectures on Human Values, Vol.2, Cambridge: University Press, 1981.

8. Cambridge, Mass, Harvard University Press.and Samuelson, P.A.1950: Ecaluation of Real Nation Income, Oxford Economic Paper.

9. Narrative Ethics William. Ellos Printed and Bound in Great by Athenacum Press Ltd., Newcastle Tyne, 1994.

10. 陆嘉玉等：《企业文化在中国》，光明日报出版社，1998 年版。

11. 安妮·布鲁金：《第三资源智力资力及其管理》，东北财经大学出版社，1998 年版。

12. 米尔顿·弗里德曼：《实证经济学的方法论》，北京经济学院出版社，1991 年版。

13. 陆嘉玉、姚秉彦：《企业文化在中国》，光明日报出版社，1998 年版。

14.《经济学中的价值判断》，载《弗里德曼言文章》，北京经济学院出版社，1991 年版。

15. 王伟：《北京牡丹电子集团公司企业文化研究》，人民出版社，1993 年版。

16. 耶克：《通往奴役之路》，王明毅等译，中国社会科学出版社，1997 年版。

● 推荐读物

1. 彼得·F.德鲁克等：《知识管理》，中国人民大学出版社，1999 年版。

2. 陆嘉玉、姚秉彦：《企业文化在中国》，光明日报出版社，1998 年版。

3. 米尔顿·弗里德曼：《实证经济学的方法论》，北京经济学院出版社，1991 年版。

● 参考书目

1. Steven Howard, Corporate Image Management: A Marketing Discipline for the 21st Century, Butterworth-Heinemann, 1998.

2. Edgar H. Schein, The Corporate Culture Survival Guide, Jossey-Bass Publishers, San Francisco, 199[illegible].

3. Amartya Sen, On Ethics & Economics, Blackwell Publishers, 199[illegible].

4. Lawrence B. Ackerman, Identity is Destiny: Leadership and the Roots of Value Creation, Berrett-Koehler, 2000.

5. Jesper Kunde, Corporate Religion, [illegible], [illegible].

6. Phillip E. Hunt & Robert F. [illegible], [illegible], Butterworth-Heinemann, 2000.

7. Sinner C. [illegible] of Ethics, in S. McMurrin (ed.), Tanner Lectures on Human Values, Vol. 2, Cambridge University Press, 198[illegible].

8. Cambridge, Mass.: Harvard University Press, and Samuelson, P. A. 1950, "Evaluation of Real National Income", Oxford Economic Papers.

9. Narrative Ethics, William Giles, Printed and Bound in Great Britain by Athenaeum Press Ltd, Newcastle Tyne, 199[illegible].

10. [illegible]著：《企业文化[illegible]》，[illegible]出版社，1998年版。

11. [illegible]：《[illegible]》，[illegible]出版社，1998年版。

12. [illegible]：《[illegible]》，[illegible]出版社，1994年版。

13. [illegible]：《[illegible]》，[illegible]出版社，1998年版。

14. 《[illegible]》，[illegible]出版社，1994年版。

15. [illegible]：《[illegible]》，[illegible]出版社，1995年版。

16. [illegible]：《[illegible]》，[illegible]出版社，1997年版。

● 推荐读物

1. [illegible]：《[illegible]》，中国人民大学出版社，1999年版。

2. [illegible]：《企业文化[illegible]》，[illegible]出版社，1998年版。

3. [illegible]：《[illegible]》，[illegible]出版社，[illegible]。

第九章 人文精神渊源

第一节 中国古代人文思想

人文思想的核心也正是不同时代和历史背景下使用的人文精神的概念和内涵有所区别的关键。在不同的时代，人文精神的特点和重点是不同的，它是在特定时代背景下人们的价值观、人性观、时代精神的集中反映。我国文化源远流长，在古代，儒家思想、道家哲学、三从四德、道义精神，等等，都是古人主修的道德思想。

一、儒家思想

儒家思想，又称儒学，最初指的是冠婚丧祭时的司仪，自汉代起，指由孔子（公元前551年~公元前479年，春秋时期鲁国人）创立的思想体系。儒家的学说简称儒学，是中国古代的主流意识流派，自汉代以来在绝大多数的历史时期作为中国的官方思想，至今也是部分华人的主流思想基础。儒家学派对中国、东亚乃至全世界都产生过深远的影响。

（一）儒家的思想和主张

孔子所处的春秋时代，由于社会内部不可调和的矛盾引起的深重危机摇撼了传统文化的权威性，对传统文化的怀疑与批判精神与日俱增，就连祖述尧舜、宪章文武的孔子也不能不把当时所处的时代精神注入到自己的思想体系中，并对传统文化加以适当的改造，以便在社会实践中建立一种新的和谐秩序和心理平衡，这种情况到了大变革的战国时代显得尤为突出，因为人们在崩塌的旧世界废墟上已经依稀看到了冲破旧尊卑等级束缚的新时代的曙光。

孔子创立的儒家学说是在总结、概括和继承了夏、商、周三代尊亲传统文化的基础上形成的一个完整的思想体系。司马迁在《史记·孔子世家》中说："孔子乃因史记作春秋，上至隐公，下讫哀公十四年，十二公。据鲁，亲周，故殷，运之三代。"儒家学派的创始人孔子说过"述而不作，信而好古"（《论语·述而》）是自己的思想本色。

儒家哲学注重人的自身修养，要与身边的人建立一种和谐的关系。对待长辈要尊敬讲礼貌。朋友之间真诚守信用，"与朋友交言而有信"。为官者要清廉爱民。做人有自知之明，尽分内事，"君子务本，本立而道生。"统治者要仁政爱民，"为政以德，譬如北辰，居其所而众星共之。"对待其他人要博爱，"幼吾幼以及人之幼。老吾老以及人之老。"对待上司要忠诚，"君使臣以礼，臣事君以忠。"对待父母亲属要孝顺，"父母在，不远游。""今之孝者，是谓能养。至于犬马，皆能有养；不敬，何以别乎？"尊重知识，"朝闻道，夕死可矣。"善于汲取别人的长处，"见贤思齐焉，见不贤而内自省也。"提倡人要到达温、良、恭、俭、让的道德境界。

（二）儒家思想的核心：仁、义、礼、智、信、恕、忠、孝、悌

仁：爱人。孔子思想体系的理论核心。它是孔子社会政治、伦理道德的最高理想和标准，也反映他的哲学观点，对后世影响亦甚深远。"仁"体现在教育思想和实践上是"有教无类"，春秋时代学在官府，孔子首开私学，弟子不问出身贵贱敏钝，均可来受教。"仁"体现在政治上是强调"德治"，"德治"的基本精神实质是泛爱众和博施济众，孔子把"仁"引入"礼"中，变传统"礼治"为"德治"，他并没有否定"礼治"，他的"德治"无疑是对"礼治"的继承和改造。爱人即为仁的实质和基本内容，而此种爱人又是推己及人。

义：原指"宜"，即行为适合于"礼"。孔子以"义"作为评判人们的思想、行为的道德原则。

礼：孔子及儒家的政治与伦理范畴。在长期的历史发展中，"礼"作为中国封建社会的道德规范和生活准则，对中华民族精神素质的培养起了重要作用，但随着社会的变革和发展，特别是封建社会后期，它越来越成为束缚人们思想、行为的绳索，影响了社会的进步和发展。

智：同"知"，孔子的认识论和伦理学的基本范畴。指知道、了解、见解、知识、聪明、智慧等。内涵主要涉及知的性质、知的来源、知的内容、知的效果等几方面。关于知的性质，孔子认为，知是一个道德范畴，是一种人的行为规范知识。

信：指待人处事的诚实，言行一致的态度。为儒家的"五常"之一。孔子将"信"作为"仁"的重要体现，是贤者必备的品德，凡在言论和行为上做到真实，便能取得他人的信任，当权者讲信用，百姓也会以真情相待而不会欺上。

恕：己所不欲，勿施于人，包含有宽恕、容人之意。

忠：已欲立而立人，已欲达而达人。孔子认为“忠”乃表现于与人交往中的忠诚老实。

孝：孔子认为孝悌是仁的基础，“孝”不仅限于对父母的赡养，而且应着重对父母和长辈的尊重，认为如缺乏孝敬之心，赡养父母也就视同于饲养犬，乃大逆不孝。孔子还认为父母可能有过失，儿女应该婉言规劝，力求其改正，并非对父母绝对服从。这些思想正是中国古代道德文明的体现。然而孔子论孝，还讲“父母在，不远游”，“三年无改于父之道，可谓孝矣”，表现了其时代的局限性。“孝”被后世定为烦琐仪式，《礼记》中规定父母死后“水浆不入口，三日不举火”，“哭泣无数”，以致“身病体羸”变成精神和肉体的自我摧残。宋明时代把孝道作为道德论中最重要的范畴之一，理学家朱熹提倡父权绝对化。孝观念，在不同历史时期的演变中，剔除宣扬封建主义糟粕外，也有一些合理因素，提倡子女对父母的“尊”、“敬”、“养老”，将孝亲与忠于民族大义相结合，主张死后薄葬节用等。

悌：指对兄长的敬爱之情。孔子非常重视“悌”的品德，其弟子有若根据他的思想，把“悌”与“孝”并称，视之“为仁之本”。

（三）儒家思想的现代价值

儒家思想是一种人类社会道德伦理规范的学说。它的最基本的理论基础是“性善论”。中国古代流行的教子歌《三字经》当中的第一句话就是“人之初，性本善。性相近，习相远”。也就是说，人的本性（天性）是向善的，是好的。而且，这种本性是相同相近的，带有普遍性的。只因为后天生活习惯和环境的变化，才造成了各种行为的差异，导致背离“善”的现象。

在性善论的基础上，中国儒家文化治理国家的主要思路就是德育教育。这种思想认为，既然人的本性是好的，恶习只是后来感染的，所以治理社会就应该从道德教育入手，劝人们放弃恶习，回到先天性的“善”的境地，社会就会安宁了。中国古代强调“教化世人”，也就是教育和感化普通百姓。所以，儒家轻法制，重道德。儒家认为，如果以道德和礼制来教导百姓，将使得他们自爱自重，心悦诚服。

儒家思想中的仁德学说在过去的几千年里，被无数次地证明这一思想不光是可以用来治国，对任何层次的领导者都会有用。这是人类历史几千年经验智慧积累下来的一个结晶。

儒家的伦理思想的核心之一是“礼”。既然人本性都是善的，执政者就应该让民众知道自制，回到那种彬彬有礼的社会状态中去。就是所谓的“克己复礼”。这个“礼”包括了礼节、礼数、礼貌和规章制度。所以，儒家的思想要人懂得自制，克制欲望，遵守礼节，消除暴力，以达到一种平和的社会环境。儒家思想因此为社会制定了许多具体的礼节，具体表现为“三纲五常”。从现代社会的角度看，这些社会规范确实有一些不适应现代价值观的地方，但这些纲常只是儒家道德思想应用到社会规范中的一些表现形式。

（四）儒家思想对管理的启示

儒家思想中包含的一个重要的观念就是对道德的注重，主张人性本善的意义在于，企业的宗旨是为企业和企业的利益相关者造福。儒家的中心思想是“仁”。儒家主张的“以民为本”，和现代企业文化中把人置于组织中重要资源的地位有异曲同工之妙。儒家思想的本质特征在于肯定人的价值。在现代企业文化建设中，也只有把人作为管理活动的核心，尊重人的地位、价值和尊严，才能充分调动广大员工内在的积极性、主动性和创造性。

儒家思想主张“天人合一”，强调人与自然的和谐，要顺应、尊重自然规律，而不是违背自然规律。要求人在有所作为的时候，要爱天爱地爱人，做到既有所作为又与之和谐相处，不损害天地和他人，从而达到人与天地自然、人与人、人与自身德行的和谐统一。

儒家思想突出强调了“贤人”治理国家的重要地位，认为要管理好国家必须“贤者在位、能者在职，尊贤使能、俊杰在位，则天下之士皆悦而愿立于其朝矣。”坚持“德才兼备”的用人标准。为此，孔子主张“贤人治政”，但贤人首先自己必须修身正己，具备优秀的品德，才能知人善任，才能使人心悦诚服。企业的根基是人才，管理者能否正确地识人、用人，决定着企业在竞争中的成败。

儒家思想把宇宙万物的和谐原则运用到人际关系领域，认为“和”是人与人之间良好关系的集中体现。家和万事兴，和气生财，企业内部团结一致、同心同德，上下级之间、同行之间亲密合作，齐心协力，那么企业就一定会兴旺发达。这正反映了企业文化的本质，是企业文化建设所要追求的一个重要目标。

二、道家哲学

道家是中国思想文化史上极其重要的学派，以老子和庄子为代表的道家哲学以其博大精深的思辨内涵，反对独断的开放胸怀以及古朴恢宏、神奇玄妙的独特魅力，对中华文化的形成和发展，对中华民族的思维特征、民族心理、民族性格都产生了极其重大的影响。汉朝初期，汉文帝、汉景帝以道家思想治国，使人民从秦朝苛政之后得以休养生息。历史称之为“文景之治”。

（一）道家的思想和主张

道家思想中最主要的是其丰富的哲学思想，道家认为世界的本原是道，这道是一种高度抽象后的结果。老子认为世界万物遵循道来发展，而道本身不会主宰万事万物，这就是“长而不宰”。这与辩证唯物主义中意识的能动作用有点类似。

老子提出人法地，地法天，天法道，道法自然，主张做人做事必须取法于道，必须遵循客观规律，这与辩证唯物主义思想非常契合。另外，老子主张无欲、无知、无为，回复到人生最初的单纯状态，即所谓“返璞归真”。

（二）道家思想的核心

“道”是道家哲学思想的核心概念，“道”的哲学是道家哲学思想的核心部分。主要包括三个基本方面：一是本根之道，即道是天地万物的总根源和构成天地万物最原始的混沌未分的始基或材料。二是法则之道，也就是把道看做自然界的内在秩序和必然性，具有客观法则和规律的意义。三是无为之道，表明道的特性是自然无为的。

辩证智慧和方法论的思想是道家哲学思想的重要内容。首先，老子认为道既是宇宙万物生成的本原，同时又是宇宙万物变化的法则，这个变化的法则，就是老子所说的：“反者道之动”，所谓的“反”是宇宙万物变化的法则，有三层意思：一是老子强调事物、现象之间的相反相成，即认为包括道在内的一切事物和现象都是由相反对立的双方所构成的矛盾统一体。二是对立面相互转化的思想。事物运动到极限时，无不向自己的反面转化，特别是指出了强壮事物向自己的反面即衰老方面的转化，也即“物壮则老”。这是“反者道之动”法则的具体表现。三是循环反复。道的运动是反复不已的，就好像是花叶有根而生，最后复归于根；波浪由水而成，最后复归于水。同时，老子还强调循环反复即是一种自然规律，是万事万物共同遵守的法则，人世间的一切自然也不能例外。所以老子说：“祸兮福之所倚，福兮祸之所伏”、“正复为奇，善复为妖”。意思就是说，福祸无定，奇正无端，善恶无准，一切都是变化无常的。其次，是关于事物的相对性问题。庄子在老子辩证法的基础上，进一步向前推进，由看到事物的相对性，到否认事物质的规定性和差异性，从而走向相对主义。

道家的社会历史观同样极具特色，突出的是“无为而治”思想。“无为而治”命题是由三部分组成：①人道来源于天道。道家的“无为而治”是从老子的天道论中引申出来的重要的管理思想。在老子看来，“道”作为宇宙万物的根源，“道常无为而无不为”（《老子》第三十七章）。就是说，作为天地之始、万物之母的“道”，是自然运行、无虚妄、无偏执、无妄为、无思念，“万物恃之而生而不辞，功成而不有，衣养万物而不为主”（《老子》第三十四章），这就是“道”的“无为”本性。但是，宇宙天地万物，其中包括地球和地球上的人类、花草树木、鱼虫鸟兽等，又都是由“道”演化出来的，并且是由“道”主宰的，这又是“道”的“无不为”本性。实际上，老子所说的“道”，是“有为”与“无为”的辩证统一。②正因为如此，由道而派生天地万物也是“莫之命而常自然”（《老子》第五十一章）、“天地无为也而无不为也”（《庄子·至乐》）。③把“道常无为而无不为”的思想应用于治人、治国与管理企业，就必然引出“无为而治”的管理科学思想。在道家看来，既然圣人“惟道是从”（《老子》第二十一章），对于人就理应要求“上德无为而无以为”（《老子》第三十八章），即只能从客观上辅助天地万物的自然本性，既不妄为亦不强为，更不图达到某种人生功利的目的。

（三）道家哲学的现代价值

道家哲学思想在以各种不同的方式发挥着这样那样的作用，体现出重要的社会价值和积极影响。道家哲学思想与现实社会实践有机联系体现了二者之间具有的自然而然的渗透亲和性。

在现代人的生活旋律中，时常受竞争、压力、困难、逆境的困扰，道家文化中的人生观念和哲学智慧，总能对此给人以心理的抚慰和调适。具体来说，对调节人们的心理具有平衡、调适抚慰和缓解等作用。市场经济就是竞争经济，竞争就会产生各种各样的不平衡。这种不平衡也必然时常在人们的心理上得到反映，而成为心理不平衡。这种情况下道家哲学文化的“不争”观念就会产生一种平衡作用；平衡是相对的，不平衡是绝对的。在平衡作用下的不平衡，道家哲学思想文化中的许多观念，例如“弱胜强”、“柔胜刚”、“圣人不积”、“甚爱必大费，多藏必厚亡”、“知足不辱，知止不殆”等，都能够起到抚慰调适人们心灵的作用；这种抚慰与调适也只能是一定程度的，但最终道家哲学思想文化的整个精神取向会对人们欲壑难平的执著欲望产生降压、缓解之功。人在这种不可兼得的情况下，或取“知足”态度，或取“不知足”态度，或将二者巧妙地结合起来，调整人的生活节奏，缓解人际的紧张关系，以维持人的心理宁静与平衡。这种“知足”、“不争之德”、“不敢为天下先”，也是道家为人类提供的一种高超的生活艺术。这些都是道家思想对我们今天生活的影响。

毋庸置疑，道家哲学存在着其消极的一面。但是，从价值观上看，道家的自然哲学蕴涵着多方面、多层次的现代价值意义。它提醒我们人类不应无限度地追求人文创造乃至财富、成就、功名、利欲，而无视它们所同时带来的消极性和负面影响，看不到人类文明进程中的深刻矛盾性。因此，道家哲学的一个内在意蕴，就是要批判和反省人类文明进步所造成的人与自然分离的现象，寻找一种人与自然重新契合的生存方式，构筑一种全新的人与自然和谐共处的关系——这就是可持续发展的人与自然关系。要建立起可持续发展的人与自然关系，关键是要构筑良性的现代人与自然关系系统。现代可持续发

展的人与自然关系系统是以可持续发展的思想为核心，强调经济的发展应建立在生态持续能力和社会公正的基础上，既要使人类的各种需求得到满足，个人得到充分发展，又要保护生态自然环境，不对后代人的生存发展构成威胁。

道家哲学中的人性论思想尤其是老子的无为、不争的处世哲学，一直备受他人争议。虽然，有人认为，老子宣扬的退让、保守和知足常乐的明哲保身的人生哲学，造成了我们民族的某些劣根性，但是，无为、不争，表面看起来是消极地要人无为、顺应自然，可实际上并非消极，他是要通过"无为"而最终达到"无不为"。老子一再强调，应以柔克刚，以德报怨，并且告诫人们，不要锋芒太露，不要逞强好胜，"木强则折，强梁者不得其死"。可以这样说，老子的柔弱胜刚强的思想，给中国传统文化注入了一种宏大、超越的精神，使中华民族具有一种强大的力量和不被各种艰难曲折所吓倒的伟大气魄。

（四）道家思想的管理价值

道家思想主张"无为而治"。道家的柔性管理是以"顺其自然"的"无为而治"为基本特征，虽有其历史局限性，但对于我们建构现代企业的管理思想体系仍有重要的理论价值和现实意义。

"无为而治"思想的第一层含义是在决策选择上要"有所为，有所不为"，即要求管理者在"小事"上有所不为，在"大事"上有所为，只有在"小事"上有所不为，然后才能在"大事"上有所作为。任何一个管理者，在现代企业中，随时都会遇到两类事情：一类是事关全局和长远利益的大事；另一类是无关紧要的琐碎小事。随着企业生产规模的不断扩大和部门层次的增多，即使是精明能干、智慧超群的领导者，也无法事事躬亲、样样"有为"。因为企业的领导者也是能力有限的"人"而不是法力无边的"神"。所以，一个高层次的企业领导者应不拘泥于小事，要善于在小事上"无为"，而在大事上"有为"。

"无为而治"思想的第二层含义是在识贤、求贤上有所为，在用贤上则无所为。一个高层的现代企业领导者，要想真正做到"在大事上有所为，在小事上有所不为"，就必须在使用干部上实行"君无为而臣有为"的管理办法。在中国古代，人们从历代治国成败经验中，早已认识到"君闲臣忙国必兴，君忙臣闲国必衰"的道理。"君无为而臣有为"的企业管理思想，也为世界各国管理学家所采纳，被他们视为管理科学的珍宝。美国《企业管理百科全书》指出："主管之职能，首在成事，而非做事。授权是成事之有效分身术，如主管把持过甚，事无巨细，事必躬亲，必无法成事。"

"无为而治"思想的第三层含义是提倡"顺其自然"之为，"不采取反自然的行为"，并非是禁绝人的一切行动。"自然"是"道"的主体，也是"道"的本性。故由"道"派生出来的天地万物也是“自然而然”，而非人为如此的。“人法地，地法天，天法道，道法自然”，即宇宙万物都是以“自然”为其本性的。这里所谓“自然”，并不是指存在于人之外的自然界，而是指“道”和由它派生的宇宙万物的“本性如此”、“本然如此”的自然状况和天赋的存在形式与运作方式，不脱离客观规律，才能获得成功。

三、道义精神

中华民族素以重道义而著称于世。正如文天祥所说，中华民族的浩然正气，是以“道义为之根”的。不管世人如何看待它，人们心底里不得不承认，正是这个道义之魂紧紧凝聚着华夏子孙，激励着一代又一代中国人，为着中华民族的统一和富强奋斗不止。

（一）道义精神的基本内涵

道义是一种社会意识形态，是做人的约束、规范、规矩。道义本身就是用来维系和调整人与人关系的准则。

“义”在中国历史上有着极其丰富而深刻的内涵，古代先哲们曾从不同角度和方面对它进行了规定。孔子把义看做君子立身处世的根本道理。他说君子“义以为质”，即义是君子的本质，是做君子的条件和基础，而君子在孔子思想中是立志行仁的。孟子则把义与“正”联结起来，并将其提升到精神、人格的高度，在他看来，“正”就是指正路，是作为人所应具有的正直、刚正的品格和节操。墨家认为，义就是公利，即利人、利天下。荀子把义视为公道，《中庸》则把义理解为合宜的行为，即行为要符合一定的准则，等等。从义的这些内容规定中可以看出，先哲们所讲的义有一个基本点，这就是正义。义本质上代表着公正、正义，标示着作为人所应有的崇高的人格。如果再对“义”作进一步解释的话，那么可以说，先哲们所讲的义即正义有两个基本层面：一是正义的理想，因为在先哲看来，作为正义的人格必有志向和理想，惟其如此，才能给人以激励，给人以力量。二是正义的行为，要实现公利天下的伟大理想，必须要有富有正义感的仁人志士积极地去行为，并具有承担艰巨重任的行为能力。这样，用一句话来概括，我国先哲们所说的义，就是指正义的理想和行为。

在中国历史上，义与仁相伴而行，不可分离。尽管二者的着重点有所不同，如仁着重的是恻隐之心，要求人们尤其是统治者要能够爱必惠、立人达人。义着重的是羞恶之心，要求仁人君子无论在什么境况下，或穷或富，或顺境或逆境，或对己或对人，都能够按着正义的原则去行为。但从中也不难看出，二者作为深藏于人心的道德情感，本质上并无矛盾和冲突，而是相辅相成，密切相连的。对于二者的联系，《礼记·礼运》作了经典式的表述：“仁为义之本”，即为仁是行义的根本。孔子和孟子也几乎有着同样的思

想。在他们看来，仁是人性的根本，也是义的基础，人们只要肯在仁上下工夫，在义上也就无亏损，仁的深处就是大义。这样来看，义固然要以仁为本，不能离本而去，但反过来说，义对仁也不是无足轻重的，在一定意义上，达仁也不能离开行义，义的最高实现也就是仁道理想的达成。这道理十分明了，只要天下实现了“大公”的境界，仁爱忠恕自然就会成为每个人的自觉行为了。因此我们可以说，仁义之道实质上同为一道，二者在更深更高的层次上，借助于理想目标的纽带，达到内在的统一。

（二）道义精神的现代价值

儒家主张仁道，把治国、平天下作为自己最高的正义理想，要求人们克己修身，严守道义，以天下为己任，为仁道而献身。如孔子一再强调君子要“义以为上”即以仁道大义作为自己的人生准则，哪怕是处于贫困、厄运时也不改其志向。孟子作为儒学的奠基人之一，其对治国、平天下这一正义理想的重视不亚于孔子，他把行道义看做君子的行为，认为圣人的德行，是甚于生命的最可宝贵的东西。这不仅指出当权者要率先垂范、行施仁政，而且要求士君子苦苦励志，努力践行，甚至不惜献出生命。在他看来，只有这样，国家兴旺、天下大治才有希望，而作为个人也就能够保持完善的人格，做到“富贵不能淫，贫贱不能移，威武不能屈”。荀子也把国家、天下大义看得高于一切，要求仁者不为权倾目，不为利倾心，以公义战胜私欲，为实现仁义理想而奋斗。《大学》则明确提出“治国、平天下”这一理想目标，并将其放在“八条目”的最高位置，认为作为儒家君子首先必须通过学习和接触事物获得道义知识，然后要真心实意地行善去恶，以很好地修身，这样才能达到齐家，并最终实现治国、平天下的目的。汉代大儒家董仲舒也谆谆地教导人们，要重视公义，“不谋其利”，追求仁道，“不计其功”。宋代理学家朱熹更是强调天下、国家大义，并指出，义利之说，是儒者的第一要义，作为以行仁义为天职的儒家君子，首先必须要能够辨清义利之“正邪”，做到在“一言一行”、“亦步亦趋”中去利存义，这样，国家就能得到稳定和发展了。

墨家的最高理想是兼爱，具体体现在兴天下之利、求天下之富的目标上。为了实现其理想，墨子以及后期墨家都主张消除战争，不加分别地去爱世上所有的人。但他们又认为仅仅能够爱还不够，还必须兴天下之利，求天下之富，使人们都有利可得，这比起一般的爱更现实些，也更能实现兼爱的理想。因此，墨子反对独知爱己的自私自利，提出义就是“ 利天下”、“利人”的行为，要求人们“有力者疾以助人，有财者勉以分人，有道者劝以教人”，认为这样就可以使人人相爱相利，和谐相处，由此达到安治天下、富庶民众的目的。后期墨家进一步发展了墨子的这一思想，提出“义，志以天下为芬”。就是说，义，只在于使天下人得到利益，而自己不必得利，即利人而不图报。进而认为，在个人利益与天下利益发生冲突时，如果断指断腕或生或死就能利于天下，那就无须选择，应该牺牲个人利益乃至“杀己以利天下”。在这一理想的熏陶下，后期墨家弟子近似有着宗教般虔诚的信仰，有种只要对天下有利，哪怕磨秃头顶，走破脚跟也干的吃苦精神，一般人都难以做到。

法家从人性出发，承认自私利己，但在治国大略上仍把公义作为自己的正义理想。韩非就是这一思想的典型代表。根据非道德主义的原则，他同其他法家学者如商鞅等一样，把趋利避害视为人的本性，认为人都是自私利己的，都有“好利”、“喜利”之心。但根据法制的原则，韩非又特别强调“公义”，即“人主之公利”，也就是以君主利益为代表的地主阶级利益。在他看来，君主具有无上的权威，他的利益就是一国天下的利益。要治国平天下，就必须借助法制的力量，使臣民去私心，行公义，以维护君主的利益。这就是法家关于公私关系的根本原则。

第二节　西方人文精神

一、西方人文精神的起源

西方人本主义哲学可追溯到古希腊、古罗马时期。早在古希腊、古罗马的神话中，我们就可以看到自由快乐的众神。这反映了人类所要追求的终极目标。到了罗马帝国时期，虽然大多数人是奴隶，社会的结构是奴隶主制度，但人本主义思想已是大多数人意识形态中的主要部分。这一点已被大量的该时期的文物、谚语、成语所证实。许多成语都反映了人对自身价值的觉悟，对群体的责任感以及对相互帮助、善待他人品德的信任。那个时期的人本思想在早期的基督教中也有所体现。在《圣经》的《新约全书》中，我们可以看到人类对不平等、不民主的反对。在以后，在资产阶级出现、地位上升，甚至占有控制地位后，西方哲学、文化对人的探求、思索从未停止过。由于特定的文化起源和宗教发展，西方人本主义的显著特点是自由、平等、奋斗和征服。

纵观人文精神在西方社会的发展，大致有三个历程：

其一，古希腊、古罗马阶段把人作为“万物的尺度”，确立了人在宇宙中的主体地位，奠定了西方社会重视个性、自由、平等、法制，以个体为中心的人文精神的底蕴。

其二，文艺复兴时期，通过对古典人文精神的回溯来摆脱宗教这种异化力量对于人的绝对支配，在肯定人的意义价值的同时，奠定了资本主义的精神基石。

其三，现代资本主义阶段，试图重新肯定人的意义和价值，以解决当下资本主义所

面临的困境。从时间的维度上来看，人文精神在西方社会演进的历程中历经浮沉。

二、西方人文发展的第一阶段

“人文”这个概念来源于西方。直接来源于拉丁文，而拉丁文 Humanitas 又继承了希腊文 peideia 的意思，即对理想人性的培育、优雅艺术的教育和训练。公元 7 世纪罗马作家格利乌斯的一段话成了 Humanitas 的经典定义。那些说拉丁语以及正确使用这种语言的人，并没有赋予 Humanitas 一词以一般以为具有的含义，即希腊人所谓的 philanthropia 是一种一视同仁待人的友爱精神和善意。但是，他们赋予 Humanitas 以希腊文 peideia 的意思，也就是我们所说“erudition em institution em queinbonas artes”，或者“美优之艺的教育与训练（education and training in the liberal arts）”。热切地渴望和追求这一切的人们，具有最高的人性。因为在所有动物中，只有人才追求这种知识，接受这种训练，因此，它被称做“Humanitas”或“Humanity（人性）”。

按照希腊人的想法，理想的人、真正的人，就是自由的人。所以，整个西方的人文传统自始至终贯穿着“自由”的理念，一些与“人文”相关的词组就是由“自由”的词根组成的，比如“人文教育”（liberal education）、文科（liberal art）等。如果从词汇的角度进行分析，我们会发现英语中以“人文”为核心的系列词汇，与“human”（人的、人类的、有人性的等）和“humane”（仁爱的、人道的、使人文雅的等）有直接关系。因此 humanism（人文精神）其含义就是“关注人、人的生活、人的生命及其价值，强调人性、人道、仁爱”。也就是说，人文精神强调人之为人的尊严，人只能是目的而非手段，提倡“人生而平等”，“人的价值高于一切”。

对人类自身关注的倾向，在古希腊著名的哲学家普罗泰戈拉、苏格拉底、柏拉图的学说中都可以发现，并且逐渐由一种学说演化成一种气质，这种气质演变为西方最初的人文精神。希腊的哲学（philosophia）是爱（philo）智（sophia）的意思，“爱智”就意味着摆脱实际的需要、探求那种非功利的“超越”的知识。亚里士多德的《形而上学》中有大量关于科学作为一种自由的探求的论述。亚里士多德的《形而上学》的第一句话就是：“每一个人在本性上都想求知”。他接着说明，出于本性的求知是为知而知、为智慧而求智慧的思辨活动，是不服从任何物质利益和外在目的的自体性哲学问题。

代表西方文明源头的古希腊、古罗马社会是在彻底打破氏族组织的基础上，以国代家。古希腊神话、哲学中孕育着丰富的追求自由、张扬个性及勇敢、智慧的人文精神。荷马史诗的创造者曾骄傲地宣布：在西方文学的史册上，我们创造了第一个“人”。古希腊的普罗泰戈拉在公元前 5 世纪提出“人是万物的尺度”，公然把人摆在首位，要求以人为中心，用人的眼光看待一切。雅典政治家伯里克利认为，“人是第一重要的”。这

种人文主义的价值倾向与其后罗马社会的法制精神相融合，奠定了西方社会理性、平等、正义、民主的精神基础。

三、西方人文发展的第二阶段

罗马帝国灭亡后，欧洲经历了长达一千多年的日耳曼人统治时期。由于日耳曼文化相对落后，且不愿意吸纳古希腊、古罗马文化，因而，这一时期统治者治国的工具主要是以基督教为主的宗教。基督教在这段时期内掌管了西方社会的意识形态大权，神是至高无上的，而人仅仅是作为一种生物形式存在于世上，无思想，无将来，一切希望都寄托在死后能进天堂。政教联合为一体，不管每个人是否愿意相信，都必须依照统治者所理解的宗教中的清规戒律来思考、行动。这无疑阻碍乃至窒息了西方人的思想进步和社会发展。西方社会度过了一段相当漫长的黑暗时期，历史上称之为“中世纪”。由于神权的强势，在这段时期中，几乎没有人文主义思想的讨论与研究成果。人在社会中根本没有地位，尤其是普通百姓。他们因为贫穷，无权无势而被认为是上帝的弃民，无缘进天堂，生活毫无指望。古希腊、古罗马的人本主义思想端倪被完全丢弃在一边。

随着资本主义生产的不断发展，资产阶级力量日趋强大，资产阶级及其代表人物对长期束缚他们的封建主义和神权日益感到不满。于是，14~15 世纪，意大利的佛罗伦萨等几个城市中的新兴的资产阶级为了维护自己的政治和经济利益，要求在意识形态领域里开展反对教会神学和封建主义文化的斗争。他们呼唤古典文化的复兴，注重对人的关心和尊重，用一种以人为中心的思想观念对抗神学思想，以推动文学艺术和科学技术的发展，由此而形成了文艺复兴运动。该时期的主要特征是人文主义，具体表现在科学、宗教、文学、艺术和教育等诸多方面。这些方面的作品和思想无不称颂世俗以蔑视天堂，标榜理性以取代神灵，反对来世禁欲，肯定人本身和现世生活。人被放到了前所未有的重要地位。

“人文精神”一词，原先是指欧洲文艺复兴时期的一股思潮。欧洲文艺复兴运动的实质是新兴资产阶级文化崛起，他们借助复兴古希腊文化的口号，提出了一系列表达资产阶级利益和要求的主张。与当时的宗教禁欲主义和蒙昧主义相比，主要分歧和对立在于：资产阶级主张尽力谋求和达到现世（即现实）人生的利益和幸福，他们虽然不一定排除对神的信仰，但是反对将人视为神的附属品，反对把人生的幸福和享受拖延到来世和天国。

用后来德国哲学家康德的话来说，即“人是目的，不是手段”。正是从这个意义上讲，人们把欧洲文艺复兴运动时期的这种新兴思潮称为“人文主义”，这是近现代人文精神的最初表现形态。人文精神张扬的是人的力量，尊重的是人的价值。

资本主义生产方式在欧洲的成长，给欧洲带来了一系列的社会变化。在思想文化领域里，表现为文艺复兴和启蒙运动。

欧洲文艺复兴时期是一个重新“发现人”的时代，这一时期，人文主义者们重新唤起了对人类自身的关怀，人们要求从神学的统治中解放出来，讲人性、讲个性，重视人的价值、尊严的人文思潮得到空前发展。

洛克提出人是社会的中心，个人利益是治理社会的基础。任何政府唯一的宗旨就是保护人，创造财富和享受自由。

文艺复兴时期的思想家把人看做是有理性、有自由意志、追求享乐的，认为理性、自由、享乐是人的本性。

但丁是意大利文艺复兴的先驱，在他的作品《神曲》中虽然还保留着灵魂不灭和来世的观念，但是作品通过对地狱、炼狱、天堂中人物的描写，展示了当时社会、政治生活的广阔画面，它对教会和封建贵族的谴责，对自由、理性和求知精神的歌颂，带有鲜明的人文主义色彩，恩格斯称他为“新时代的最初一位诗人”。但丁的知交乔托在绘画领域占有重要的地位。乔托第一个改变中世纪绘画简单和呆板的传统，初步运用透视、素描写实技巧，创造出具有现实感的人物形象和生动活泼的生活画面，使绘画向现实主义迈进一步。乔托成为近代绘画的奠基者。

彼特拉克孜孜不倦地收集古代抄本和文献，最早用人文主义的观点诠释和阐述古典著作，被称为“人文主义之父”。

14 世纪意大利作家卜伽丘，16 世纪初期鹿特丹的爱拉斯莫斯、法国作家拉伯雷、德国人封·胡腾等，他们都在自己的著作中对中世纪的神学和经院哲学进行了尽情的嘲笑和攻击，尤其是英国的托马斯·莫尔，他在长篇小说《乌托邦》里，尖锐地批判了当时英国“羊吃人”的社会制度，作者提出了以宗法家长制为基础的民主的理想社会，表达了人民对理想制度的向往。被马克思和恩格斯称为“英国唯物主义和整个实验科学的真正始祖”的弗兰西斯·培根，曾有力地批判了中世纪的经院哲学和神学体系，成为当时人文主义思想的杰出代表。人文主义者在他们的著作中曾经提出许多战斗性的口号，体现了新兴资产阶级反封建、反神权、反禁欲的时代精神。

莎士比亚是英国杰出的戏剧家。在留传下来的他的 37 个剧本中，包括历史剧、喜剧和悲剧等多种体裁。在他的创作早期，他写了大量的喜剧和历史剧。乐观主义的生活态度、赞美友谊及爱情、主张自由平等、反对封建束缚和神权桎梏等人文主义的人生观和道德原则是莎翁喜剧创作的主题。

拉伯雷是法国人文主义的杰出代表，他的长篇小说《巨人传》充分表达了人文主义思想，以夸张的手法塑造理想君主巨人的形象，歌颂“人”的力量。

塞万提斯是文艺复兴时期西班牙杰出的现实主义小说家。他的长篇小说《堂吉诃德》

是一部影响深远的文学名著。作品通过堂吉诃德的游侠史，广泛展示了西班牙的现实生活；通过堂吉诃德的悲剧，否定了骑士制度、骑士道德以及骑士文学；还尖锐地批评贵族的残暴专横、荒淫无耻和虚伪狡诈，歌颂了西班牙人民渴望自由、追求真理、反抗压迫的崇高品质。这些都体现了人文主义的精神。我们还可以从如下话语中看到人文主义的精神。

"爱情与荣誉是人生的理想"（彼特拉克），"人生的目的，首先在于寻欢作乐，为了消除人生的忧患，情欲远胜过于理性"（爱拉斯莫斯）；"知识就是力量"（培根），"你可以做你想做的一切"（拉伯雷）；人是"万物的灵长，宇宙的精华"（莎士比亚），"人类是天生一律平等的"（卜伽丘）。

启蒙运动是继中世纪文艺复兴以后第二次思想解放运动，其攻击矛头对准的是封建社会里最神圣、最崇高的东西，也就是王权、神权与特权。文艺复兴重在宣传人文主义，启蒙运动则前进了一大步，强调人的理性和天赋人权思想。

伏尔泰是具有领袖威望的启蒙思想家，他猛烈抨击天主教会，反对君主专制和教权主义，影响巨大。

孟德斯鸠倡导天赋人权，在《论法的精神》一书中明确提出了立法权、行政权和司法权三权分立的原则。

卢梭的主要政治观点是"社会契约论"和"人民主权说"。他主张在社会契约面前，人们遵守同样的契约，享受同样的权利，以此反对专制和封建等级制度。当统治者要撕毁社会契约时，人民有权推翻他。

启蒙思想家把人的本质归结为自由、平等、追求幸福。而且认为这是天赋的，永远不变的人的本性。

四、西方人文发展的第三阶段——启蒙运动时期的人本主义

17 世纪开始的英国资产阶级革命也讲个人权利、民主自由，亦将人放在首要地位。那个时期的思想家，如斯宾诺莎、洛克等都强烈反对非科学的信念，抨击宗教幻想与折磨，捍卫宗教信仰自由、思想言论自由。资产阶级在经济、政治与社会关系的确立方面，在人类个性及人类从物质、精神的各种束缚中解放出来这些方面，相比封建主义来说，前进了一大步。它给予人类真正的价值、生活目的以及人类的权利一个全新的诠释，一种全新的人本观念得以诞生。新的人本主义的目的是消除社会的不平等，推翻专制的政府，反对封建制度对人的奴役。因此，这场革命促进了道德的意识，提高了人的价值，对社会发展有着重要意义。

新兴资产阶级中的思想家们对个人与社会之间的关系尤其感兴趣。他们认为，封建

制度下国家制度阻碍了资本主义的系统的形成，阻碍了资产阶级在政治、经济和精神领域内的发展。新型的国家制度应该体现“共同利益”。为此，这些思想家们试图寻求在国家起源中的人本因素。比如，英国哲学家霍布斯坚信人类创造国家是为了自身在恶劣的自然条件中更好地生存。他认为国家限制了个人的利益并以此来获取自身的利益，国家通过法律等种种手段来限制个人的自由。

总之，文艺复兴中的人本思想主要是相对中世纪时的神本思想而提出的。它具有强调人的理性、要求个性自由平等以及顺乎人的自然本性等特点，其最终目的是要恢复人对神、世俗社会对教会的，至少是独立的地位，是要从教会、封建专制中夺回人权。而在 17 世纪中叶的启蒙运动中，新兴的资产阶级则向教会和封建专制要政权，其人本主义带有一定的特征，对人做了更为全面的解释。

启蒙运动时期，资产阶级人本主义已发展到高峰之时。这一时期的代表人物都将人视作最高价值。他们认为人是地球上唯一能够在大自然所能提供的价值之外创造新价值的生物体，是唯一能够使其生活更为完美、完善的生物体。法国的启蒙运动主义者坚信这个世界必须崇拜人类，因为只有人类才有自我意识，才有痛苦和欢乐、正义与非正义的意识，才有能力去认识生命与死亡，这就足以证明每个人都需要得到最多的关注。

总之，在文艺复兴与启蒙运动时期的资产阶级人本主义与先前的古希腊、古罗马以及基督教的大众人本有所不同。经过中世纪的神权与封建统治，新兴资产阶级人本主义的出发点，就是将人从神的枷锁中解脱出来，因此，那时的人本主义思想都是建立在个人主义的基础上。

五、近现代的人性观念

从西方哲学发展的轨迹可以看到，西方人本主义哲学的中心从神走向人，最终落在“自我”身上。西方哲学关注的是如何发展自我，唯心主义认为自我的发展靠“超人”或“上帝”，而唯物主义者则认为“自我”发展靠合理的社会制度。当社会制度从封建社会发展为资本主义社会时，各种矛盾依旧无法避免、消除。西方哲学强调“自我”，认为社会无法改变自我的存在，自我就是一切。于是，西方文化的以“自我”为中心的思想愈发得以强化。西方人本主义哲学的另一个重点是对幸福的追求。在古代，人世间不能实现的幸福可以在天堂内得到。到了近代和现代，由于“人”、“神”分离，人们更为重视人世间的幸福。于是，自我中心论加上追求幸福享乐，使西方人本主义带有很浓的个人主义、享乐主义色彩。

进入 20 世纪 80 年代，由于美国、日本经济发展不平衡，便引起了美国各界人士的不安和关注，因而导致了美日比较管理研究的热潮。研究的结果使人们深刻认识到，不同管理模式的背后是文化的差异，文化对管理具有重要的作用和影响。

近代人文主义提倡人权、人性，重视人自身，颂扬人的理性和自由，确立人的主体地位，肯定人的价值和尊严。强调企业即人，企业靠人，企业为人，企业造人。其人文精神重视对人类前途和命运的关注，体现对人的终极关怀，追求人的终极价值，其内容包括高扬人的价值和理性、谋求个性的解放和自由、追求人自身的完善和理想的实现、重视人的终极关怀等方面。

第三节 当今人文含义与企业人文指标

一、人文的科学内涵

人文，是一个动态的概念。中国的《辞海》中这样写道："人文指人类社会的各种文化现象。"文化是人类或者一个民族、一个人群共同具有的符号、价值观及其规范。符号是文化的基础，价值观是文化的核心，而规范，包括习惯规范、道德规范和法律规范则是文化的主要内容。

从概念上讲，可以这样认为，人文就是人类文化中的先进部分和核心部分，即先进的价值观及其规范。其集中体现是：重视人，尊重人，关心人，爱护人。简而言之，人文，即重视人的文化。

当今的"人文"集中体现在发展过程中的"以人为本"和"人文关怀"，以人为本预示着全面发展的人才是发展的根本目标与价值取向，所有的物化过程只能是人的发展的手段。发展要以人为中心，市场的设定、资源的分配也应以人为中心。要从"人的活动以及能力"来研究发展问题，并实现经济、政治和文化的协调发展。人文精神只有和人类的发展结合起来才有意义，才能达成精神世界与物质世界的稳定与平衡。

二、以人为本的科学内涵

以人为本的科学内涵需要从两个方面来把握。首先是"人"这个概念。"人"在哲学上，常常和两个东西相对，一个是神，一个是物，人是相对于神和物而言的。因此，提出以人为本，要么是相对于以神为本，要么是相对于以物为本。大致说来，西方早期的人本思想，主要是相对于神本思想，主张用人性反对神性，用人权反对神权，强调把人

的价值放到首位。中国历史上的人本思想，主要是强调人贵于物，“天地万物，唯人为贵”。《论语》记载，马棚失火，孔子问，伤人了吗？不问马。说明在孔子看来，人比马重要。在现代社会，无论是西方还是中国，作为一种发展观，人本思想都主要是相对于物本思想而提出来的。

其次是“本”这个概念。“本”在哲学上可以有两种理解，一种是世界的“本原”，一种是事物的“根本”。以人为本的本，不是“本原”的本，是“根本”的本，它与“末”相对。以人为本，是哲学价值论概念，不是哲学本体论概念。提出以人为本，不是要回答什么是世界的本原，人、神、物之间，谁产生谁，谁是第一性、谁是第二性的问题，而是要回答在我们生活的这个世界上，什么最重要，什么最根本，什么最值得我们关注。以人为本，就是说，与神、与物相比，人更重要、更根本，不能本末倒置，不能舍本逐末。我们大家所熟悉的“百年大计，教育为本；教育大计，教师为本”，以及“学校教育，学生为本”等，都是从“根本”这个意义上理解和使用“本”这个概念的。

以人为本，不仅主张人是发展的根本目的，回答了为什么发展、发展“为了谁”的问题；而且主张人是发展的根本动力，回答了怎样发展、发展“依靠谁”的问题。“为了谁”和“依靠谁”是分不开的。人是发展的根本目的，也是发展的根本动力，一切为了人，一切依靠人，二者的统一构成以人为本的完整内容。只讲根本目的，不讲根本动力，或者只讲根本动力，不讲根本目的，都不符合唯物史观。毛泽东同志指出，人民群众是历史的主人；同时指出，人民，只有人民，才是创造世界历史的动力。胡锦涛同志说，相信谁、依靠谁、为了谁，是否始终站在最广大人民的立场上，是区分历史唯物主义和历史唯心主义的分水岭，也是判断马克思主义执政党的试金石。

需要特别强调的是，胡锦涛同志所有关于以人为本的论述，都十分明确地指出，我们所讲的以人为本，是以广大的人民群众为本，这里的人，不是抽象的人，也不是某个人、某些人。一切为了人，一切依靠人，就是一切为了人民群众，一切依靠人民群众。这里讲的人和人民，是同一个意思。

以人为本，就是以实现人的全面发展为目标，从人民群众的根本利益出发谋发展、促发展，不断满足人民群众日益增长的物质文化需要，切实保障人民群众的经济、政治和文化权益，让发展的成果惠及全体人民。

“坚持以人为本”，是中国共产党十六届三中全会《决定》提出的一个新要求。“坚持以人为本，树立全面、协调、可持续的发展观，促进经济社会和人的全面发展。”这一新论断，深刻阐明了中国共产党人新发展观的本质特征，是对马克思主义人的全面发展理论的继承、丰富和发展。

坚持以人为本，同中国共产党全心全意为人民服务的根本宗旨和代表中国最广大人民的根本利益的要求是一脉相承的。新发展观明确把以人为本作为发展的最高价值取

向，就是要尊重人、理解人、关心人，就是要把不断满足人的全面需求、促进人的全面发展，作为发展的根本出发点。人类生活的世界是由自然、人、社会三个部分构成的，以人为本的新发展观，从根本上说就是要寻求人与自然、人与社会、人与人之间关系的总体性和谐发展。

三、发展观中的以人为本

（一）和谐发展角度的以人为本

第一个角度：人与自然的和谐发展。人类认识和改造自然界是为人类创造良好的生存条件和发展环境。发展，是为了什么？当然是为了人——为了人在更好的环境里生活。发展依靠什么？当然依靠的也是人。然而，这个简单的道理，曾一度变得模糊了。在过去相当长的时期内，以征服自然为目的，以科学技术为手段，以物质财富的增长为动力的传统发展模式，在一定程度上破坏了人类赖以生存的基础，使人类改造自然的力量转化为毁害人类自身的力量。人们在试图征服自然的同时，往往不知不觉地变成了被自然征服的对象。例如，水土流失、土壤沙化、资源浪费、城市缺水，这一系列问题都向人们发出警示：人类的行为如果违背自然规律，必将遭到自然的惩罚。2003 年上半年的“非典”，也是自然界对人类的一个警告。其实，恩格斯早就告诫我们：“我们不要过分陶醉于我们对自然界的胜利。对于每一次这样的胜利，自然界都报复了我们。”而今天，我们依然在“交学费”。这一切告诉我们：决不能再走发达国家先污染后治理的老路，必须树立以人为本的新发展观，找到一条人与自然和谐发展的道路，找到一条生态与经济“双赢”的道路。中国共产党十六届三中全会提出的“五个统筹”，其中之一就是“统筹人与自然的和谐发展”，这是一条符合中国国情的可持续发展之路。实际上，只有人与自然的关系和谐了，生态系统保持在良性循环水平上，人的发展才能获得永续的发展空间。

第二个角度：人与社会的和谐发展。改革开放以来的 30 多年是我国城乡居民收入增长最快的时期。但我们也要清醒地看到，在经济发展和社会进步方面，我们面临着一系列新的问题和挑战。一是城乡差别、区域差别、贫富差距进一步扩大的趋势亟待扭转。近年来城市困难群体的出现，与我国经济迅速发展的现实极不协调。二是在很多人眼中，发展似乎就是增长，从而造成了经济高增长、社会低发展的失衡局面。我国经济发展了，经济结构调整了，但社会结构却没有相应调整，社会事业还没有得到相应发展。三是在经济日趋活跃、社会利益日益多元化的情况下，社会经济秩序的规范问题变得日益突出起来。四是效率与公平的矛盾也越来越突出。经济发展要讲究“效率”，社

会发展要讲究“公平”。现在的情况是，一些地方往往只重视效率，不重视公平。经济社会发展归根结底是为了人的全面发展。只有经济发展而没有社会发展不叫全面发展，同样，只有经济和社会发展而没有人的发展也不叫全面发展。新发展观突出发展是以人为本，正是抓住了发展的核心和本质。为此，要逐步增加各项社会发展、生态资源、环境建设的投入，特别是要加大对社会管理和公共卫生、公共服务方面的投入，对那些能够帮助贫困群体、失业群体和弱势群体重新融入社会并在经济发展过程中重新获得机会发展的项目，更应给予优先考虑，尽快形成经济与社会协调发展的新格局。

第三个角度：人与人的和谐发展。实现人与自然、人与社会的和谐统一，最根本的是要处理好人与人之间的关系，建立公正合理的社会制度。我们无法设想，在一个工业文明高度发达但人们利益存在严重对立和冲突的社会里，人与自然的关系会处于“田园牧歌”式的和谐状态。实现人与人的和谐发展，首先是建立相互尊重、理解、信任和关心的良好人际关系。其次，要树立人力资源是第一资源的观念，尊重劳动、尊重知识、尊重人才、尊重创造。要保持中国共产党同人民群众的血肉联系，促进党群之间、各阶层之间、不同地区人群之间关系的和谐发展。最后，必须关注和推进人的全面发展，其中最根本的是提高人的综合素质，即提高人的教育水平、文化品位、精神追求和道德修养。

总之，以人为本是贯穿于三个和谐发展、构建和谐社会过程中的一条基本原则。只有坚持以人为本，才能“把人的世界和人的关系还给人自己”，才能真正实现人与自然、人与社会、人与人自身的和谐发展。坚持以人为本，不是抽象、空洞的口号，必须落实到发展的每一项措施中，贯彻到改革的每一个行动中。

（二）新发展观中的以人为本

法国社会学家和经济学家弗朗索瓦·佩鲁提出的新发展观中特别强调以人为本。以人为本的新发展观要求人类价值观念方式的相应变动，“个人的发展，个人的自由，是所有发展形式的主要动力之一”。只有把人自身的发展作为社会发展的根本目标，社会各方面的发展才有意义，而且只有使社会各方面协调发展，才能使作为社会主体的人得到发展。

就增长与发展的关系，佩鲁指出发展等于经济增长加社会进步。增长仅仅表现为物质的扩大，是不够的甚或有害的，除非在增长的基础上能减少不平等、失业与贫困。经济增长不过是实现人的全面发展的手段，经济、政治与社会的各种制度的演进只是为了给人的发展创造一种更好的社会环境。

发展应被理解为经济、社会、人与自然之间的全面的与协调的发展。发展既要充分利用人、社会与自然的各种资源，同时也应该为人和社会的可持续发展创造条件。发展与否的衡量标准应依据包括经济、社会、人与环境在内的一系列指标，不能仅仅追求局部与暂时的效益，而要追求系统的、整体的、全局的与长远的效益。

新发展观强调可持续发展。发展总是指与人类历史一定阶段相联系的一种运动，不仅要从当代人类与当代社会发展的角度看待发展问题，也要从未来人类与未来社会的角度看待发展问题。

新发展观强调结构对发展的重要作用。“发展在于结构上的改变”，发展必须对组成发展过程的各个方面与各个部门之间的相互关系与比较进行协调，以使各种结构朝着良性循环的方向变化。

新发展观也强调文化对发展的重要作用。经济增长作为实现人的生存与发展的手段，其价值取决于人与文化的意义，文化本身在经济与社会发展中具有重要作用，现实中的人和单位都是历史地形成的文化环境的产物，文化价值直接参与经济价值的创造。

佩鲁强调发展应同进步联系在一起。“进步是根据获得自由的程度来衡量的”，发展中国家必须“就生活条件、文化和政治意志的锻炼提高个人和群体的标准”，以及促进“每个个别成员的个性全面发展”。发展中国家不能照搬发达国家模式，那些所谓的经济学公允性、手段与目的的分离以及经济、政治和其他社会问题的分割，只不过是一系列为既得利益服务的意识形态。

四、管理角度的以人为本

从严格意义上说，以人为本是人力资源管理的范畴，建立健全人力资源管理机制才能真正做到以人为本。“以人为本”的管理，指在管理过程中以人为出发点和中心，围绕着激发和调动人的主动性、积极性、创造性展开的，以实现人与企业共同发展的一系列管理活动。其具有下列几个特点：①以人为本的管理主要是指在企业管理过程中坚持以人为出发点和中心的指导思想；②以人为本的管理活动围绕着激发和调动人的主动性、积极性和创造性来展开；③以人为本的管理致力于人与企业的共同发展。

以人为本管理的重要性在于它是提高企业知识生产力的重要条件。企业的知识生产力指企业利用其知识资源创造财富的能力。以人为本的管理是适应企业国际化经营的基本管理方式，是建立企业中人与其他要素良好关系的必要条件，是企业持续发展的基石。

以人为本的管理的基本思想就是人是管理中最基本的要素，人是能动的，人与环境之间是一种交互作用的关系：创造良好的环境可以促进人的发展和企业的发展；个人目标与企业目标是可以协调的，将企业变成一个学习型组织，可以使得员工实现自己的目标，在此过程中，企业进一步了解员工使得企业目标更能体现员工利益和员工目标；以人为本的管理要以人的全面发展为核心，人的发展是企业发展和社会发展的前提。以人

为本的管理的基本原则有：重视人的需要，鼓励员工为主，培养员工，组织设计以人为中心。

● 本章小结

在不同的时代，人文精神的特点和重点是不同的，它是在特定时代背景下人们的价值观、人性观、时代精神的集中反映。

在东方，中国古代人文思想占据着非常重要的地位，儒家思想、道家哲学、三从四德、道义精神，等等，都是古人主修的道德思想。

儒家的学说简称儒学，是中国古代的主流意识流派，自汉代以来在绝大多数的历史时期作为中国的官方思想，至今也是部分华人的主流思想基础。儒家学派对中国、东亚乃至全世界都产生过深远的影响。儒家思想中包含的一个重要的观念就是对道德的注重，主张人性本善的意义在于，企业的宗旨是为企业和企业的利益相关者造福。

道家是中国思想文化史上极其重要的学派，道家思想中最主要的是其丰富的哲学思想。道家文化中的人生观念和哲学智慧，总能给人以心理的抚慰和调适。具体说来，对调节人们的心理具有平衡、调适抚慰和缓解等作用。老子的柔弱胜刚强的思想，给中国传统文化注入了一种宏大、超越的精神，使中华民族具有一种强大的力量和不被各种艰难曲折所吓倒的伟大气魄。

中华民族素以重道义而著称于世。正如文天祥所说，中华民族的浩然正气，是以“道义为之根”的。不管世人如何看待它，人们心底里不得不承认，正是这个道义之魂紧紧凝聚着华夏子孙，激励着一代又一代中国人，为着中华民族的统一和富强奋斗不止。

而西方的人本主义哲学可追溯到古希腊、古罗马时期。早在古希腊、古罗马的神话中，我们就可以看到自由快乐的众神。纵观人文精神在西方社会的发展，大致历经三个历程：

其一，古希腊、古罗马阶段把人作为“万物的尺度”，确立了人在宇宙中的主体地位，奠定了西方社会重视个性、自由、平等、法制等以个体为中心的人文精神的底蕴。

其二，文艺复兴时期，通过对古典人文精神的回溯来摆脱宗教这种异化力量对于人的绝对支配，在肯定人的意义价值的同时，奠定了资本主义的精神基石。

其三，现代资本主义阶段，试图重新肯定人的意义和价值，以解决当下资本主义所面临的困境。从时间的维度上来看，人文精神在西方社会演进的历程中历经浮沉。

人文，是一个动态的概念。当今的“人文”集中体现在发展过程中的“以人为本”和“人文关怀”，以人为本预示着全面发展的人才是发展的根本目标与价值趋向，所有的物化过程只能是人的发展的手段。发展要以人为中心，市场的设定、资源的分配也应以人为中心。要从“人的活动以及能力”来研究发展问题，并实现经济、政治和文化的协调发展。人文精神只有和人类的发展结合起来才有意义，才能达成精神世界与物质世界的稳定与平衡。

● 思考题

1. 了解中国古代人性论对现代企业管理有何意义？
2. 中国古代人性论与现代管理学中的 XY 理论有何联系与区别？
3. 如何理解“性”和“情”的关系？

● 本章案例——滕头村的“人文生态”与荣事达的“和商文化”

一、滕头村人文生态

（一）滕头村简介

滕头村是一个具有水乡特色的江南小村，又是闻名遐迩的“全球生态 500 佳”名村。近年来，滕头村坚持走生产发展、生活富裕、生态良好的良性发展道路，经过调整优化，传统农业得到提升，建立了高科技蔬菜瓜果种子种苗基地、植物组织培育中心等，集精品、高效、创汇、生态、观光于一体的现代化农业格局基本形成。以房地产、园林绿化、生态旅游为主要内容的第三产业也正在蓬勃发展。在发展的同时，全村上下非常注重保护环境，美化家园，实现了人与自然的和谐相处。

全村 296 户，787 人，有 6500 名外来人口；有 800 亩耕地，1.2 平方公里面积。过去，这里穷得出了名，“有囡不嫁滕头村，年轻后生打光棍”。但滕头人靠聪明才智和勤劳双手，以“艰苦创业，永不满足，两手过硬，一犁耕到头”的精神，撑起了自己的一片天，成了“一年一个样，年年都变样，越变越像样，全国做榜样”的小康示范村。人均收入达到 13095 元。村里成为国家首批“4A”级生态旅游区，被联合国评为“全球生态 500 佳”。又接着被评为“世界十佳自然村”。党和国家领导人、海内外著名人士和广大游客接踵而至。江泽民同志在视察时高度评价：“了不起的村庄”。有位诗人写了“青山碧水胜桃源，日丽花香四季春；人间仙景何处觅？且看奉化滕头村”的诗句。

由宁波市申报的《中国滕头“城市化与生态”实践——全球生态 500 佳和世界十佳和谐乡村路径》案例，在来自全球 28 个国家和地区的 80 个城市的 113 个申报案例中脱颖而出，成功入选上海世博会“城市最佳实践区”参展案例，滕头村也由此成为世界上唯一入选此参展项目的乡村。近日，滕头—溪口旅游景区被授予我国旅游界最高级别的 5A 级旅游景区，从而成为宁波市第一个 5A 级旅游景区，也是中国唯一一家乡村型 5A 级旅游景区。

（二）滕头村发展概况

滕头村原是一个远近闻名的穷村，生产条件和生活水平相当落后，当时有民谣“田不平，路不平，亩产只有二百零，有囡不嫁滕头村。”为摆脱贫穷，从1965年起，村里先后迈出改土造田、旧村改造、兴办企业、发展三产四大步，较快地实现了由温饱到小康，由小康到富裕的跨越式发展。近十年来，滕头村又进入了农村现代化建设的新阶段，谱写了滕头发展史上新的一页。主要表现在：

综合经济实力不断增强。2008年，全村实现总产值36.46亿元，利税3.93亿元。滕头集团公司跨入了全国最大经营规模、最高利税总额乡镇企业的行列。

第一、第二、第三产业全面发展。工业经济突飞猛进。全村现有各类企业60多家，2008年全村工业产值达到22.72亿元。爱伊美制衣有限公司已成为全国最大羊绒服饰出口生产基地和全国服装销售、利税“双百强”企业，大衣、西服双双荣获出口免验资格。传统农业得到提升。经过调整和优化农业产业结构，大力实施“科技兴农”战略，建立高科技蔬瓜种子种苗基地、植物组织培养中心、农业观光示范区等，初步形成集“精品、高效、创汇、生态、观光农业”于一体的发展格局，村民直接从事农业的人数已降至劳动力总数的8%，2007年实现产值2210万元，创历史新高。以房地产开发、园林绿化、生态旅游为主的第三产业蓬勃发展。房地产公司在稳定现有市场外，进军抢占宁波、北仑房地产市场。园林公司已被国家建设部授予园林资质一级企业，绿化业务拓展到北京、上海、福建等全国20多个省市；生态旅游方兴未艾，累计前来旅游、观光、考察的中外人士络绎不绝，其中副省级以上领导达380批次，将军100多名，来自美、日、英、法等50个国家和地区的外宾520多批次。旅游区被授予首批“国家AAAA级旅游区”称号，2008年旅游门票收入2360万元，综合经济收入达1.07亿元。

（1）花园式农村。村里根据“扩大规模、完善功能、优化环境、提高品位”这一总体要求，坚持可持续发展战略，牢固确立“既要金山银山，更要绿水青山”的科学发展观，结合旅游业景点开发，把生态环境和村庄建设紧密相结合，实现村庄环境的持续优化。早在20世纪90年代初，村里成立了环境保护委员会，对村里引进的项目实行一票否决制，至今已累计否决了46项经济效益好但有污染的项目。近年来，又先后投入8100多万元，全面实施“蓝天、碧水、绿色”三大工程，兴建农家乐园、将军林、音乐喷泉广场、石刻窗花馆等生态景点20多处，全村呈现出绿树成荫、碧水环流、花果相间、百鸟和鸣的江南田园美景，实现了人与自然和谐相处。2001年还通过了ISO14001国际环境管理体系认证，使村庄生态环境建设走上了国际化、制度化、规范化道路。

(2) 人与自然、人与文化的互动式体验。滕头村以全新的景观营造理念，创造面向未来的新旅游模式。别具匠心的村庄规划和园林营造，自然与人类的巧妙结合，演绎成现代都市的一首田园牧歌。景区分为东西两区和学生社会实践基地。东区是老区，主要景点有：白鸽广场、喷泉广场、农家乐、梨花湖、盆景园、千鱼公园；游艺项目有：小猪快跑、大猪快跑、千鸽迎宾、松鼠拜年、斗牛半羊、踩水车、喂红鱼、野鸭放飞、梨湖泛舟、抢鸭子、男女反串模仿秀、农家女招亲、锯大木等。西区是新区，主要景点有：玫瑰采摘区、奇花异果棚、草莓采摘区、婚庆园、晒谷广场、石窗馆、田园烧烤区、犁耕活动区；游艺项目有：独轮车送公粮大战、大滚缸、称大称、拉大碾、磨豆浆、打草鞋、打制猪头年糕、犁耕大战、捉泥鳅、摸螺蛳、照黄鳝、叉鱼、石窗曲苑（京剧、越剧场景戏）、流铁环、打陀螺、田园烧烤等。学生社会实践基地作为全国青少年科普教育基地，全国“我能行”体验基地，以培养学生创新精神和实践能力为重点，开设“爱国主义、生态环保、科学普及、军事国防、劳动技能、磨难拓展”六大教育，结合农俗风情游100多项寓教于乐体验活动，让学生在实践操作中体验生活、体验成功、体验快乐。

(3) 生态观念领先。在滕头一条飘着花香的村道上，有一排带着“博士帽”的漂亮路灯，名叫“风光能”环保灯。“风光能”环保灯就是利用风能和太阳能来发电发亮光的节能环保型路灯。整排路灯地底下没有铺设电线的，均靠风力发电和太阳能蓄电池来提供能源。无论晴天阴天、还是台风灾害天气，一年四季，都能保证路灯供电。

“风光能”环保灯是滕头低碳生态乡村系统的一个小小部件。“滕头村能够贵为乡村楷模，首先就是成功构建了完备的低碳生态乡村系统。”滕头村党委书记傅企平说。

以园林为龙头的效益型、科技型农业，是滕头低碳生态乡村系统的基础。土地不足千亩的滕头村，已在浙江、江苏、山东、河北、福建、江西、天津等全国20多个省市建立起了5万亩的“绿色银行”，成功完成了2008年北京奥运会部分体育场馆的绿化项目，仅为上海世博会就提供了10万株苗木。园林绿化公司为国家一级资质企业，滕头园林股份有限公司连续多年产值超亿元，成为闻名全国的农业龙头企业。

滕头村本身就是“国家级农业综合开发示范区”，也是浙江省首批12个现代化农业示范区之一，园区总面积为3000亩。园区大部分为高效农业，如蔬菜瓜果种子种苗基地、植物组织培养中心、花卉苗木基地等，都是我国农业现代化的样板。科技、生态、效益——滕头农业始终走低碳之路，不断推广标准化生产，实施品牌战略，大力发展现代绿色农产品基地、种子种苗基地，农业技术日趋成熟，产品供不应求，得到了市场及外商的高度肯定，成为全省农业科技示范的样板。

(4) 低碳乡村系统。生态旅游是低碳生态乡村系统的亮点所在。1999年滕头村开

始卖门票，成为全国最早卖门票赚钱的村庄之一。在滕头村的国家级生态示范园里，滕头人把高雅的园林艺术与生态旅游、农业观光旅游有机地融为一体。将军林、柑橘观赏林、婚育新风园、绿色长廊、乡村文化广场、盆景园等30多处景观，使诸多宾客在观赏中领略到江南风韵的田园乐趣，感受到返璞归真、崇尚自然的生态特色。在体会“白鸽放飞”、“野鸭戏水”、“农具展览”等农家乐的同时，一股浓浓的农村传统文化气息迎面扑来。

滕头是首批国家级4A景区，目前国家级5A级景区创建已经全面完成。2009年，滕头生态旅游景区共接待游客119万人次，比上年增加14.8%；门票收入2630万元，比上年增加11.4%；旅游综合经济收入1.1873亿元，比上年同期增加10%，取得了社会效益和经济效益的双丰收。

另一个亮点是滕头生活污水处理。滕头村有800多位村民，还有大量在滕头村企业中工作的外来人员，每天必然产生一定量的生活污水。但这些污水从不会流入清澈的自然河道，更不会对土地造成污染，因为滕头有一个先进的生态绿地处理系统。生态绿地处理系统不仅能基本实现滕头污水零排放，还可以在绿化环境的同时达到治污、净水、节能、节水、节地之目的，实现降温、降噪、净化空气的功效。

村民良好的生活习惯，也是低碳生态乡村系统不可或缺的组成部分。“节电、节油、节气，从点滴做起，尽量减少二氧化碳的排放。”滕头村民傅德明谈到对低碳生活的理解时这样说，他认为自己的认识“很朴素”。现在，一直以来生态环保意识强烈的滕头村民，几乎都有“朴素”的低碳生活习惯。譬如到超市购物时带上环保袋，上班少开车，在企业里坚持爬楼梯，尽量用手洗衣服等。《滕头报》上经常宣传低碳生活小窍门，譬如打开一扇窗户，取代室内空调；夏天使用空调时，温度稍微调高几度。数据统计表明，只要所有人把空调调高一度，全国每年能省下33亿度电。

滕头低碳生态乡村系统的根源在于超前的环保理念和发展理念。滕头村一贯坚持“既要金山银山，更要绿水青山”，几十年来，在发展经济的同时，注重建设优美生态环境、提高村民生活质量，把生态环境建设与村庄建设结合起来，改善人居环境。早在20世纪70年代末，滕头人就启动了旧村改造、环境整治、新村建设的浩大工程，实现了“工业区、文教商业区和村民住宅区”的功能分隔。1998年开始，又着手兴建小康别墅楼，至今已完成126幢，人均居住面积达到80平方米，现在村民基本上都已搬入新居。

为了进一步改善人居环境，近年来村里投入上亿元实施“蓝天、碧水、绿地”三大工程，拆除了农家柴灶统一改用液化气，实现了农居无烟村；遍植各类绿化树和草皮，饲养白鸽、野鸭飞禽等。目前全村的绿化率达到67%，营造了“花香日丽四季春，碧水涟涟胜桃源”的江南田园美景。

二、荣事达的“和商文化”

（一）案例背景

近年来，中国家电行业竞争十分激烈，出现了多起恶性竞争事件。这些事件所产生的后果是严重的，对市场、同行、企业都造成了极大的伤害，企业和社会都付出了沉重的代价，据上海媒体报道：1997 年 3 月，中国两家最大的家电企业爆发“上海滩大战”，其中一家的销售人员发放印刷品声称对方产品技术不过关，售后服务跟不上，产品积压 30 万台，在上海市的各大市场公开散发，对方为此提出抗议，两家对簿公堂。此类事件也发生在另两家国内著名的家电企业（S 和 Y）之间。S 公司的咨询人员到 Y 公司的柜台前殴打怀有身孕的 Y 公司销售小姐，在南京又发生“S 公司职工踢 Y 公司职工”的事件。随着市场竞争的日趋激烈，不正当竞争行为烽烟四起。为了防止恶性竞争的进一步蔓延，荣事达在中国企业管理研究会的帮助下实施了荣事达“和商”理念，塑造并推出“中国第一部企业自律宣言——荣事达企业自律宣言”。

（二）“和商”理念的形成

荣事达集团公司成立于 1994 年 1 月，同年 3 月与日本三洋电机株式会社等五家企业组建合资公司。1995 年 1 月被国家经贸委、国家税务总局、国家海关总署联合评定为全国企业“技术中心”，担负起国内洗衣机行业产品开发和研制的重任。1996 年 2 月通过 ISO9001G 国际质量体系认证。8 月与美国家电第三大企业美泰克公司合资。公司历年被评为全国 500 家最佳经济效益和全国 500 家利税大户，全国洗衣机市场占有率、销售额、销售量第一，现有职工 8000 余人，总资产 15 亿元。1997 年生产洗衣机 175 万台，产销率达 99.7%。

荣事达地处安徽合肥，安徽是中国徽商商业文化的发祥地，素有“和气生财”、“互惠互利”的商业精神。该企业在长期的经营实践中认真吸取其中的精髓，贯彻到企业对内、对外关系之中。中国企业管理研究会的专家进驻该企业后，进行了深入细致的调研，从企业发展史、企业与供应商、销售商长期合作的过程中整理出大量对现代企业运作仍有指导意义的商业伦理和企业伦理精神，并在此基础上进行提炼，归纳出以“互相尊重、相互平等、互惠互利、共同发展、诚信至上、文明经营、以义生利、以德兴企”为核心精神的“和商”理念。以此作为处理企业与消费者、企业与商界、企业与企业之间、企业内员工之间的基本行为准则。

（三）“和商”理念的具体内容

（1）实行企业自律。企业公开宣布：企业在对内对外的各种活动中所形成的“和商”理念是企业调整各种关系的道德规范和自律准则。企业在经营中，一切都要从消

费者的利益出发，严于律己，宽以待人，在企业内部严格实行零缺陷管理，追求产品零缺陷和服务零缺陷。努力把“和商”理念转化为全体员工共同一致、彼此共约的内心态度理想境界和行为方式，以此激发全体员工的积极性、创造性，以实现“办一流企业，创一流品牌，树一流形象”的企业目标。爱国、爱企、爱岗是每一个职工正确处理国家、集体、个人利益关系的根本准则，企业将继续用这一准则规范员工的行为。

（2）企业竞争道德。积极倡导和努力贯彻竞争道德是保证社会主义市场经济有序化和健康发展的必然要求，它对于规范市场主体行为、维护市场公平竞争和社会经济秩序、保护经营者和消费者合法权益、防止不正当竞争都具有重要意义。企业全体员工在贯彻自律准则的同时，应向全社会倡导扬善弃恶、公平竞争的风尚，使各竞争主体的竞争行为得到科学、公正的评价。社会主义条件下的中国企业的竞争应当遵循中国共产党的方针政策，遵守国家法律法规，遵守行规行约，自觉接受市场和广大消费者的评价和监督。企业竞争应当通过加大科技投入、改进生产设备、改善经营管理、不断开拓市场等手段来实现，最终形成良好的竞争环境和文明体系。企业提倡与新时代相适应的竞争道德，用它来约束企业行为，并要求企业全体员工通过正当合法的手段来增强自身的竞争能力。企业之间的不正当竞争、不公平竞争和非法竞争有悖于社会主义市场经济运行规则和竞争道德，破坏了市场经济的机会均等、公平竞争的原则。为了防止不正当竞争和非法竞争，就必须大力营造有利于企业公平竞争的道德文化环境。

（3）企业对外行为准则。企业是社会物质生产的主要部门和社会物质文化的创造者，担负着为社会提供物质产品和服务的责任。企业的经营活动是在同政府、行业协会、顾客、协作商、金融机构、新闻媒体、公众、社区等方面的相互联系中得以实现的。因此，企业在制定自己的经营目标时，必须认真考虑企业对社会承担的责任和义务。必须做到：

①全心全意地为顾客和用户服务，做到顾客满意，用户满意。

②对竞争对手，强调共存“双赢”，共同发展。

③对供应商，以诚相待，愿与供应商结成质量效益命运共同体，共同努力为社会提供优质产品。

④对分销商，热情相待，真心相处，相互协作，共同维护消费者权益。

⑤对国外合作伙伴，坚持相互尊重、平等互利、风险共担、利益共享。

⑥自觉承担社会责任，关心支持社会公益事业，在产品开发、生产经营等环境严格实施环境保护措施，促进社会的可持续发展。

为了向社会提供优质产品，企业应全面、深入地贯彻《中华人民共和国质量法》

和《国家质量振兴纲要》，努力按照国际通行的质量标准体系，实施全过程零缺陷质量管理，使消费者的质量要求变成企业员工的质量意识和自觉行动。

严格遵守《中华人民共和国消费者权益保护法》，切实保护消费者的利益。

①尊重消费者的意愿，维护消费者的利益，向消费者真实地提供产品性能、价格、规格、等级、生产日期、使用寿命、售后服务、服务内容等有关情况，确保消费者的各项权益得以落实。

②向消费者提供热情周到的售前、售中、售后服务（包括安装、调试、维修等）。

③欢迎消费者的批评和建议，根据消费者的意见不断改进产品和服务。在对外交往和参与市场竞争的全过程中，严格遵守《中华人民共和国反不正当竞争法》，用它来规范自己的经营活动。绝不使用不正当的竞争手段损害竞争对手，大力提倡商业道德，做到相互促进、共同发展、为公平竞争创造良好的环境和条件。

④自觉维护行业协会和各级主管部门的权威性，提倡顾全大局，求同存异，共同为中国产业的发展作出贡献。

⑤倡导行业内部的企业共谋发展，放眼未来，不为短期利益所动，摆脱不成熟的、不正当竞争手段的困扰，自觉为市场经济的有序化作出贡献。在广告活动中，严格遵守《中华人民共和国广告法》，大力提倡诚实、信用、公平、合法的基本原则，实事求是地宣传自己的产品，不欺骗和误导消费者，不贬低其他企业。

⑥广告内容与形式应健康、文明、客观、清楚地说明产品的性能、用途、质量、价格和售后服务。使用数据、统计资料、调查结果、文摘、引用语应当真实、准确，并标明出处。

⑦广告中不采用令人误解的方法贬低竞争对手的产品和服务，不侵犯对手的商业信誉，不侵害对手的合法权益。

⑧遵守法律和行政法规，切实履行自己的广告承诺和广告义务。严格遵守《中华人民共和国统计法》，以认真负责、客观公正的态度及时填报统计数据，提高统计信息的及时性、科学性和真实性。

⑨向行业协会等上级主管部门如实上报各项经济指标和统计数据，为国家和行业提供准确的信息。

⑩不以任何模棱两可的用语和过期的荣誉进行广告宣传以误导消费者。

⑪不断章取义地利用某些统计资料做有利于本企业而有损于其他兄弟企业的广告宣传。

⑫本企业的统计工作接受行业协会统计管理部门和社会公众的监督。

（4）企业对内行为准则。在企业内部积极营造“和商”的人文环境，形成既讲制

度，又讲人情；既讲竞争，又讲和谐；既讲契约，又讲奉献的良好氛围。

①科学管理的核心是制度，行为管理的中心是人的积极性。制度可以把人的操作精确到分秒，但制度永远管不到人的内心深处，因此需要通过感情交流，调动员工的积极性、主动性和创造性，以弥补制度管理的不足。讲企业自律就是要摆正制度和人情的关系。

②竞争可以激发企业的活力，消除惰性，形成激励机制。但一味地强调竞争，忽视和谐，将造成冲突，破坏整体协调。个人价值的最大化来源于员工的竞争，集体价值的最大化来源于个体间的和谐。讲企业自律就是要摆正竞争与和谐的关系。

③劳动契约是劳动者付出劳动与企业支付报酬的协议，但它无法满足个人对企业的精神需求和集体对个人的精神关怀。契约使劳动成为物质生活的手段，奉献使劳动成为精神世界的追求。讲企业自律就是要摆正契约与奉献的关系。

企业管理者的自律准则：应自觉学习政策理论，不断提高政策理论水平；加强法制知识学习，增强法制观念；努力学习市场经济理论，提高参与市场竞争的能力和决策水平；提高领导能力，加强民主作风。

企业员工的自律准则：加强政治理论和业务学习，提高工作技能和综合素质，增强竞争能力和自律意识，严格遵守企业员工守则和文明礼仪。

（5）企业自律准则的检查与监督。为了保证企业自律的实施，每年在公司内开展一次检查评比活动。对模范执行准则的员工进行表彰，对违反准则的员工应及时进行教育，对造成不良社会影响的进行严肃处理。真诚地接受政府部门、行业协会、消费者组织、竞争对手、新闻媒体、社会公众等方面的监督，欢迎社会各界通过电话、信函、来访、投诉等方式进行社会监督。

（四）“和商”理念的推出

1997 年 5 月 18 日，《经济日报》全文整版刊出了《中国第一部企业自律宣言——荣事达自律宣言》（以下简称《宣言》），接着在钓鱼台国宾馆举行了新闻发布会，中央电视台进行了实况转播，《焦点访谈》又作了追踪报道，新华社向全国各大报纸发出通稿，《人民日报》、《光明日报》、《经济日报》、《中国轻工报》、《中国青年报》、《工人日报》，中央人民广播电台等各大媒体都作了报道。此后，在《经济日报》多功能厅举行了在京专家学者参加的理论研讨会，充分肯定了《宣言》的理论意义和现实价值。

新华社通稿指出：“和商”理念的推出，表现出健康文明的竞争姿态，市场经济条件下，企业离不开竞争，唯有公平的竞争才能促进其成长和发展。这一理念对于家电行业、轻工行业乃至全国各行各业，都有普遍的借鉴意义和参照作用。

《人民日报》的评论员文章指出：《宣言》是在市场竞争日趋激烈、恶性竞争、企

业利益受损的背景下出台的，它所倡导的相互尊重、平等竞争、诚信至上、文明经营、以义生利，以德兴企的“和商”理念对于调整企业与企业、企业与社会、企业与员工等方面的各种关系具有重要的指导意义。它所倡导的每个企业、每个职工首先从我做起，提高自身的职业道德意识，以一流的服务求生存，以信誉求发展，在当前激烈的市场竞争中具有特别重要的现实意义。

《中国青年报》的评论员文章指出：《宣言》是对西方企业伦理宪章从形式到内容的全面创新，“和商”理念的形成和推出，是从理论到实践的全面创新。市场经济有序化主要靠两个方面的力量：一是他律，即法律、法规，它是一种外在的规定性；二是自律，即企业道德、企业伦理，它是一种内在的规定性。企业应当把法律法规等化为市场经济的主体——每个企业、每个员工的自觉行为。“和商”理念是和“徽商”文化一脉相传的，“和”即“和为贵”、“和气生财”、“和衷共济”、“和平共处”、“共同发展”的商业精神。

《光明日报》的评论员文章指出：市场经济需要法律法规的不断完善，更需要参与竞争的各个主体严格的自律，共同构筑起有序竞争的利益共同体。目前，一些不规范的竞争行为，给企业自身造成不良影响，任其发展下去，使企业大伤元气，最终危及民族工业。“和商”理念的推出，有助于我国市场经济步入健康的、法制化的轨道，有助于我国社会主义市场经济秩序的完善。

1997 年 5 月 19 日，在中央电视台一套《晚间新闻》、中央电视台二套《财经报道》中，5 月 24 日在中央电视台一套《晚间新闻》中，记者张传昌报道：《宣言》的出台是中国市场经济走向规范化的重要标志，它对加强企业和职工的职业道德素质，避免商业欺诈和生产销售假冒伪劣产品等不道德现象的发生，以及在规范市场、行业行为、树立行业新风、创建精神文明等方面发挥了积极作用。

1997 年 9 月 10 日至 15 日，第 10 届国际企业伦理研讨会在布拉格举行，受国际企业伦理学会的邀请，中国企业管理研究会、中国社会科学院工业经济研究所派代表参加了这次会议，笔者在大会上作了题为《企业竞争、企业自律与企业伦理》的主题发言，同时介绍了《宣言》与“和商”理念的推出、发布情况。

三、点评

无论是滕头村的“人文生态”，还是荣事达的和商文化，都是中国传统文化中主张人与自然、人与社会、人与人之间和谐相处的人文精神的体现。

（一）和商理念

《宣言》与“和商”理念向全社会推出，明确提出了市场经济和市场竞争中要讲企业伦理、企业道德这样一个经营理念，这对于规范企业竞争和维护市场经济的有序

化，无疑有着十分重要的意义。

市场经济应该是法制经济、有序经济，这种有序性不仅要依靠建立和健全法律制度（他律），还应该加强企业伦理的建设（自律）。近年来，在市场竞争中出现的一些不正当、不平等竞争，甚至是非法、恶性竞争，既破坏了市场经济的运行规则，又败坏了社会公认的商业道德和社会风气。家电行业近两年来随着市场竞争的日趋激烈，一些企业为了争夺市场份额，也出现了损害竞争对手和消费者利益的现象，甚至出现大打出手的恶性事件，这种现象引起了社会各界的强烈关注。我国经济体制改革的目的是要建立起社会主义市场经济，竞争是不可避免的，但这种竞争应当通过加大科技投入、改善经营管理、不断开拓市场的手段来实现，不能靠尔虞我诈、损人利己、见利忘义、互相倾轧等不正当竞争手段来实现。《宣言》与“和商”理念的出台，反映了我国市场经济走向规范化的客观要求。

企业自律是企业伦理建设的一个重要方面，企业的经营活动，其生产、销售、买卖行为都应当是表达信任、诚实和为实现双方权利和义务的载体。权利是指法律、道德或传统赋予人们的东西，不论是企业与企业、企业与政府，还是企业与消费者、企业与职工，在交往中都有要求对方公平、诚实、守信的权利。从义务方面来说，企业应该对消费者、竞争对手、社会公众、环境保护承担自己的责任，维护消费者权益，自觉遵守公平、诚实、信用的原则和公认的商业道德。只有这样，市场竞争才能有序进行，市场经济才能健康发展。

企业自律是关系到市场经济生死存亡的大问题，世界上许多发达国家经历了几百年发展的工业文明，一方面创造了巨大的社会生产力，形成了科学昌明和物质丰富的社会条件；另一方面也创造了维护现代市场经济的较为完备的法律、法制体系、企业道德和企业伦理（自律）准则，它为市场经济的有序化提供了物质保证。西方有一位哲人说过，法律是伦理的权力支柱，伦理是法律的精神支柱，在他律和自律的关系上，也可以说，他律是自律的权力支柱，自律是他律的精神支柱。市场经济健康发展不仅需要完善的法制体系作保证，而且更需要企业的自律，每一个企业只有真正严格做到自律，法律体系才能得到真正的贯彻，公平、诚实、信用才不是一句空话。

（二）理念营销

荣事达和滕头村都以人文理念为指导，获得了稳步的发展，而这种理念则产生了理念营销的作用。

在西方，理念营销被称之为“企业全传播营销系统”（Corporate Marketing Communication System）的 SMCR 模式（Source—Media—Code—Receiver），以争取社会公众的支持与认同。

《宣言》与“和商”理念的推出，正是这种模式的中国化。无形资产是企业的宝贵财富，可为企业带来超额利润。荣事达在中国企业管理研究会和中国社会科学院工业经济研究所帮助下实施的SMCR全面运作，使该公司当年实现销售收入18亿元、利税1.83亿元，产值、销售收入、利税分别比SMCR推出前增长31%、13%和18.8%。

企业形象（CI）导入是企业无形资产增值的利器，这已经被国际上大量企业的CI导入所证实。据国际设计协会统计，在企业形象上投入1美元，可产出227美元。因此，它被誉为营销管理和营销策略上的一场革命。其效果如此巨大的原因是，当前全球经济增长的中心资源已发生了巨大的变化，信息传递所产生的信息增值越来越超过物质生产本身的增值。其一，非物质性因素创造财富的比重超过了物质因素所创造财富的比重；其二，非物质性因素已成为一个国家、一个地区、一个企业经济竞争力的主要指标；其三，物质因素使用效率取决于非物质因素——企业形象、企业文化、企业理念建设等无形资产上的投入量和强调程度。

四、思考题

1. 荣事达和滕头村的文化与中国传统文化的渊源分别体现在哪些方面？

2. 中国传统文化在用于企业管理中，应注意哪些问题？是否是一切文化精髓都能用于现代企业管理呢？

● 参考书目

1. Her zbargheErs，Fand others，“The motivation to Work” Published by arrangement With Doubleday，a division of Bantam Doubleday Doll Publishing Group，Inc.

2. Managing Credit Risk John B. Caouette，Edward I Altman，Paul Narayanan John Wiley Sons，Inc.

3. Susan C. Schneider，Managing Across Cultures，Prentice Hall Europe，1997.

4. Stigler G.J.1981：E-Economics or Ethics? In S.McMurrin. Tanner Lectures on Human Values，Vol.2，Cambridge：University Press.

5. Cambridge，Mass，Harvard University Press.and Samuelson，P.A.1950：Evaluation of Real Nation Income，Oxford Economic Paper.

6. William J.Ellos，Narrative Ethics Printed and Bound in Great by Athenacum Press Ltd.，Newcastle Tyne，1994.

7. Her zbargheErs，Fand others，The Motivation to Work，Published by arrangement With Doubleday，a division of Bantam Doubleday Doll Publíshing Croup，Inc.

8. 胡祖光、朱明伟：《东方管理学导论》，上海三联书店，1998 年版。

9. 冯化平编译：《打破常规——西方人性管理》，中国时事出版社，2002 年版。

10. 潘承烈等：《中国古代管理思想之今用》，中国人民大学出版社，2001 年版。

11. 黄见德、毛羽：《现代西方人本主义哲学研究》，华中理工大学出版社，1994 年版。

12. 傅云龙：《中国哲学史上的人性问题》，求实出版社，1982 年版。

13. 朱哲：《先秦道家哲学研究》，上海人民出版社，2000 年版。

14. 艾兰：《水之道与德之端——中国早期哲学思想的本喻》，上海人民出版社，2002 年版。

15. 秦家懿、孔汉思：《中国宗教与基督教》，生活·读书·新知三联书店，1997 年版。

16. 老子：《道德经》，外语教学与研究出版社，1998 年版。

17. 左克厚：《大学、中庸导读》，广东高等教育出版社，2002 年版。

18. 钱世明：《儒学通说》，京华出版社，1999 年版。

19. 郝云：《管子与现代管理》，上海古籍出版社，2001 年版。

20. 徐志刚译注：《论语通译》，人民文学出版社，1997 年版。

21. 阿伦·肯尼迪：《西方企业文化》，中国对外翻译出版公司，1989 年版。

22. 彼得·F.德鲁克等：《知识管理》，中国人民大学出版社，1999 年版。

23. 道格拉斯·诺斯：《经济史上的结构和变革》，商务印书馆，1992 年版。

● **推荐读物**

1. 刘光明：《新商业伦理学》，经济管理出版社，2008 年版。

2. 刘光明：《中华古代家训》，北京出版社，1994 年版。

参考文献

英文部分：

1. Hayek，Sensory Order，Routledge & Kegan Paul，1952.

2. Hayek，The Counter Revolution of Science，Glencoe：Free Press，1952.

3. Hayek，Studies in Philosophy，Politics and Economics，Routledge & Kegan Paul，1967.

4. Hayek，Law，Legislation and Liberty：Rules and Order（Ⅰ），The University of Chicago Press，1973.

5. Hayek，Law，Legislation and Liberty：The Mirage of Social Justice（Ⅱ），The University of Chicago Press，1976.

6. Hayek，New Studies in Philosophy，Politics，Economics and the History of Ideas，Routledge & Kegan Paul，1978.

7. Hayek，Law，Legislation and Liberty：The Political Order of a Free People（Ⅲ），Routledge & Kegan Paul，1979.

8. F. Machlup，ed.，Essays on Hayek，London and New York：Routledge，1977.

9. S. Kresge and L. Wenar，ed. Hayek on Hayek：An Autobiographical Dialogue，London and New York：Routledge，1994.

10. A. Seldon，Agenda for a Free Society：Essays on Hayek's The Constitution of Liberty，Hutchinson，1961.

11. E. Streissler，et al.，ed.，Roads to Freedom：Essays in Honour of F. A. Hayek，London：Routledge，1969.

12. M. Sandel，ed.，Liberalism and Its Critics，Oxford，1984.

13. A. Arblaster，The Rise and Decline of Western Liberalism，Oxford，1985.

14. J. N. Gray，Liberalism，Milton Keynes，1986.

15. N. Barry，Hayeks Social and Political Philosophy，London，Macmillan，1979. On Classical Liberalism and Libertarianism，London：Macmillan，1986.

16. J. N. Gray, Hayek on Liberty, Oxford, 1984.

17. R. Butler, Hayek: His Contribution to the Political and Economic Thought of Our Time, London, 1983.

18. B. L. Crowley, The Self, the Individual, and the Community: Liberalism in the Political Thought of F. A. Hayek and Sidney and Beatrice Webb, Oxford, 1987.

19. H. Gissurarson, Hayek's Conservative Liberalism, New York: Garland, 1987.

20. C. Kukathas, Hayek and Modern Liberalism, Oxford, 1989.

21. J. Tomlinson, Hayek and the Market, London: Pluto, 1990.

22. J. C. Wood and R. N. Woods, ed., F.A. Hayek: Critical Assessments, London and New York: Routledge, 1991.

23. J. Birner and R. van Zijp, ed., Hayek, Coordination and Evolution, London: Routledge, 1994.

24. R. Kley, Hayeks Social and Political Thought, Oxford: Clarendon Press, 1994.

25. M. Colona and H. Hageman, The Economics of Hayek, Vol. 1: Money and Business Cycles, Hants: Edward Elgar, 1994.

26. Chris M. Sciabarra, Marx, Hayek, and Utopia, State University of New York Press, 1995.

27. S. Frowen, ed., Hayek the Economist and Social Philosopher: A Critical Retrospect, London: Macmillan, 1995.

28. S. Fleetwood, Hayeks Political Economy: The Socio-Economics of Order, London and New York: Routledge, 1995.

29. J. Shearmur, Hayek and After: Hayekian Liberalism as a Research Programme, London and New York: Routledge, 1996.

30. Andrew Gamble, Hayek: The Iron Cage of Liberty, Westview Press, 1996.

31. Gerald P. O'Driscoll, Jr. And Mario J. Rizzo, The Economics of Time and Ignorance, London and New York: Routledge, 1996.

32. Lord Radeliffe, Law and the Democratic State, Holdsworth Lecture, Birmingham: University of Birmingham, 1955.

33. W. Butos, Hayek and General Equilibrium Analysis, Southern Economic Journal, 52 (1985, October).

34. Gilbert Ryle, Knowing How and Knowing That, Proceedings of the Aristotelian Society, 46 (1945-6).

35. M. Polanyi, Personal Knowledge, London: Routledge & Kegan Paul, 1958.

36. The Tacit Dimension, London: Routledge & Kegan Paul, 1966.

37. M. Oakeshott, Rationalism in Politics, London: Methuen, 1962.

38. Mary Gregor, Laws of Freedom, Oxford, 1963.

39. Bruno Leoni, Freedom and the Law, Princeton, 1961.

40. M. J. Lacey and K. Haakonssen, ed., A Culture of Rights, Cambridge University Press, 1991.

41. Robert L. Cunningham, ed., Liberty and the Rule of Law, Texas A&M University Press, 1979.

42. Peter Pratley, The Essence of Business Ethics Authorized, translation from the English language edition, published by Prentice Hall Europe, 1995.

43. Machael Porter, Competitive Advantage of Nations Prentice, Harvard Business, 1990.

44. John P.Kotter & James L. Heskett, Corporate Culture and Performance. Prentice Simon & Schuster, New York 1992.

45. Steven Howard, Corporate Image Management-A Marketing Discipline for the 21st Century, Prentice Butterworth-Heinemann, 1998.

46. Edgar H.Schein, The Corporate Culture Survival Guide. Jossey-Bass Publishers San Francisco, 1999.

47. Amartya Sen, On Ethics & Economics, Blackwell Publishers, 1999.

48. Laurence D. Ackerman, Identity is Destiny: leadership and the roots of value creation Prentice Berret-Koehler, 2000.

49. Jesper Kunde, Corporate Religion, Prentice Borsen Forlag, 1997.

50. Phillip R Harris & Robert T. Moran Prentice Butterworth-Heinemann, 2000.

51. Stigler G.J.1981, Economics or Ethics? In S. McMurrin.Tanner Lectures on Human Values, Vol.2, Cambridge: University Press.

52. Cambridge, Mass, Harvard University Press.and Samuelson, P.A.1950: Ecaluation of Real Nation Income, Oxford Economic Paper.

53. William J.Ellos, Narrative Ethics Printed and Bound in Great by Athenacum Press Ltd, Newcastle Tyne, 1994.

54. Her zbargheErs, F and others, The motivation to Work Published by arrangement With Doubleday, a division of Bantam Doubleday Doll Publishing Group, Inc.

55. Managing Credit Risk john B. Caouette, Edward I Altman, Paul Narayanan John Wiley Sons, Inc.

56. Susan C. Schneider，Managing Across Cultures，Prentice Hall Europe，1997.

57. Stigler G.J.1981，E –Economics or Ethics? In S.McMurrin.Tanner Lectures on Human Values，Vol.2，Cambridge：University Press.

58. Cambridge，Mass，Harvard University Press.and Samuelson，P.A.1950：Evaluation of Real Nation Income. oxford Economic Paper.

59. Michael Well，Creating A Culture of Compentence Cropyright by John Wiley & Sons. Inc.

60. On Ethics and Economic Blackwell Publishers Ltd Amartya Sen 1990.

中文部分：

1. 约翰·凯：《企业成功的基础》，新华出版社，2005 年版。

2. 阿马蒂亚·森：《伦理学与经济学》，商务印书馆，2000 年版。

3. 彼得·德鲁克：《创新和企业家精神》，企业管理出版社，1989 年版。

4. 加里·贝克尔：《人类行为的经济分析》，上海三联书店、上海人民出版社，1995 年版。

5. 刘光明：《商业伦理学》，人民出版社，1994 年版。

6. 陈争平、兰日旭：《中国近现代经济史教程》，清华大学出版社，2009 年版。

7. 上海财经大学课题组：《中国经济发展史（1949~2005)》（上、下），上海财经大学出版社，2007 年版。

8. 李占祥：《现代企业管理学》，中国人民大学出版社，1990 年版。

9. 帕斯卡尔·阿索斯：《日本企业管理艺术》，北京科学技术出版社，1984 年版。

10. 威廉·A.哈维兰：《当代人类学》，上海人民出版社，1987 年版。

11. 盛田昭夫：《日本造》，生活·读书·新知三联书店，1988 年版。

12. 维克多·埃尔：《文化概念》，上海人民出版社，1988 年版。

13. 柳田邦男：《企业活力的奥秘》，国际文化出版公司，1989 年版。

14. 威廉·大内：《Z 理论——美国企业界怎样迎接日本的挑战》，中国社会科学出版社，1984 年版。

15. 沙因：《企业文化与领导》，中国友谊出版公司，1989 年版。

16. 约翰·科特：《新规则》，华夏出版社，1997 年版。

17. 约翰·科特：《企业文化与经营业绩》，华夏出版社，1997 年版。

18. 哈耶克：《不幸的观念：社会主义的谬误》，刘戟锋等译，东方出版社，1991 年版。

19. 黄河涛：《现代市场的美学冲击》，人民出版社，1996 年版。

20. 周旻：《CI：从理念到行为》，中国经济出版社，1996 年版。

21. 杨金德：《CI 基本原理》，中国经济出版社，1996 年版。

22. 周祖城等：《企业伦理》，天津人民出版社，1996 年版。

23. 哈罗德·孔茨：《管理学》，经济科学出版社，1993 年版。

24. 张福墀等：《企业家精神》，企业管理出版社，1997 年版。

25. 万力：《名牌：CI 策划》，中国人民大学出版社，1997 年版。

26. 斯塔夫里阿诺斯：《远古以来的人类生命线》，中国社会科学出版社，2002 年版。

27. 邓正来：《布莱克维尔政治学百科全书》（中译本），中国政法大学出版社，1992 年版。

28. 牛汝辰等：《无形的资本》，中国城市出版社，1995 年版。

29. 博登海默：《法理学：法律哲学和法律方法》，邓正来译，中国政法大学出版社，1999 年版。

30. 阿尔·里斯等：《22 条商规》，经济科学出版社，1996 年版。

31. 利普塞特：《政治人：政治的社会基础》，刘钢敏等译，聂崇信校，商务印书馆，1993 年版。

32. 哈耶克：《个人主义与经济秩序》，贾湛等译，北京经济学院出版社，1991 年版。

33. 哈耶克：《自由秩序原理》，邓正来译，生活·读书·新知三联书店，1997 年版。

34. 霍伊：《自由主义政治哲学》，刘锋译，生活·读书·新知三联书店，1992 年版。

35. 艺风堂：《CI 理论与实例》，中国台湾艺风堂，1992 年版。

36. 加藤邦宏：《企业形象革命》，中国台湾艺风堂，1992 年版。

37. 心田理英：《新 CI 战略》，中国台湾艺风堂，1992 年版。

38. 加藤邦宏：《CI 推进手册》，中国台湾艺风堂，1992 年版。

39. 艺风堂：《日本型 CI 战略》，中国台湾艺风堂，1992 年版。

40. 刘光明：《现代企业家与企业文化》，经济管理出版社，1996 年版。

41. 布坎南：《自由，市场与国家》，平新乔等译，上海三联书店，1989 年版。

42. 范里安：《微观经济学：现代观点》，上海三联书店、上海人民出版社，1994 年版。

43. 奈比斯特等：《90 年代的挑战》，中国人民大学出版社，1988 年版。

44. 国家计划委员会：《中国环境与发展》，科学出版社，1992 年版。

45. 池田大作：《21 世纪的警钟》，中国国际广播出版社，1988 年版。

46. 汤因比：《人类与大地母亲》，上海人民出版社，1992 年版。

47. 海克尔著：《宇宙之谜》，上海人民出版社，1974 年版。

48. 姜学敏等：《山东企业文化建设》，人民出版社，1998 年版。

49. 陆嘉玉等：《企业文化在中国》，光明日报出版社，1998 年版。

50. 安妮·布鲁金：《第三资源智力资力及其管理》，东北财经大学出版社，1998 年版。

51. 米尔顿·弗里德曼：《实证经济学的方法论》，北京经济学院出版社，1991 年版。

52. 陆嘉玉、姚秉彦：《企业文化在中国》，光明日报出版社，1998 年版。

53.《经济学中的价值判断》，载《弗里德曼言文章》，北京经济学院出版社，1991 年版。

54. 王伟：《北京牡丹电子集团公司企业文化研究》，人民出版社，1993 年版。

55. 哈耶克：《通往奴役之路》，王明毅等译，中国社会科学出版社，1997 年版。

56. 阿伦·肯尼迪：《西方企业文化》，中国对外翻译出版公司，1989 年版。

57. 彼得·F.德鲁克等：《知识管理》，中国人民大学出版社，1999 年版。

58. 道格拉斯·诺斯：《经济史上的结构和变革》，商务印书馆，1992 年版。

后 记

胡锦涛同志多次指出，我们不仅要重视经济指标，更要重视人文指标。企业也是如此，企业的发展不仅要关注经济指标，而且更要关注包括人文指标、资源指标和环境指标等在内的企业伦理，企业员工学习度、健康度、幸福度，企业社会责任等指标体系，这已经成为企业微观层面及社会宏观层面可持续发展的重要因素。

中国石油集团公司塔里木油田公司领导非常重视这一课题的理论与实践研究，使企业文化实施从形式到内容都有了很大的突破。正如中国石油集团副总孙龙德在“人民社会责任奖”颁奖典礼上所说：作为国有重要骨干企业和综合性国际能源公司，承担着党和国家赋予的经济、政治和社会“三大责任”。中国石油集团公司在岗员工 158.9 万人，资产总额近 1.4 万亿元人民币，业务领域遍布全国，油气投资和技术服务业已经扩展到全球 48 个国家和地区。产业的特征和业务的快速发展使我们拥有众多的利益相关者。随着经济社会持续、快速发展，油气需求持续增长，中国石油集团公司与社会利益相关群体的关系越来越密切。多年来，我们始终坚持“奉献能源，创造和谐”的企业宗旨，把践行企业社会责任作为基本经营准则，把最大限度地保障人民生产生活对油气产品的需要，积极探索可持续发展之路，努力实现能源与环境、生产与安全、企业与员工、企业与社会的和谐作为企业的不懈追求。我们坚持把为国民经济发展提供安全稳定的能源供应作为最大责任，不断加强投资，增加油气供应，开发清洁能源和可再生能源，尽最大可能维护市场稳定。2009 年以来，中国石油集团公司油气勘探获得战略成果，国内原油产量稳中有升，天然气生产快速发展，特别是发现了储量规模达 10 亿吨以上的冀东南堡油田，为持续稳定的市场供应提供了基础和保障。中国石油集团公司炼化装置开足马力生产，前三季度原油加工量同比增加 524 万吨，成品油产量同比增加 321 万吨，国内成品油资源投放量高于行业平均增幅 4.9 个百分点。同时中国石油集团公司还利用国际国内两个市场、两种资源，2009 年已经组织成品油进口 31 万吨，努力保障国内市场供应。我们坚持把安全发展、清洁发展作为重中之重，以实现社会可持续发展、维系人类永续安康为目的，谨记重大安全环境事故带给我们的惨痛教训，以零事故、零伤害、零污染为目标，突出安全生产，致力环境保护，积极推动清洁能源和环境友好产品的开发、利用。我们将天然气作为优先发展的重点产业，按照国家天然气利用政策，大力推动清洁能源利用项目，坚持开发与节约并重，节约优先，大力开展节能降耗和污染减排，积极发展循环经济，建设资源节约型、环境友好型企业。我们坚持将创造能源与环

境和谐、促进经济与社会全面发展、构建和谐社会视为公司发展的终极目标，积极支持企业所在地经济发展，热心公益事业，大力开展扶贫帮困，捐学资教、赈灾救危活动，使企业改革发展稳定的成果惠及全社会。"十五"期间中国石油集团公司累计投入公益资金25亿元，2009年据不完全统计，中国石油集团公司社会公益捐赠达5.25亿元，其中新疆、西藏等扶贫资金1.3亿元，捐学资教7000多万元，公益捐赠1.7亿元，重大自然灾害捐赠1.2亿元。中国石油集团公司过去的业绩和今后的发展，都来源于全体员工的勤奋努力，得益于国内外合作伙伴的大力支持和广大消费者的厚爱，受惠于中国改革开放和经济持续增长的大好环境。我们理应用发展的成果回报员工、回报客户、回报投资者和社会，促进能源与环境，生产与安全，企业与社会，企业与员工的和谐发展。我们坚信，企业发展和承担社会责任不是对立的，而是有机统一的。一个重视并切实履行社会责任的企业，同时也是对自己前途命运负责任的企业。只有积极履行社会责任，才能为企业营造更好的和谐发展环境，企业只有更好地发展才能承担更大的责任，中国石油集团公司愿与社会各界一道，共同推动企业承担社会责任，为构建社会主义和谐社会，实现国民经济又好又快发展作出新的更大的贡献。中国石油集团公司实施的企业社会责任正是企业文化与企业人文指标体系在该公司的具体化。

这些年来，笔者走访了美国通用电气、美国华尔街证券交易所、NASIDAQ、联合国企业全球协议研究中心、韩国三星、现代、瑞典爱立信公司、沃尔沃公司，每到一国一地，首先想到的是如何把各国企业文化发展史的内容尽可能地收集到手，在给国内外企业讲课和做课题时也是如此，到首尔三星和现代的调研，特别要感谢成均馆大学的李浩载教授的帮助，后来多次到大庆油田、塔里木油田、中国电网、江苏电力公司、徐州电力公司、沛县电力公司、长春一汽、青岛海尔、青海油田、中国农业银行、中国人民保险公司、上海银河、国家电网公司、广西柳工、青岛港、杭州西子、浙江宁波方太公司等单位做调研，收集了大量企业案例。在我的指导下，中国社会科学院研究生孙孝文、中央财经大学研究生刘强、姜味、李浩源、牛津大学博士生刘坚做了大量的整理和撰写工作。调研期间得到了国内外企业和社会各界许多朋友的大力支持，他们是：华长慧、袁慕耘、黄克凌、李中灵、徐水连、张环清、段玉贤、俞建新、王水福、史及伟、吴航珍、李伟、魏敏、白静恩、胡中禄、鲁培康、温良、胡宝玉、陈波、刘元兵、黄智美、贺莉、施继兴、王荣华、陈燕宁、王荣章、郭立刚、李如成、喻钟烈、中西元男、李楚亮、庄燕龙、李锦望、方竟成、郑申根、左启华、张建华、谭诺、杜桂福、王米成、章媛、杨亮、鲁冠球、莫晓平、沈志军、宋华明、程捷、付杰、刘河生、吴咏鹏、宋晓东、张辛可、郑小龙、彭嘉陵、何东初、贺懋华、胡崇杏、朱圣伟、梁建军、蒋明明、徐万茂、沈谷、谭跃进、蔡昌龙、樊国强、王家兴、刘文华、鲍冬梅、朱舫、赵元翠、韩铁峰、胡平、翁晨光、史蒂芬·柯维、布哈塔、Tony Fang、Tom Morell、Laurent、齐威。在此一并表示诚挚的谢意!

自20世纪70年代以来，企业文化得到了长足的发展。从内容看，现阶段企业文化的内容包括理念文化、管理文化、营销文化、社会责任文化以及跨文化管理；从空间分布看，无论是东方国家，包括以日本、韩国及中国为代表的东亚儒家文化圈，还是西方国家，包括以美国、加拿大及英国、德国、法国为代表的西欧国家，都大力营造本国的企业文化，将企业文化建设作为经营管理企业的重中之重，形成了区域特色明显的不同企业文化。以日、韩企业文化理念为例，日、韩企业文化背后都有儒家文化因素的支撑，都具有鲜明的东方文化特色。如松下的企业理念“以人为本，拒绝平庸”，十分强调人才和努力、团结的重要性，认为“唯有本公司每一位成员和亲协力、至诚团结，才能促成进步与发展”；韩国三星集团的经营理念为“以人才和技术为基础，创造最佳产品和服务，为人类进步做出贡献”。不同的是，日本在企业管理中不仅注重“软”的方面，还特别注重“硬”的方面，即积极引进和传播西方的管理理念和方法，强调理性主义的科学管理，将遵守法制、讲求秩序的西方理性主义与追求“一团和气”、讲求“温良恭俭让”的东方灵性融为一体。“二战”后，韩国多年依靠美国的援助，受美国文化的影响较深，因而美国社会崇尚的个性自由和个性张扬、注重创新、讲究时间观念、分工和责任明确等思想观念，也逐渐被融入到现代韩国的企业文化中。欧美企业文化与日韩企业文化具有明显的差异。建立在个性和自由价值观之上的欧美企业文化更注重自我价值，崇尚竞争和创新，同时注重严谨和理性。如英特尔的企业理念为“永不停顿，不断创新”，其奉行的企业文化六项准则为“客户服务，员工满意，遵守纪律，质量至上，尝试风险和结果导向”。20世纪80年代中期，我国掀起了企业文化热潮。进入20世纪90年代之后，企业在品牌方面的竞争，迫使其开始重视企业的形象（CIS），而企业对外的形象要靠其内部文化来支撑。正是在这种品牌竞争的压力下，中国的企业开始重视并具体实施企业文化建设，并呈现出一些特征，即理论的科学性和现实的真实性相统一，制度的优越性和实践的自觉性相统一，领导的身体力行与职工群众的积极参与相统一，效应的企业性与整体的社会性相统一。如荣事达的“和商”理念为“互相尊重，相互平等，互惠互利，共同发展，诚信至上，文明经营，以义生利，以德兴企”，具有鲜明的儒家文化特色。

最后，经济管理出版社勇生主任为此书的出版付出了巨大的辛劳，在此表示衷心的谢意!

刘光明

于北京太阳星城

2010年12月12日